中部地区产业发展研究丛书

丛书主编　张秀生

湖北省社会公益出版专项资金资助项目

中部地区
战略性新兴产业发展

刘春江　著

WUHAN UNIVERSITY PRESS
武汉大学出版社

图书在版编目(CIP)数据

中部地区战略性新兴产业发展/刘春江著．—武汉：武汉大学出版社，2015.10
中部地区产业发展研究丛书
ISBN 978-7-307-16972-2

Ⅰ．中…　Ⅱ．刘…　Ⅲ．新兴产业—产业发展—研究—中国　Ⅳ．F127

中国版本图书馆 CIP 数据核字(2015)第 240689 号

责任编辑:王智梅　　责任校对:汪欣怡　　版式设计:马　佳

出版发行：武汉大学出版社　(430072　武昌　珞珈山)
(电子邮件：cbs22@whu.edu.cn　网址：www.wdp.com.cn)
印刷：武汉中远印务有限公司
开本：720×1000　1/16　印张:18　字数:259 千字　插页:2
版次：2015 年 10 月第 1 版　2015 年 10 月第 1 次印刷
ISBN 978-7-307-16972-2　定价:40.00 元

前　言

20 世纪先后爆发的两次世界大战给人类社会带来了深重灾难，在反思的基础上，和平与发展逐渐成为国际社会主流意识。第二次世界大战结束后的 70 年来，随着科技和社会的进步，世界经济进入一个快速发展时期。中国经济在开启改革开放之门后，也迎来了超常规持续发展的良好局面。然而，2008 年，由美国次级房屋信贷危机引发的国际金融危机，对世界各国的经济发展普遍造成了严重损害，也给中国经济改革和发展态势带来了重大影响，其一方面影响中国经济快速发展，另一方面促使中国积极转变原有依赖出口与投资拉动、依赖资源能源高消耗的粗放式经济发展方式。

为了加快转变经济发展方式，国务院制定出台《关于加快培育和发展战略性新兴产业的决定》，明确了今后一段时期要重点发展 7 个产业领域：节能环保产业、新一代信息技术产业、生物技术产业、高端装备制造产业、新能源产业、新材料产业、新能源汽车产业。培育和发展战略性新兴产业成为调整国民经济结构，推动产业优化升级，促进经济发展方式转变的重要途径。

各地方政府纷纷出台促进战略性新兴产业发展的政策措施，成立领导小组，建立协调机制，制订发展计划，设立专项资金，吸引企业、高校、科研机构、金融机构等投身战略性新兴产业的研究和发展，产业创新能力不断提高，社会投资逐步加大，战略性新兴产业相关领域已取得一些积极成效，其中东部沿海地区有比较明显的竞争优势。

中部地区要实现崛起，必须走资源节约、环境友好之路，必须走创新发展之路，大力培育和发展战略性新兴产业，是中部地区发展的必然选择。受中部地区的自然资源、环境条件、经济技术水平等的制约，结合中部地区地缘区位优势、产业基础和特色，中部地区培育发展战略性新兴产业要采取不同于东部地区、西部地区、东北地区的产业选择和发展方式。

本书对中国战略性新兴产业内涵和概念进行了一定的理论辨析，对国际和国内战略性新兴产业的发展进行了比较分析，对中部地区战略性新兴产业的竞争优势、劣势、机遇和挑战进行了实证研究，并提出了相应的对策建议。

本书通过理论辨析，从不同角度揭示了战略性新兴产业的内涵特征。在经济理论界对战略性新兴产业已有分析定义的基础上，从产品与服务的角度、市场和用户的角度去分析战略性新兴产业的内涵特征，尝试提出了基于产品、服务、市场、用户角度的战略性新兴产业的属性特征和概念定义，进一步明确了战略性新兴产业的范围和边界。从产品和服务、市场和用户的角度去分析战略性新兴产业，可以回避新兴产业具体形态的干扰，有利于对产业的内涵特征进行更准确的理解。明确战略性新兴产业内涵特征和概念定义，是确定战略性新兴产业遴选机制的基础，是制定战略性新兴产业发展规划的依据。

本书对国际战略性新兴产业进行了较系统的分析，并提出了供中国战略性新兴产业发展借鉴的国际经验启示。书中对全球最具有代表性国家或区域，包括美国、日本、欧盟、英国、德国、俄罗斯、印度、巴西和南非等国家或地区的战略性新兴产业的选择与发展情况进行了详细分析，逐一进行了经验总结，在此基础上，提出了有利于中国培育和发展战略性新兴产业的经验启示。

本书对中国战略性新兴产业的发展进行了较全面的比较，概括了中部地区6省、东部地区6省（市）、西部地区4省（区、市）、东北地区3省战略性新兴产业发展的实际进展、发展规划、主要举措、发展经验和不足之处，逐一进行了发展评价。对东、中、西、东北四大经济板块的战略性新兴产业竞争态势进行了比较分析，在此基础上，重点对中部地区战略性新兴产业的优势、劣势、挑战进行了理论分析和实证研究。

本书提出应大胆突破现有战略性新兴产业重点领域的范围，通过比较分析国内外战略性新兴产业的选择和发展情况，探索提出中部地区战略性新兴产业的遴选原则和发展定位，并建议中部地区将4个新兴产业纳入战略性新兴产业范围：现代综合交通物流产业、绿色安全现代化农业、现代文化产业、高技术服务业。建议在中部地区战略性新兴产业规划中增列这4个新兴产业，突破了目前已有的7大战略性新兴产业的范围，提出战略性新兴产业的外延是动态的、阶段性的，会随时代的发展而变化。

本书提出了改进和加快中部地区战略性新兴产业发展的政策思路，通过对欧美发达国家战略性新兴产业发展现状和国内各区域新兴产业发展情况进行比较，通过对中部崛起、长江经济带、一带一路等发展战略的内涵与目标分析，探索中部地区战略性新兴产业的发展战略和发展路径，提出改进中部地区战略性新兴产业发展的政策建议和工作思路。

受本人知识水平和掌握资料的限制，书中可能的谬误和统计数据的遗漏，希望读者积极发现和指出，对广大读者的不吝赐教，表示诚挚的谢意。在写作的过程中，本人参阅了大量文献资料，借鉴和引用了有关机构单位的统计数据，吸收了众多学者的理论研究成果，在此一并表示感谢和敬意。感谢我的博士生导师张秀生教授不辞辛劳，亲自审阅修改本书，经常工作至深夜。感谢武汉大学出版社对本书的出版支持，感谢编辑们的辛勤工作。

刘春江

目　　录

第一章 绪 论

历史上，中国曾是全球经济总量最大的国家。英国经济学家安格斯·麦迪森在其著作《世界经济千年史》中详细分析了世界经济变迁历史。19 世纪以前，中国的经济总量占全世界经济总量的四分之一左右，1820 年达到最高值——占全世界经济总量的 32%①。但此后 100 年，中国经济迅速衰退，速度和幅度都相当惊人，最低时仅占全世界经济总量的 4%。为什么会发生这样的剧变？这主要是因为当时的统治者盲目自大、故步自封，采取闭关锁国的政策，使中国连续错过了第一次产业革命和第二次产业革命时机，没有及时培育和发展这两次产业革命所催生的一系列新兴产业，如轮船、铁路、汽车、钢铁、化工、军工、机械制造、现代纺织业、航空工业、电力和电信业，而这些新兴产业爆发出的惊人生产力，已成为新兴国家的核心竞争力和综合国力支柱。没有培育和壮大这些新兴产业的古老帝国，经济、科技和文明迅速落伍，国力急剧衰退。按如今的观点，这些新兴产业也可以称为当时的战略性新兴产业。

始于 18 世纪中叶的产业革命，创造了人类历史前所未有的生产力，给人们的生活带来翻天覆地的变化，使人类社会真正进入工业化和近现代城市化进程。正如马克思在《共产党宣言》里所描述的：产业革命爆发后，各类机械设备、化学制品被广泛应用，轮船、火车、飞机、电报、电话不断被发明，人类对自然的征服力显

---

① 安格斯·麦迪森：《世界经济千年史》，伍晓鹰等译，北京大学出版社 2003 年版，第 259 页。

著提高，在不到100年的时间里，人类所创造的生产力，比过去一切时代创造的全部生产力还要多①。所以，古老中国保持了数千年的领先优势，在不到1个世纪就被率先进行产业革命的国家超越，经济的落后必然带来国力的衰弱，以至于一个疆域巨大、人口众多的大国被某些小国寡民所欺负。从历史的经验教训来看，培育和发展战略性新兴产业是中国经济社会持续发展的必然选择。

第一节 研究背景和研究意义

一、研究的国内外背景

由于历史上曾落后，中国的一些地方政府在经济发展上，普遍存在不同程度的快速发展、急于求成的迫切心理，过分追求经济增长速度，这种经济发展思想容易导致盲目发展、产能过剩、结构失衡。改革开放30多年来，中国经济实现了持续高速增长，但如今，无论是从外部国际政治经济格局的变化，还是从内部资源环境承载能力来说，中国经济都面临新的战略选择。2008年，由美国次级房屋信贷危机引发的国际金融危机全面爆发并呈扩散蔓延态势，使全世界经济发展形势险象环生，引发全球性的经济衰退，对世界各国造成了不同程度的经济损害，也给中国经济发展带来了严峻挑战。2012年年底，为了开好中央经济工作会议，中共中央总书记、国家主席习近平在广东调研并召开经济工作座谈会，他提出，国际局势错综复杂，国内经济要从坏处准备，争取最好的结果；他进一步强调，加快推进经济结构战略性调整是大势所趋，刻不容缓②。

一是中国经济长期以来高度依赖廉价出口和投资堆积拉动的发展模式“难以为继”。改革开放以来，中国经济的对外贸易依存度

---

① 马克思、恩格斯：《共产党宣言》，中共中央马恩列斯著作编译局译，人民出版社1964年版，第28页。

② 李斌：《习近平在广东主持召开经济工作座谈会》，载新华网，http：//news. xinhuanet. com/fortune/2012-12/10/c_ 113975137. htm，2012年12月10日。

逐步升高，多数东部沿海地区省市对外经济依存度超过50%，沿海个别市县的外向型经济占80%以上。这种外向型经济主要是一种低水平的劳务加工生产型经济，技术、市场和标准都掌握在外商手里，这种产业结构使经济发展的不确定性及运行风险较大，国家经济安全系数较低，国际市场略有波动，国内经济就大起大伏。2008年金融危机爆发后，国际市场萧条，外商订单剧减，造成中国外贸出口大幅度下降，导致沿海地区大量工厂倒闭、大批工人失业。虽然中国政府采取了一系列措施全力“保增长”，实施4万亿元投资和9.59万亿元信贷刺激经济措施，使2009年达到了9.2%的经济发展速度，但这种经济增长主要依靠资金投放，2009年全社会固定资产投资总额高达22.5万亿元，投资对国内生产总值的贡献为67%，由于投资与消费明显失衡，不可避免地造成通货膨胀、资产泡沫和CPI高涨，进而带来一系列社会问题，不具有可持续性。

二是中国经济长期以来高度依赖物质与能源粗放式消耗的发展方式“难以为继”。一方面，中国虽然疆域辽阔，物产丰富，但有13亿多人口，是世界上人口最多的国家，人均能源资源占有量仅列全球第53位，人均水资源占有量只有世界平均值的25%，是一个资源紧缺的国家；另一方面，由于采取粗放式的增长方式，中国的资源浪费严重，2012年中国国内生产总值仅占世界的11.5%，却消耗了全世界20%的能源、43%的钢铁，还有多种矿产资源消费总量均居世界第一位。中国工程院院士陆佑楣在2013年第五届中国能源企业高层论坛上指出，中国每消耗1吨标准煤的能源仅创造1.4万元人民币的GDP，而全球平均水平是消耗1吨标准煤创造折合2.5万元人民币的GDP，美国则达到折合3.1万元人民币的GDP，日本甚至达到折合5万元人民币的GDP①。2013年中国进口原油达到2.8亿吨②，石油对外依存度超过60%，能源安全形势严

① 王秀强：《中国单位GDP能耗达世界均值2.5倍》，载《21世纪经济报道》2013年12月2日，第1版。

② 海关总署：《2013年我国进口原油2.8亿吨》，载人民网财经频道，http://finance.people.com.cn/n/2014/0110/c1004-24081067.html，2014年1月10日。

峻。此外，除了高能耗之外，还有高污染的情况，部分地区生态严重失衡，环境承载能力已接近极限。在中国能源消费结构中，煤炭约占70%，而煤燃烧时产生的二氧化硫排放没有得到有效治理，导致一些地区频降酸雨，覆盖面接近国土面积的1/3。此外，水体和土壤污染也很严重，继沙尘暴之后，近年来大气污染问题日益突出，华北、华东、华中等主要经济区多次发生大面积雾霾，给数以亿计的人口和数百万平方公里的国土造成危害。综上所述，资源环境承载能力已成为经济社会发展的瓶颈因素，过度依赖物质与能源消耗的发展方式已难以为继。

因此，转变经济发展方式是中国经济改革与发展的必然选择，并且刻不容缓。转变经济发展方式，最主要的途径就是优化产业结构、强化创新驱动、促进经济结构战略性调整，在经济存量上要坚决淘汰落后产能，通过技术创新和制度创新，改造和推动传统产业优化升级；在经济增量上着重培育发展战略性新兴产业，努力发展成先导产业和支柱产业，形成新的经济增长点①。传统产业改造升级，由于政策制度的制约、涉及就业等社会问题、企业管理者本身的思想观念转变、员工队伍素质的提高、资金投入等因素，往往需要一个长期消化的过程。而培育和发展战略性新兴产业，新的理念和新的技术容易引起投资者关注和兴趣，也没有原有的厂房、设备、资产、人员等的制约，机会成本较小，在一定条件下更容易得到成效。

早在20世纪80年代，中国政府就已密切关注新兴产业。1986年3月，面对世界高新技术蓬勃发展的形势，王大珩、王淦昌等科学家向中共中央建议，要跟踪国际战略性高科技发展及其对国民经济的影响。他们的建议引起了邓小平的重视，在邓小平的亲自关心和支持下，中国政府制定了《国家高技术研究发展计划》（简称“863”计划），选择了生物、航天、信息、激光、自动化、能源和新材料7个领域15个主题项目作为研发重点，后来又增加了海洋

① 李健：《战略性新兴产业的湖北方位》，载《湖北日报》2012年8月15日，第14版。

技术领域。1987 年 10 月，发展高技术新兴产业写入中国共产党十三大报告，首次将“高技术产业”与“新兴产业”结合提出，进行部署。

2005 年 10 月，中共中央《关于制定国民经济和社会发展“十一五”规划的建议》中阐述了与“战略性新兴产业”内涵相似的概念，针对该建议，新华社在 2005 年 11 月 24 日发表的评论文章《解读：高技术产业发展的方向和重点是什么?》中首次使用了“战略性新兴产业”一词①。

2007 年 4 月，在国家发展与改革委员会编制的《生物产业发展“十一五”规划》中，明确提出“使生物产业成为增长速度快、质量效益好、带动效应强的战略性新兴产业”，并提出“要充分发挥政府对战略性新兴产业的推动作用”。随后，在陕西、四川、山东、黑龙江等省 2007 年或 2008 年的产业发展规划中，都出现了“战略性新兴产业”一词。

2008 年国际金融危机全面爆发后，美、英、德、日等发达国家为振兴经济，投入大量人力、财力加紧部署战略性新兴产业的培育发展，以期通过发展战略性新兴产业，带动经济社会发展，抢先确立未来竞争优势。例如，美国奥巴马政府提出研发投资要成倍增长，力争在节能环保、智慧地球、新能源、干细胞工程、航天等领域取得重大突破，通过掌握核心技术和发展战略性新兴产业，继续保持世界领先地位。欧盟斥资 1050 亿欧元用于发展绿色经济和生物产业。日本投入大量资金开发能源技术、环境技术。

中国政府将战略性新兴产业列为国家发展重点的决心日益坚定。2009 年 5 月 21 日，李克强在“财政支持新能源与节能环保等新兴产业发展工作座谈会”上发表讲话，提出要“推动战略性新兴产业加快发展，促进经济长期平稳较快发展”②。同年 9 月

---

① 《解读：高技术产业发展的方向和重点是什么》，载新华网，http://news.xinhuanet.com/politics/2005-11/24/content_3830165.htm，2005 年 11 月 24 日。

② 李克强：《不失时机地发展战略性新兴产业》，载新华网，http://news.xinhuanet.com/politics/2009-05/21/content_11412708_1.htm，2009 年 5 月 21 日。

21日至22日，温家宝连续召开三次新兴战略性产业发展座谈会，听取“两院”院士、教授、研究员、企业家和行业协会负责人等科技和产业专家对信息技术等新兴产业发展的建议。温家宝在会上明确指出“发展新兴战略性产业是重大战略选择”①。同年11月3日，温家宝向首都科技界发表题为《让科技引领中国可持续发展》的演讲，再次对战略性新兴产业做了更加具体的解释。在讲话中，他进一步提出“使战略性新兴产业成为经济社会发展的主导力量”②。

2010年1月，万钢在《求是》杂志上发表题为《把握全球产业调整机遇培育和发展战略性新兴产业》的文章，强调发展战略性新兴产业是中央政府既着眼于现实应对金融危机、又着眼于未来可持续发展而作出的重要战略部署。同年2月，国家发展改革委会牵头成立战略性新兴产业研究部际协调小组，组织召开了“战略性新兴产业总体思路研究工作启动暨协调小组”首次会议。同年10月，国务院向各省（区、市）和国家部委下发了《关于加快培育和发展战略性新兴产业的决定》（国发〔2010〕32号）。

2011年3月，战略性新兴产业被列入中国政府工作报告，随后又被写进了《国民经济和社会发展第十二个五年规划纲要》。

2012年11月，中国共产党第十八次全国代表大会召开。十八大报告提出，要着力增强创新驱动发展新动力，推动战略性新兴产业健康发展，使经济发展更多地依靠战略性新兴产业和现代服务业带动③。

2013年11月，十八届三中全会通过的《中共中央关于全面深化改革若干重大问题的决定》中又专门指出，国有资本投资运营

---

① 国务院办公厅:《温家宝主持召开三次新兴战略性产业发展座谈会》，载中央政府网，http://www.gov.cn/ldhd/2009-09/22/content_1423493.htm，2009年9月22日。

② 温家宝:《让科技引领中国可持续发展》，载新华网，http://news.xinhuanet.com/politics/2009-11/23/content_12526569_1.htm，2009年11月23日。

③ 胡锦涛:《坚定不移沿着中国特色社会主义道路前进 为全面建成小康社会而奋斗——在中国共产党第十八次全国代表大会上的报告》，载《求是》2012年第22期，第3~25页。

要服务于国家战略目标，更多投向关系到国家安全、国民经济命脉的重要行业和关键领域，如发展重要前瞻性战略性产业等。

在2013年12月举行的中央经济工作会议会议上，习近平指出，经济工作的主要任务之一，是要着力抓好化解产能过剩和实施创新驱动发展。化解产能过剩，其根本出路是创新发展；要大力发展战略性新兴产业，加快传统产业优化升级。

在2014年底召开的中央经济工作会议上，习近平再次强调，“要切实把经济工作的着力点放到转方式调结构上来，推进新型工业化、信息化、城镇化、农业现代化同步发展，逐步增强战略性新兴产业和服务业的支撑作用”①。

2015年3月，在《政府工作报告》中，李克强把“促进服务业和战略性新兴产业比重提高、水平提升，优化经济发展空间格局，加快培育新的增长点和增长极”列为政府工作必须把握好的重点内容。

2015年5月，习近平在浙江考察并主持召开七省市负责人座谈会，详细论述了国民经济和社会发展“十三五”规划的重点和方向。他指出，要加快改造提升传统产业，深入推进信息化与工业化深度融合，着力培育战略性新兴产业，大力发展服务业特别是现代服务业，积极培育新业态和新商业模式，构建现代产业发展新体系②。因此，可以预测，培育和发展战略性新兴产业会作为一项长期国策，再次写进《国民经济和社会发展第十三个五年规划纲要》。

以下是中国提出培育和发展战略性新兴产业的时间进程，见图1-1。

---

① 《习近平提出明年经济工作总体要求和主要任务》，载新华网，http：//news.xinhuanet.com/fortune/2014-12/11/c_1113612074.htm，2014年12月11日。

② 《系统谋划“十三五”：习近平调研最关注哪六个问题?》，载人民网理论频道，http：//theory.people.com.cn/n/2015/0529/c40555-27074884.html，2015年5月29日。

1986年3月，王大珩等科学家建议关注世界战略性高科技发展，引起邓小平重视，制订“863计划”，选择7个领域作为重点。1996年增加海洋技术

1987年10月，党的十三大报告中提出，要发展高技术新兴产业，首次明确将“高技术产业”与“新兴产业”结合提出并进行部署

2005年11月，国民经济和社会发展“十一五”规划，提出要积极发展对经济社会有突破性重大带动作用的高技术产业，超前部署战略性新兴产业发展

2009年5月，李克强出席财政部会议时强调，要把握世界产业技术革命的新趋势，推动战略性新兴产业加快发展，培育新的经济增长点，促进经济长期平衡较快发展

2009年9月，温家宝主持召开三次新兴战略性产业发展座谈会，研讨新能源等七个战略性产业的发展

2009年11月3日，温家宝发表题为《让科技引领中国可持续发展》的讲话，详解发展七大战略性新兴产业的发展方向。11月27日，中央政治局召开会议研究推动经济结构调整和战略性新兴产业发展

2010年9月，国务院审议通过《关于加快培育和发展战略性新兴产业的决定》。会议确定了战略性新兴产业发展的重点方向、主要任务和扶持政策

2010年10月，国务院向各省（区市）和国家部委下发了加快培育和发展战略性新兴产业决定的正式文件

2011年3月，培育战略性新兴产业被列入政府工作报告和“十二五”规划

2012年11月，十八大报告指出，要大力推动战略性新兴产业、先进制造业健康发展，经济发展要更多地依靠战略性新兴产业和现代服务业带动

2013年11月，十八届三中全会通过《关于全面深化改革若干重大问题的决定》，指出国有资本投资运营要服务于国家战略目标，发展重要前瞻性战略性产业

2013年12月，习近平在中央经济工作会上指出，2014年经济工作主要任务之一是着力抓好化解产能过剩和实施创新驱动发展，要大力发展战略性新兴产业

2014年12月，习近平在中央经济工作会上强调，要切实把经济工作的着力点放到转方式结构上来，推进新型工业化、信息化、城镇化、农业现代化同步发展，逐步增强战略性新兴产业和服务业的支撑作用

2015年3月，在《政府工作报告》中，李克强把“促进服务业和战略性新兴产业比重提高、水平提升”列为政府工作重点

2015年5月，习近平在浙江考察并主持召开七省市负责人座谈会，论述“十三五”规划并指出，要着力培育战略性新兴产业，大力发展服务业，积极培育新业态和新商业模式，构建现代产业发展新体系

1986年　2005年　2009年　2010年　2011年　2012年　2013年　2014年　2015年

图1-1　中国培育和发展战略性新兴产业30年的时间轴线（1986—2015年）

在国务院《关于加快培育和发展战略性新兴产业的决定》中，明确了今后一段时期要重点发展节能环保等7大产业领域。选择这7个产业领域，主要是基于四个方面的考虑：一是为有效缓解资源环境承载能力不足的问题，积极推进节能环保产业和新能源产业发展；二是为加快推进信息化、促进新型工业化，大力发展新一代信息技术产业；三是为提高国家医疗健康水平和农业现代化水平，着力发展生物产业；四是为优化产业结构、推动制造业全面升级，积极发展高端装备制造产业、新材料产业和新能源汽车产业。为了将战略性新兴产业的发展落到实处，中央政府把战略性新兴产业列入了国家经济和社会发展"十二五"规划，并在此基础上进一步明确了战略性新兴产业"三步走"发展思路：

第一步是到2015年年底，即"十二五"末期，战略性新兴产业要在全国形成健康发展的格局：战略性新兴产业增加值占GDP的比重达8%；形成一批创新平台和集成工程化平台、若干特色鲜明的产业链和产业集群，培育一批具有技术引领作用的领军企业、国际化企业，掌握一批关键核心技术，创业创新环境更加完善，产业创新能力、国际分工地位和国际市场份额大幅提升。

第二步是到2020年年底，即到"十三五"末期，战略性新兴产业增加值要占到全国GDP的15%，其中新能源、新材料、新能源汽车产业发展成国民经济先导产业，而节能环保、新一代信息技术、生物和高端装备制造产业发展成国民经济支柱产业。

第三步是到2030年，战略性新兴产业的整体创新能力居世界前列，产业发展达到世界先进水平，成为推动经济社会可持续发展的强大引擎。

在政府和社会各界的共同努力下，中国战略性新兴产业取得了积极成效。例如，节能环保产业初步形成了"一带一轴"的总体分布，即沿东部海岸线发展的"沿海发展带"和沿长江发展的"沿江发展轴"，产业规模不断壮大。在新一代信息技术产业领域，"天河二号"成为全球运算速度最快的超级计算机，新一代移动通信系统和下一代互联网开始规模化应用等。在生物产业领域，以新型流感疫苗和抗肿瘤新药为代表的创新药物获得生产许可。在高端装备制造产业领域，高速铁路工程装备与技术水平跃居世界前列，载人航天、海洋深潜等装备能力令世界瞩目。在新能源产业领域，中国风电装机容量、太阳能电池生产能力均居世界第一，智能电网建设全面启动。在新材料产业领域，各种高性能新型材料不断被研发出来并得到应用。在新能源汽车产业领域，新能源汽车整车技术日趋成熟，配套服务网络开始在城市发展。在全国初步形成了北京、上海、深圳、广州、武汉、苏州、大连、西安、长株潭地区等为代表的若干战略性新兴产业集聚区和国家高技术产业基地。

但在培育发展战略性新兴产业方面，也有一些地区表现的热情有余、理性不足，制定的产业发展规划不顾本区域的自然禀赋和产业实际，照搬照抄、面面俱到、同质重复，且过分追求发展速度，忽略质量和效益，甚至有个别地区呈现出无序发展、恶性竞争的状态。例如，在新能源产业中，曾是产业领军企业之一的无锡尚德电力控股有限公司，是中国最早在美国上市的光伏企业（在纽约交易所上市，股票代码：STP，简称“尚德电力”），但在 2013 年 3 月 20 日宣布破产，主要是由于金融危机引发国际市场形势骤变，国内企业之间恶性竞争，加之尚德电力对经济形势的判断失误，造成生产经营成本居高不下，产能利用不足，负债率大幅攀升，财务状况持续恶化，企业最终陷入资不抵债的困境而破产。

在中国，战略性新兴产业作为新生事物，提出和发展的时间较短，理论体系尚不成熟，没有现成的模式可以学习仿照，从总体上来说，中国战略性新兴产业还存在相当多的问题，例如产业总规模小，结构不合理，成果产业化水平低，经济效益不高，企业技术创新能力弱，专业人才匮乏，融资渠道狭窄且融资困难，各地重复规划、盲目上马等，这些问题亟待进一步研究和有效解决。

二、研究的理论和现实意义

近年来，战略性新兴产业已逐渐成为中国经济学界的热门话题。但总的来说，战略性新兴产业是一个相对比较新的概念，对于它的内涵定义、属性特征、遴选标准、评价体系等，国内外理论界尚没有统一的定论。战略性新兴产业是以马克思主义经济理论和西方经济学为理论基础的，在研究战略性新兴产业时，应该广泛采纳马克思主义经济理论和西方经济学理论的相关成果，有利于为社会主义经济理论提供有益的补充和发展，这是本研究的理论价值之一。

对于战略性新兴产业，无论是欧美发达国家，还是新兴经济体，尽管经济社会、意识形态和文化历史差异巨大，但世界各主要国家却形成一致的共识，即积极主动培育和发展战略性新兴产业是当务之急，是应对金融危机、实现经济复苏、抢占竞争先机的重要举措。经济理论界对战略性新兴产业的理解和表述的内容不尽相同，但对于把战略性新兴产业确定为未来经济发展方向也有同样的共识。曾获"孙冶方经济科学奖"的中欧国际工商学院教授许小年在其编著的《从来就没有救世主》一书中，把国际金融危机产生的根源归咎于美国政府的凯恩斯主义经济政策，特别是美联储的政策失误，他还认为中国、俄罗斯等国家对经济干预过多或法制不健全，并不利于经济的健康发展。且不论他的观点是否正确，其书中至少有一点是可以认同的共识——"经济可持续增长的关键是创新"①。

回顾世界近现代经济社会发展史，可以发现两条重要规律：一是任何一个国家经济社会的可持续发展，不可能自始至终只依赖一种保持不变的产业，要实现经济社会长期可持续发展，必须不断催生新的产业并发展壮大，形成新的战略支撑产业；二是近现代每一次世界范围的大经济危机的结束，都有科学技术实现新突破的因素，新的重大科技进步催生新兴产业，进而推动产业的革命性变化，促使世界经济走出低谷，形成新的繁荣。

根据近现代产业经济发展的历史进程和主要特征，一般划分为三次产业革命。第一次产业革命起始于18世纪五六十年代，一直到19世纪中期，又称为蒸汽时代，主要特征是人类掌握了热能向机械动能转换的技术，形成了可以控制的人工动力——蒸汽动力，并成功地应用到各类机械，使人们摆脱了对风力、水力或者畜力等

① 许小年：《从来就没有救世主》，上海三联出版社2011年版，第65~68页。

自然动力的依赖，催生一系列新兴产业。第二次产业革命从 19 世纪下叶开始，直到 20 世纪初期，又称为电气时代，以电力、无线电、内燃机的应用为主要特征，人类掌握了更先进、更方便、更有效率的能源和动力。在这一阶段，重化工业成为国民经济的战略性产业和支柱产业，也成为国家综合实力的标志。第三次产业革命从第二次世界大战结束开始，迄今仍在发展，又称为信息时代，以信息技术、生物技术的迅猛发展和经济全球化为主要特征，科学技术日益受到世界各国的重视，科技、教育和人才成为竞争的焦点。三次产业革命的兴起都伴有世界经济危机的背景，甚至可以说，世界经济危机是产业革命的摇篮。每一次走出经济危机，都是靠科学技术的发展为先导，改造原有产业或者产生新的产业，提高劳动生产率和提升生产力，使经济社会进入一个新的繁荣进程。

从中国的经济社会发展情况来看，国际金融危机的爆发，既带来了不利局面，又酝酿了重要战略机遇，能否抓住机遇实现调结构、转方式、推动发展，是赢得主动、赢得未来、实现民族复兴的关键所在。有着五千年文明史的中国曾经是世界上经济和科技最发达的国家。但是，近三百年来，连续错过了数次重要发展机遇，以致数千年的领先地位不保，迅速被其他国家追上和超越。

18 世纪中后期，世界第一次产业革命时期，清朝政府沉浸于康乾盛世（1662—1795 年）的繁荣景象，对世界科技革命和产业革命拒之千里，错失发展良机。

仅过了半个世纪，1840 年鸦片战争爆发，欧洲国家开动坚船利炮挑战中国，战败的清朝政府不得不赔款割地，签订丧权辱国的条约。一批洋务派官员认识到必须改变国家在技术和经济上落后的情况，开始引进国外先进技术，发展民族工业，但由于保守势力百般阻挠，洋务运动最终失败。

又过了半个世纪，到 1900 年前后，中国已沦为殖民地半殖民地弱国，外敌不断入侵，疯狂蚕食国土和资源；国内军阀割据，处于分裂的边缘，国力进一步衰落，更谈不上发展机遇。

再过去半个世纪，1949 年新中国成立，事业百废待兴，人民奋发进取，中国与发达国家的差距一度被显著缩小。但是十年

“文化大革命”爆发，当时世界科技革命风起云涌地发展，中国与发达国家一度缩小的差距被再次拉大。

如今，又过去了半个多世纪，中国的经济在经过 30 多年的改革开放后，正站在新的历史阶段，面临新的挑战和选择。中国再也不能与世界新的科技革命、新的产业革命失之交臂，必须抢抓机遇，主动转变经济发展方式，积极实施创新驱动战略，大力培育发展战略性新兴产业，打造强大的核心竞争力和可持续发展能力，在新一轮国际竞争中稳立于不败之地。

根据经济社会发展程度和自然地理条件，一般将中国的经济版图划分为四个大的区域（不含港澳台）：东部地区、中部地区、东北地区、西部地区。从总的情况来看，各地区之间经济社会发展水平差距较大，东部沿海地区最发达，从东往西，经济社会发展水平逐渐降低。东部地区在中国改革开放的 30 多年来一直走在其他地区的前面，经济社会发展一直领先于其他地区，在资金、劳动力、技术和市场方面，东部地区具有其他地区无法匹敌的优势，甚至其一个地级市的经济总量可以超过西部一个省的经济总量。西部地区地广人稀，气候环境地理等自然条件较差，经济基础弱，多数全国最不发达的县乡和贫困人口都集中在西部，但西部地区占有全国 70%的国土面积，各种自然资源蕴藏丰富，开发潜力巨大。东北地区是老工业基地，在新中国成立初期为国家经济建设作出过巨大贡献，在改革开放的大潮中，因不能适应市场经济的新要求，没有及时实现产业转型升级，许多大中型国有企业陷入困境，但是作为中国重要的工业基地之一，同时也是连接俄、日、朝、韩等国的重要前沿，其战略地位不容忽视。中部地区居全国的中心腹地，自古就是兵家必争之地，沃野千里，物产丰富，是中国主要的粮食产区。中部地区具有其他三个区域不可比拟的地缘交通优势，处于连接东南西北的战略枢纽地位，随着航空、铁路、公路和水运进一步发展，中部地区的战略地位将更加凸显。

为了优化地区经济结构，统筹经济社会发展全局，中国实施了一系列区域发展战略。首先鼓励东部地区率先发展，然后组织实施西部大开发战略。2003 年提出和实施东北地区等老工业基地振兴战略。2004年国务院在《政府工作报告》中首次明确提出促进中部地区崛起①。2006年中共中央和国务院正式发布《关于促进中部地区崛起战略的若干意见》（中发〔2006〕10号），旨在通过推进中部地区工业化和城镇化进程，发挥中部地区区位优势，优化中部地区产业结构，促进中部地区的经济发展水平、可持续发展能力显著提升。2012年，国务院再次发布《关于大力实施促进中部地区崛起战略的若干意见》（国发〔2012〕43号）。中部地区要实现崛起，不可能走过度消耗资源环境的老路，同时，中部地区是四大经济区域中唯一不与国境线相连的区域，走来料加工式的外向型经济之路也不占优势。中部地区要成为经济社会发展高地，必须走资源节约、环境友好之路，必须走创新发展之路，因此，大力培育和发展战略性新兴产业是中部地区发展的必然选择。

中部地区发展战略性新兴产业，既受其自身的自然资源、环境条件、经济技术水平等的制约，又有其独特的地缘优势、产业特色，因此中部地区在规划和发展战略性新兴产业时，要采取不同于东部地区、西部地区和东北地区的产业选择和发展模式。本书将在战略性新兴产业的选择理论方面进行探索，在分析国内外战略性新兴产业发展现状和经验的基础上，提出中部地区的发展策略和政策取向。通过本书对产业选择理论的研究和探索，建议中部地区能大胆突破目前国家暂时确定的七大战略性新兴产业的范围，形成独具特色的战略性新兴产业选择，在区域竞争和国际较量中，培育和形成竞争优势。这是本书期望取得的现实意义。

第二节　研究的理论基础

一、马克思主义经济学有关产业理论

马克思除了在哲学和政治学上的伟大贡献，在经济学研究领域

① 温家宝：《在十届人大二次会议上所作政府工作报告》，载新华网，http：//news. xinhuanet. com/newscenter/2004-03/16/content_ 1369379. htm，2004年3月16日。

同样取得了杰出成就，美国经济史学家史蒂文·普雷斯曼将马克思与亚当·斯密、梅纳德·凯恩斯并称为“经济学发展史上最重要的三位经济学家”①。进入21世纪以来，特别是国际金融危机爆发后，人们在反思西方经济学理论失效和资本主义国家经济政策失误原因的同时，马克思的经济思想越来越受到人们的重视。

马克思主义经济学自诞生以来，一直受到理论界的高度关注，相关理论研究很丰富，尤其是社会主义经济理论和实践在中国取得了巨大成功后，马克思主义经济学理论研究日益繁荣。本书选取马克思关于社会资本再生产理论作为研究的理论基础，进行学习、理解和分析。社会资本再生产理论是马克思主义经济学的重要组成部分，是马克思关于宏观经济运行的重要原理，反映了社会化大生产的客观必要性和基本规律，对研究经济增长方式、优化产业结构、科学选择和培育发展战略性新兴产业有重要的指导意义。

马克思社会资本再生产理论，分为简单再生产和扩大再生产两部分，其理论前提设定社会商品的总价值由不变资本（C）、可变资本（V）和剩余价值（M）三个部分构成，并把国民经济结构划分为生产生产资料的第Ⅰ部类和生产生活资料的第Ⅱ部类。两大部类相互联系、相互制约，第Ⅰ部类的发展为第Ⅱ部类提供支撑，也制约着第Ⅱ部类的发展；第Ⅱ部类对第Ⅰ部类同样也有促进和制约的关系。第Ⅰ部类的不变资本和可变资本之和，等于第Ⅱ部类的不变资本，即Ⅰ（V+M）= Ⅱ（C），是简单再生产最基本的实现条件，它反映了简单再生产条件下两大部类之间互为条件、互为市场、相互依赖、相互制约的关系。

马克思认为资本家对剩余价值的追求不会停留在简单再生产，而一定会要求实现社会资本的扩大再生产。扩大再生产是推动国民经济发展的根本原因，而扩大再生产总是开始于第Ⅰ部类的发展和积累，即首先是劳动者的技术水平和创新能力有所发展以后，他们

---

① 史蒂文·普雷斯曼：《五十位经济学家》，陈海燕等译，江苏人民出版社2005年版，第86~94页。

能够制造更加先进的生产工具和创造更高的劳动生产率，使生产资料的生产有了发展和积累。生产资料生产的发展和积累，带动了第Ⅱ部类乃至整个社会再生产的发展。

马克思社会资本再生产理论揭示了国民经济平稳发展必须保持社会再生产和社会消费之间的平衡关系。资本主义经济的本质不是为了维护社会生产和社会消费的平衡，而是对剩余价值的贪婪攫取和进一步资本化，所以资本主义的生产是扩大再生产，这种生产必然打破社会再生产和社会消费之间的平衡关系，也必然会出现生产和消费、生产资料生产和消费资料生产之间比例失衡，而累积到一定程度，就会爆发经济危机。

马克思的扩大再生产理论更是指出了经济的发展进步首先是劳动者的技术水平和创新能力发展，是先进生产资料和劳动生产率的发展。对于我们认识生产资料生产在社会再生产中的重要地位，注意保持社会再生产和社会消费的均衡，如何选择战略性新兴产业、调整升级产业结构、转变经济发展方式、实现可持续发展，有极为重要的理论价值。

二、西方经济学有关产业理论

18 世纪英国经济学家亚当·斯密提出了分工、货币和劳动价值论，奠定了近现代西方经济学理论基础。经过大卫·李嘉图、让·巴蒂斯特·萨依、约翰·斯图亚特·穆勒、艾尔弗雷德·马歇尔、约翰·梅纳德·凯恩斯、爱德华·哈斯丁·张伯伦、杨小凯等一大批经济学家的传承和发展，进一步形成和完善了西方经济学理论体系。

产业经济学是西方经济学研究分析产业理论的应用性学科，20 世纪 70 年代以后逐步完善并形成独立的理论体系，它的发展还对规制经济学、劳动经济学、国际贸易学、比较经济学、发展经济学以及工商管理类学科产生了重要影响，它以产业和市场为研究对象，研究范围介于微观经济学和宏观经济学之间，是宏、微观经济学衔接的重要桥梁，主要包括以下研究内容和方向：（1）产业组织理论，主要研究市场和企业之间的相互作用，其市场结构、市场行为和市场绩效相结合的研究模式（又称SCP模式），已成为产业组织理论的研究范式和经典分析框架。（2）产业结构理论，主要研究国民经济结构中产业的成分、比例、演变趋势及其对经济发展的影响，而为产业结构的规划与调整提供理论依据。（3）产业关联理论，主要研究不同产业之间的投入产出关系和相互的影响作用。（4）产业布局理论，主要研究产业布局与经济发展的关系，以及产业布局的原则、策略和相关影响因素。（5）产业发展理论，主要研究产业发展过程中的规律、原因，以及产业转移、资源配置等问题。（6）产业政策研究，主要包括政策预研、政策制定、政策实施、效果评估和反馈等内容。在发展历程上，产业经济学理论经历了两次飞跃发展，第一次是以梅森（E. Mason）教授、贝恩（J. Bain）教授为代表的哈佛学派提出了以“市场结构—市场行为—市场绩效”为分析框架的SCP模式，该模式一度是欧美学者研究产业组织理论的主导分析框架；第二次是在20世纪80年代，寡占模型和博弈论被引入产业经济学研究，使产业经济学取得了新的重大进展。

芝加哥经济学派的代表人物乔治·约瑟夫·斯蒂格勒以经济分析方法来研究法律与政策问题，开创了管制经济学和信息经济学。奥地利经济学家熊·彼特提出了技术创新理论，以企业创新和增长的非周期因素解释了经济波动的原因。世界银行专家霍利斯·B.钱纳里在配第—克拉克定理和库兹涅茨部门结构变动理论的基础上，重点研究发展中国家的经济情况，提出了“标准产业结构”，为各国制定经济发展战略和发展政策提供了理论指导。美国经济学家沃尔特·惠特曼·罗斯托提出经济社会成长可划分为经济起飞前后五个阶段，并创立了主导产业理论。哈佛商学院教授迈克尔·E.波特建立的“五力模型”、“三大一般性战略”、价值链、“钻石体系”和产业集群理论，打通了产业经济学与企业战略管理之间的联系，被誉为“竞争战略之父”。日本经济产业研究所青木昌彦、安藤晴彦通过分析“模块化”推动产业经济发生结构变化，揭示了美国和日本在新产业发展方面的巨大差别，使“模块化”成为经济学家和企业家最热门的话题。由于上述西方产业经济学界代表人物的不懈努力，使产业经济学在理论和实证领域取得了令世人瞩目的重要成绩，产业经济学的理论观点和研究方法越来越受到学术界、政府、企业界的重视和青睐。

本书在研究中，将马克思主义经济学的基本原理和西方产业经济学中的方法技术模型进行结合，在此基础上对战略性新兴产业的选择、培育和发展进行一些理论探索，提出相关政策建议。

第三节　国内外相关研究综述

由于战略性新兴产业提出的时间和发展历程较短，从国内外已有研究文献检索来看，研究者对战略性新兴产业相关问题的研究还不普遍，从研究方法上，主要有战略性新兴产业理论探讨、产业实证分析和国际比较研究；从研究内容来看，主要集中于战略性新兴产业概念属性的相关研究、产业选择和培育发展机制的相关研究、要素资源与战略性新兴产业发展的相关性研究，等等。

一、国外战略性新兴产业的理论研究

在国外经济学界，虽然战略性产业和新兴产业这两个概念都有学者提及并开展研究，但是暂时还没有学者明确提出战略性新兴产业的概念，与战略性新兴产业最接近的产业经济学理论是主导产业理论，由美国经济学家沃尔特·惠特曼·罗斯托和A.O.赫希曼创立。

沃尔特·惠特曼·罗斯托在对世界各国经济发展效率进行比较研究时发现，各国经济发展存在普遍性阶段特征，在不同的发展阶段都存在一些为数不多但与众不同的产业，这些产业不仅本身增长能力强大，而且能带动相关产业共同增长，这类产业被他称为主导产业。他提出了主导产业扩散效应理论，即国民经济实现高速增长的原因在于其主导产业迅速发展，有力地带动了其他产业发展，从而实现全面快速增长。他认为主导产业至少应有以下三个特征：一是通过引入创新成果，获得新技术，从而获得新的生产函数，并拥有巨大的市场潜力；二是主导产业自身具有高增长率；三是产业关

联度大，扩散效应强，对国民经济全局发展都能产生重要影响①。

A.O. 赫希曼在他的著作《经济发展战略》中探讨了主导产业选择的基准。他认为，在发展中国家，由于资本有限、资源稀缺、成熟企业家不多，政府可以集中要素资源重点发展主导产业，不必顾虑供给与需求是否均衡，通过主导产业发展带动关联产业发展，进而推动经济发展。政府应该选择前向、后向关联度都比较高的产业作为优先发展的主导产业，通过对这些产业的扶持和发展带动其他产业共同发展，实现产业结构升级和国民经济腾飞②。

日本经济学家筱原三代平也在其著作《产业结构论》中指出，政府在主导产业的选择中，不能静态地从产品的当前成本来决定是否发展该产业，而应该把产品的成本放在一个动态角度来做出综合分析，并以此为基准，判断是否选择该产业作为主导产业。所谓的动态角度是指，把产品的成本放进一段历史时期，特别是未来市场需求巨大和规模化生产以后的成本下降，以及相对更高的产品进口价格，来考察产品的比较成本。这样可以避免因简单静态观察成本，而将在观察点时期比较成本高、但从发展角度对国民经济具有重要带动性的高成长产业排除在外。他提出了主导产业选择的两个基准：一个是反映未来市场需求的“需求收入弹性基准”，另一个是反映技术进步水准的“生产率上升率基准”，后来日本政府又在筱原三代平的两个基准上，增加了环境基准和劳动基准，这四个准则为日本政府制定产业政策奠定了理论基础③。

经济学家雷蒙德·弗农对欧美发达国家产业发展模式进行研究后，提出产品循环发展理论，即：发达国家率先对新技术、新产品进行研发和生产，此时称为“导入期”；然后，由于生产技术成熟和生产规模扩大，国内市场已经饱和，产品开始向其他国家出口，其他国家在进口的同时，也开始生产类似产品，国际市场竞争激烈，进入“成熟期”；由于发展中国家具有原材料、劳动力等成本

---

① Rostow W. W. *The Stages of Economic Growth: A Non-communist Manifesto*. Cambridge University Press. 1959，p30~43.

② A. O. Hirschman. *The Strategy of Economic Development*. Yale University Press. 1958，p52~57.

③ 筱原三代平：《产业结构论》，中国人民大学出版社 1990 年版，第 56~57 页。

优势，发达国家逐步放弃国内生产，从产品的出口转向技术的出口，重在输出技术和产品标准，进入“标准化期”；接着，发达国家利用资金和技术优势，率先研发更先进的技术和性能更好的新产品，开始新一轮产品循环。发达国家通过主导技术进步和制定产业标准，获取最大利润，引领产业发展。雷蒙德·弗农的产品循环发展理论揭示了新兴产业的发展演变规律和国际产业转移的一般原理①。

日本经济学家赤松要提出的雁行形态发展理论，则是一种反映产业后进国家通过积极参与国际分工来实现产业结构优化调整升级的理论。雁行形态发展理论认为，产业后进国家由于技术、人才、资金的劣势，无法率先开发和生产一些先进的产品，因此产业初期只能通过进口来满足国内的需求，这一时期也称为“导入期”；随着国内需求的逐步增长，供求矛盾加剧，一些企业开始通过合资合作、购买生产线、引进技术等手段，生产国产化产品取代进口产品，这一时期称为“进口替代期”；随着生产规模的扩大，技术引进、消化、吸收和再创新，加之成本的优势，产业后进国家的产品竞争力增强，最终实现出口，占领国际市场，这一时期称为“出口期”。这样从先行国家到后进国家，产业逐步转移发展，就像大雁飞行一样，所以称为雁行形态发展理论。在产业转移过程中，后进国家从依赖进口到扩大出口，降低了产品成本，提高了生产效率，增强了产品竞争力，同时带动了后进国家的产业结构优化升级②。

国外主导产业理论相关研究是最接近战略性新兴产业理论的研究，A. O. 赫希曼甚至提出主导产业就是有战略意义的可以带动整个经济发展的产业部门，其实就是战略性产业。主导产业理论在日本、韩国、新加坡、中国香港、中国台湾的实践取得了巨大成功，也引起了中国理论界的重视。一批学者将主导产业理论研究和战略

---

① 谭力文：《产品寿命周期理论及其在我国经济发展中的现实意义》，载《武汉大学学报》（社会科学版）1989 年第 2 期，第 50~53 页。

② 王乐平：《赤松要及其经济理论》，载《日本问题》1990 年第 3 期，第 117~126 页。

性新兴产业的发展理论研究结合起来，开展了大量有益的理论探索，取得了积极的研究成果。

二、国内战略性新兴产业的研究进展

虽然战略性新兴产业是一个新概念，但自从改革开放以来，中国的学者就开始研究产业结构升级和发展新兴产业对国民经济的影响。2009 年国际金融危机持续蔓延之时，关于战略性新兴产业的研究在国内开始逐步增多。2010 年国务院颁布了《关于加快培育和发展战略性新兴产业的决定》之后，中国经济理论界也掀起了一股研究战略性新兴产业的热潮。

中国国内学者关于战略性新兴产业研究主要在以下几个方面：

（一）关于中国战略性新兴产业发展的现实问题与对策的研究

关于中国战略性新兴产业发展实践中存在问题的研究有：（1）董晓宇等学者对地方政府发展战略性新兴产业政策取向进行了研究，指出部分地方重复建设问题严重①；（2）李文增等学者在对国内外发展战略性新兴产业比较研究的基础上，提出了发展战略性新兴产业的体制机制约束②；（3）王红军等学者认为中国战略性新兴产业存在自主创新能力薄弱的问题③；（4）纪玉山等学者提出缺乏足够的资金支持是制约战略性新兴产业发展的重要因素④；（5）刘洪昌等学者从产业化能力不足方面来分析中国战略性新兴发展⑤；

① 董晓宇：《地方政府发展战略性新兴产业的问题与政策取向》，载《公共政策》2012 年第 16 期，第 66~70 页。

② 李文增、王金杰、李拉、刘峰：《国内外发展战略性新兴产业的比较》，载《产权导刊》2011 年第 1 期，第 49~51 页。

③ 王红军：《高层次高技术人才自主创新团队建设研究》，载《科技管理研究》2011 年第 22 期，第 124~128 页。

④ 纪玉山、于晶：《吉林省发展战略性新兴产业的路径选择与政策建议》，载《工业技术经济》2011 年第 7 期，第 3~8 页。

⑤ 刘洪昌：《中国战略性新兴产业的选择原则及培育政策取向研究》，载《科学与科学技术管理》2011 年第 3 期，第 87~92 页。

(6) 郭晓丹等人认为中国战略性新兴产业缺乏研发核心基础且科技成果的转化率低①，等等。

关于中国战略性新兴产业发展对策的研究有：(1) 宋河发等人提出要加强战略性新兴产业发展的知识产权规划，相关部门要及时发布新兴产业国内外知识产权动态，进行知识产权预警，加大知识产权保护宣传②；(2) 骆祖春提出要统筹制定战略性新兴产业的战略发展规划，明确战略性新兴产业的发展目标、重点项目、时间进程和路线图，加强政策的针对性③；(3) 陈柳钦指出财政税收政策是发展战略性新兴产业的必要条件，要构建良好的财税金融支持体系④；(4) 陈柳钦提出，完善人才流动和使用机制，加大创新型人才和高级实用型人才培养，吸引国外优秀人才来华投资于战略新兴性产业，以此来贮备保障战略性新兴产业发展所需的雄厚和结构合理的科技人力资源⑤；(5) 曾昭宁建议既要吸收国外新兴产业的研究成果，更要掌握核心技术，增强自主创新能力，加快建立以企业创新为核心的全社会创新体系⑥；(6) 朱迎春等人认为政府应该明晰自己在促进战略性新兴产业中的引导、激励、规范和服务作用⑦；(7) 熊勇清提出要处理好传统产业与新兴产业的关系，在传统产业的调整优化升级中遴选和培育新兴产业⑧；(8) 王德禄提出

---

① 郭晓丹、何文韬、肖志兴：《战略性新兴产业的政府补贴、额外行为与研发活动变动》，载《宏观经济研究》2011 年第 11 期，第 63~69 页。

② 宋河发、万劲波、任保中：《我国战略性新兴产业内涵特征、产业选择与发展政策研究》，载《科技发展》2011 年第 1 期，第 7~14 页。

③ 骆祖春、范玮：《战略性新兴产业的国际比较与经验借鉴》，载《科技管理研究》2011 年第 7 期，第 35~38 页。

④ 陈柳钦：《加速发展战略性新兴产业》，载《高科技与产业化》2010 年第 12 期，第 22~25 页。

⑤ 陈柳钦：《战略性新兴产业自主创新问题研究》，载《新疆社会科学》2011 年第 3 期，第 23~29 页。

⑥ 曾昭宁、王娟：《陕西省战略性新兴产业的若干问题研究》，载《人文杂志》2012 年第 5 期，第 67~72 页。

⑦ 朱迎春：《政府在发展战略性新兴产业中的作用》，载《中国科技论坛》2011 年第 1 期，第 20~24 页。

⑧ 熊勇清、李世才：《战略性新兴产业与传统产业的良性互动发展——基于我国产业发展现状的分析与思考》，载《科技进步与对策》2011 年第 5 期，第 54~58 页。

要推进创新载体建设，提升战略性新兴产业集约发展水平，加快创新园区的发展水平，加快特色产业基地建设①，等等。

（二）关于战略性新兴产业对经济增长贡献的研究

此类研究主要有：（1）2003年中国社会科学院课题组在对新兴产业的研究中提出，从国家层面来看，新兴产业是复兴国家经济的希望；从产业结构调整升级来看，产业结构调整升级与经济持续快速增长具有很强的相关性；从新兴产业的作用来看，新技术企业不仅提供了大量的就业机会，还极大地推动了国家经济的发展②。（2）万钢指出发展战略性新兴产业不仅是发达国家应对危机、提振经济的战略选择，同时还是提升国家竞争力、掌握未来发展主动权的必然要求③。（3）裴长洪等学者总结国际经验，提出从美国、日本、德国等发达国家和以中国为代表的发展中国家所推出的发展新兴产业政策可看出，发展战略性新兴产业已成为全球各国的共识④，等等。

（三）关于战略性新兴产业的成长环境、影响因素、演化模式及发展路径研究

2004年陈刚等研究者基于新兴产业形成与发展的影响因素，为新兴产业发展设计了相应的选择路径⑤；田敏等研究者分析了新兴产业熵变的影响因素、产出模型及产业组织能力边界的扩展，研究表明，信息经济时代，新兴产业的出现是基于价值链上的企业利

---

① 王德禄：《国家高新区：战略性新兴产业的摇篮》，载《中国市场》2010年第20期，第24~25页。

② 中国社会科学院课题组：《抓紧产业结构调整升级 促进新兴支柱产业发展》，载《宏观经济研究》2003年第5期，第3~7页。

③ 万钢：《把握全球产业调整机遇 培育和发展战略性新兴产业》，载《求是》2010年第1期，第28~30页。

④ 裴长洪：《后危机时代经济全球化趋势及其新特点、新动态》，载《国际经济评论》2010年第4期，第27~45页。

⑤ 陈刚：《技术资本、要素资本结构与企业发展》，中国海洋大学博士论文，第62~68页。

用各自的比较优势，通过网络进行重组的必然①。有研究者对新兴产业的成长模式、动力机制、政府作用、政策体系进行了有益探索，如吴传清等学者提出在培育和发展战略性新兴产业的路径研方面，应采取市场主导的内生路径和政府主导的外推路径相结合、内源式发展和外源式发展相结合的路径②；李三虎在分析广州产业格局的基础上，指出了广州发展战略性新兴产业的路线图③；张远鹏分析了台湾六大新兴产业规划的现状、特点及其给两岸经济合作提供的新机遇④；蒋清凤通过分析中国西部地区新兴产业市场结构的特征来揭示西部地区新兴产业内部不同技术环节市场结构的变动趋势以及政府在其新兴产业市场结构调整中的作用⑤。

（四）关于战略性新兴产业发展的政策及相关关系研究

此类研究主要有：刘玉忠等学者对中国的战略性新兴产业与国外发达国家新兴产业的关系、战略性新兴产业与一般产业的关系进行了研究⑥；冯长根等学者对科技人力资源与战略性新兴产业的关系、公民科学素质与战略性新兴产业的关系、创新文化培育与战略性新兴产业的关系等进行了研究⑦。张嵎喆等研究者从市场培育政策、产业技术政策、财政税收政策、金融服务政策、国际合作政策等方面，对近年来各部委制定和出台支持战略性新兴产业的政策进

① 田敏、杨进：《信息经济时代新兴产业熵变条件研究》，载《经济体制改革》2006年第3期，第63~65页。

② 吴传清、周勇：《培育和发展战略性新兴产业的路径和制度安排》，载《学习月刊》2010年第19期，第8~9页。

③ 李三虎：《广州发展战略性新兴产业路线图研究》，载《城市观察》2011年第1期，第119~134页。

④ 张远鹏：《台湾六大新兴产业规划与两岸经济合作》，载《世界经济与政治论坛》2009年第6期，第85~90页。

⑤ 蒋清凤：《我国西部地区新兴产业市场结构变动探究》，载《商业时代》2010年第6期，第110页。

⑥ 刘玉忠：《后危机时代战略性新兴产业发展战略的选择》，载《中国科技论坛》2011年第2期，第45~49页。

⑦ 冯长根：《选择培育战略性新兴产业的几点建议》，载《科技导报》2010年第9期，第19~21页。

行了梳理和评价①。施红星等研究者通过分析科技生产力流动和新兴产业成长的特点和规律，提出科技生产力流动与新兴产业成长存在内在的联系②。吕政等学者对再工业化进行研究，提出西方发达国家"再工业化"对中国的挑战有：战略性新兴产业的挑战、绿色工业的挑战、生产集中化与"国进民退"的挑战③，等等。

三、战略性新兴产业理论研究存在的问题

由于战略性新兴产业是新概念、新理论、新实践，研究和实践时间较短，国际上和国内理论界对有关概念、有关原则、有关产业基准还没有形成定论，因此在对战略性新兴产业的理论研究中，还存在很多问题有待进一步研究，主要问题如下：

1. 战略性新兴产业研究的理论基础还比较薄弱，国外学者对战略性新兴产业的理解主要以主导产业或战略性产业等类似的概念代替，国内经济理论界也没有形成统一的定论。

2. 目前对战略性新兴产业的研究主要集中在应用研究上，还缺乏比较系统的理论框架，尤其是战略性新兴产业的本质特征、形成机制、作用原理等基础研究。

3. 对战略性新兴产业发展的影响因子还缺乏比较系统全面的研究，在战略性新兴产业的实践中，常常忽略各地区的资源禀赋、经济条件、时空特性、产业基础和所处工业化阶段等因素。

4. 对战略性新兴产业的演变趋势和生命周期缺乏比较系统的研究。战略性新兴产业同样具有与其他产业相同的生命周期，因此也有成长期、成熟期和衰退期，目前学者大多关注的是成长期，而对于产业的演变趋势和长远发展甚至衰退的研究很少，没有把战略性新兴产业的生命周期作为一个整体来研究，容易对产业的前景判断上产生不切实际的幻想。

---

① 张嵎喆、王俊沣：《培育战略性新兴产业的政策述评》，载《科学管理研究》2011 年第 2 期，第 1~6 页。

② 施红星、刘思峰、郭本海、杨保华：《科技生产力流动与新兴产业成长问题研究》，载《科学学与科学技术管理》2009 年第 12 期，第 60~63 页。

③ 吕政：《稳增长与调结构面临的问题》，载《经济与管理研究》2013 年第 1 期，第 5~9 页。

第四节 研究的主要内容和方法

一、研究的主要内容

培育和发展战略性新兴产业，不仅是促进经济发展方式转变、推进产业优化升级的需要，而且是应对发达国家挑战、抢占新一轮国际竞争制高点的需要，是加快中国特色社会主义现代化建设做出的战略决策。

为了应对国际金融危机，中国政府采取了大规模的经济刺激措施，投入数万亿元人民币，用于加强基础设施建设和发展民生工程，以期通过投资拉动，扩大内需，消化过剩产能，避免经济下滑过快。但是，这很快引发了经济泡沫，物价上涨，经济运行风险增大。因此，中国政府应着眼于经济社会长远发展，下定决心转变经济发展方式，努力改变中国经济粗放式发展和不平衡、不协调、不可持续的问题，把发展战略性新兴产业作为产业结构优化升级、转变经济发展方式的重要途径。在中国各地经济工作的具体实践中，甚至在一些产业经济学研究文章中，将战略性新兴产业与高新技术产业、主导产业、先导产业、支柱产业混淆。理论上的模糊会让对实践的指导大打折扣，并因此造成战略性新兴产业选择和发展认识上的失误。这种失误在实际中的表现主要有：一是照搬照抄，造成产业规划上大量重复；二是盲目决策，造成产业先天不足或恶性竞争。

中部地区在土地资源、水陆交通、水电矿产、人力资源和劳动力成本等方面具有比较优势，沿长江经济带和沿京广交通干线经济带开发潜力巨大，同时拥有武汉、郑州、长沙、太原、合肥、南昌等经济发展较好的区域中心城市，如果能够注意发挥自己的特色和优势，将会有广阔的空间和巨大的发展潜力。中部地区转变经济发展方式的主攻方向应该是：巩固农业基础地位，改造升级现有工业，打造优质高效的服务业，大力发展战略性新兴产业。要从体制改革、机制革新、政策引导、金融服务、人才引进、技术发展和知识产权保护等方面进行一系列创新，使中部地区成为引领中国经济转型和可持续发展的示范区。

本书通过比较分析战略性产业、主导产业与新兴产业的概念、特征、理论的区别，探索提出战略性新兴产业的发展定位；通过比较研究国内外产业选择理论、评价机制和主要标准，分析中国战略新兴产业选择中存在的问题，进行理论探索；通过综合梳理美欧亚主要发达国家战略性新兴产业的发展经验，以及对国内各地区战略性新兴产业发展动态进行比较，从中部地区的自然和经济条件实际情况出发，结合对中部崛起战略目标和发展规划，重点分析战略性新兴产业与中部地区经济发展方式转变之间的逻辑关系，确定中部地区发展战略性新兴产业的重点领域与路径选择，提出中部地区战略性新兴产业发展思路和政策建议。

二、研究的主要方法

基于研究内容与研究目的，本书在理论与实践探索相结合、定量与定性分析相结合、实证与规范思考相结合的基础上，在社会主义经济理论和产业经济学等相关理论的指导下，综合使用文献研究法、实证研究法、比较研究、调查研究、案例研究法、优势劣势分析法、归纳演绎等多种研究方法与手段，同时应用一定的经济理论模型进行产业分析，以期得到有价值的研究结论。主要研究方法如下：

（一）文献研究法与实证研究法相结合

文献研究法主要是对相关文献进行深入检索查阅和分析整理，从中归纳事物属性和客观规律的研究方法。通过文献收集整理工作，可以了解学界同仁已经取得的成果和正在研究的方向，从而使自己的研究建立在一定的理论和实践基础之上，这样既能确保研究工作的效率，也能明确研究的方向，降低进入研究误区的几率。

实证研究法也是一种重要的经济学研究方法，主要是通过观察、调查、实验、统计、对照等手段对经济实体和经济行为进行客观记载和分析，从而总结发展规律和相关特征，进一步通过分析归纳，形成一定的理论成果。

本书在撰写中，一是规范检索和学习研读相关文献，比较分析国内外产业选择的主要理论、评价机制和有关标准，分析提出中国战略性新兴产业的界定标准、遴选机制、发展定位；二是采用实证研究方法，通过对国外发达国家战略性新兴产业发展现状和国内各地区战略性新兴产业发展动态进行比较，提出改进中部地区战略性新兴产业发展的对策建议。

（二）案例研究法

案例研究法主要是面向经济社会发展实际，选取典型案例为素材，通过对典型案例的具体解剖和分析，进行演绎归纳抽象总结，得出具有一定普遍意义的研究结论或者客观规律。本书结合对国内外战略性新兴产业现实情况和发展规划的具体分析，对中国确定的七大战略性新兴产业进行案例研究，选取具有代表性的企业或经济事件，进行观察、分析、解构、总结，归纳出有助于中部地区培育和发展战略性新兴产业的相关规律，发现中部地区战略性新兴产业发展规划的不足之处，并提出改进建议。

（三）优劣势分析法

优劣势分析法，也称为态势分析法，广泛应用于战略研究与竞争分析，是管理学研究常用方法。采用优劣势分析法，使用方便、分析直观、逻辑清晰，使之得出有实用价值的结论。本研究将对中部地区战略性新兴产业进行优劣势分析，通过详细列举和比较分析中部地区的发展优势、实际劣势、面临机会和潜在威胁，从而确定中部地区发展战略性新兴产业的重点领域与路径选择。

（四）数学与统计学方法的结合使用

前面提到的三种主要研究方法的优点明显，方法简洁明确，技术手段相对简单，缺点是如果没有大量数据的支持，在研究的精度上就显得不够准确，演绎推理和主观臆断较多，容易造成研究结论的信服力不够。根据研究的需要，本书还会采用一定的数学和统计学分析方法，选用有关统计分析工具，对调查检索采集的数据进行统计分析、信度分析、效度分析等，以弥补研究精度和准度的不足。

第五节　研究结论及需要进一步研究的问题

一、研究结论

本书对中国战略性新兴产业内涵和概念进行了一定的理论辨析，对国际和国内战略性新兴产业的发展概括进行了比较分析，对中部地区战略性新兴产业的竞争优势和劣势、机遇和挑战进行了较为详尽的实证研究，并提出了相应的对策建议。本书的主要结论如下：

（一）通过理论辨析，进一步揭示了战略性新兴产业的内涵特征

本书在经济理论界对战略性新兴产业已有分析定义的基础上，从产品与服务的角度、市场和用户的角度分析战略性新兴产业的内涵特征，尝试提出了基于产品、服务、市场、用户角度的战略性新兴产业的属性特征和概念定义，进一步明确了战略性新兴产业的范围和边界。从产品和服务、市场和用户的角度分析战略性新兴产业，可以回避新兴产业具体形态的干扰，有利于产业的内涵特征进行更准确的理解。明确战略性新兴产业内涵特征和概念定义，是确定战略性新兴产业遴选机制的基础，是制定战略性新兴产业发展规划的依据。

（二）对国际战略性新兴产业进行了较全面系统的比较分析，并提出了供中国战略性新兴产业发展借鉴的经验总结

本书对全球最具有代表性国家或区域，包括美国、日本、欧盟、英国、德国、俄罗斯、印度、巴西和南非等国家或地区的战略性新兴产业的选择与发展情况进行了详细分析，并对以上国家和地区逐一进行经验总结，在此基础上，提出了供中国培育和发展战略性新兴产业的经验借鉴。

（三）对中国战略性新兴产业的发展进行了较全面系统的论述

本书概括了中部地区6省、东部地区具有代表性的6省（市）、西部地区具有代表性的4省（区市）、东北地区3省战略性新兴产业发展的实际进展、发展规划、主要举措、发展经验和不足之处，并对以上各省（市）逐一进行了总结分析。对东、中、西、东北四大经济板块的战略性新兴产业竞争态势进行了比较分析，在此基础上，重点对中部地区战略性新兴产业的优势、劣势、挑战进行了理论分析和实证研究。

（四）对战略性新兴产业的重点领域范围尝试提出突破

本书通过比较分析国内外战略性新兴产业的选择和发展情况，探索提出中部地区战略性新兴产业的遴选原则和发展定位，并建议中部地区将4个新兴产业纳入战略性新兴产业范围：现代综合交通物流产业、绿色安全现代化农业、现代文化产业、高技术服务业。本书建议增列这4个产业，从理论上突破了2010年国务院划定的七大战略性新兴产业的范围，提出战略性新兴产业范围是动态的、会随时代发展而变化的。

（五）提出了中部地区战略性新兴产业发展的战略思路

本书通过对欧美发达国家战略性新兴产业发展现状和国内各区域新兴产业发展情况进行比较，通过对中部崛起、一带一路、长江经济带等发展战略的内涵、目标分析，提出中部地区战略性新兴产业的发展战略和发展路径，提出改进中部地区战略性新兴产业发展的政策建议和工作思路。

二、需要进一步研究的问题

受本人研究水平和所掌握理论知识、统计数据、研究资料等方面的局限，本书中还存在许多不足以及需要进一步深入研究的问题，主要在以下几个方面：

（一）对战略性新兴产业选择的量化模型和指标体系有待进一步研究

战略性新兴产业需要一套可量化评估的产业选择标准，本书虽然尝试对战略性新兴产业的选择模型进行理论探索，提出一些能够体现战略性新兴产业特征或选择价值取向的产业选择原则，但尚局限于一种定性的描述，限于知识和研究水平，在可操作的量化模型上没能取得突破。

（二）对战略性新兴产业的更替动态和发展趋势有待进一步研究

随着时代的发展和新技术的涌现，现在选择的战略性新兴产业由于自身的生命周期变化，其战略性作用将会发生变化，有可能出现更替，这就要求我们必须根据国民经济内外条件的发展变化，及时判断战略性新兴产业的发展趋势，选择出新的战略性新兴产业，保持产业结构整体活力，因此需要对战略性新兴产业的更替动态和发展趋势进行有针对性的研究。本书在战略性新兴产业的更替和发展方面虽略有涉及，特别是提出 4 种新的产业，建议列为中部地区战略性新兴产业，但是对战略性新兴产业更替和发展趋势的理论探索还不足。主要原因是战略性新兴产业本身属于新兴事物，很多研究尚处于认识的起步阶段，对其演变发展的研究需要更长的时间去观察。

（三）对战略性新兴产业与市场的相互作用问题有待进一步研究

本书在讨论战略性新兴产业选择时，着重考虑了地区自然资源、发展环境和产业基础等限制性因素，但是对战略性新兴产业发展带来的外部性问题，特别是战略性新兴产业对市场发展和消费者行为的作用的探讨还不够。培育和发展战略性新兴产业不仅要考虑资源环境制约等问题，还要考虑产业发展带来的市场变化和消费者行为变化，在今后的研究中，笔者将进一步开展战略性新兴产业与市场相互作用的理论探讨。

第二章　战略性新兴产业的内涵与特征

传统产业、新兴产业、主导产业、先导产业、支柱产业等概念，其实都是对不同产业或产业群，按照一定的标准，进行分类的特指。这些概念的内涵之间，既有一定区别，又有一定的联系，有时还有交叉重叠，在不同的时间和空间条件下，还可以互相转换。这些概念的内涵本身，也随着时代的变迁、经济社会的发展，而不断发展变化。

第一节　产业与产业分类

一、产业的概念

产业是研究现代经济结构形态和运行发展的基础性概念，是国民经济的组成单元，是按一定类别划分的企业集合体。在社会主义经济理论中，产业一般是指国民经济中物质生产和提供服务的属性相同的部门群体。也有学者定义，产业是指由分工不同、利益相互联系的相关行业所组成的经济形态的总称，尽管它们之间的具体经营方式、活动范围、企业模式和流通环节不尽相同，但是，它们的经营对象和经营范围是围绕着共同产品而展开的。这些对产业的定义，是以经济实体单位为基础，把产业看做一个有形的经济实体的集合。人类的经济生产活动，可以看做一种物质能量转化过程，即把各类要素资源通过一定的设备和流程系统进行转化，最终得到产品或服务的过程。产业是同类属性的资源转化行为的集合，这里的同类属性是指转化的过程与方法相似，或者得到的产品与服务类似，图 2-1 为产业是经济活动中同类属性的资源转化行为的集合。

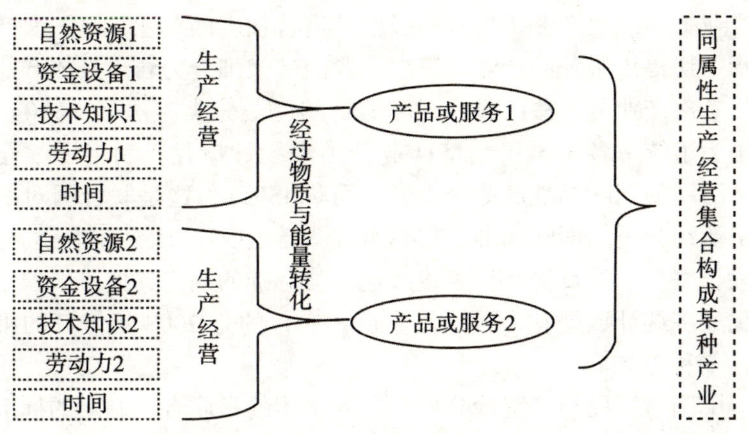

图 2-1 产业是经济活动中同类属性的资源转化行为的集合

二、产业的分类

经济学界从不同层次和角度出发，对产业有多种分类方法。如，(1) 根据马克思的产业分类标准，生产资料的部门称为第Ⅰ部类，生产消费资料的部门称为第Ⅱ部类。(2) 以是否提供物资产业和生产性服务作为分类依据，可将国民经济中的产业部门划分为物质生产部门与非物质生产部门。(3) 从产业在国民经济结构中的功能作用出发，可将产业划分为基础设施部门（也称为先行产业部门）和非基础设施部门。(4) 从不同种类生产要素对产品生产的决定性程度出发，可将产业划分为劳动密集型产业、资本密集型产业和技术密集型产业。(5) 从产品的有关属性来看，可以将产业划分为重工业和轻工业，或者原材料工业与加工工业等。(6) 从产业的存续阶段和所处生命周期来看，可以划分为传统产业与新兴产业，或者朝阳产业与夕阳产业。(7) 依据产业的某种突出特征，可以划分为高科技产业与常规产业，军工产业与民用产业等。(8) 根据产业在国计民生的地位和对经济社会发展的影响力不同，可以划分为战略性产业、重点产业、一般产业等。(9) 根据劳动对象的加工顺序，最早由新西兰奥塔哥大学教授阿·格·费希尔提出三次产业分类，即第一次产业是指直接对自然资源加工的产业，第二次产业是指对初级产品进行加工的产业，第三次产业是指一切提供服务的产业。三次产业内部又细分为若干具体产业门类。三次产业分类法已成为国际流行的产业分类方法[①]。(10) 联合国为了统一各国国民经济产业分类和统计口径，制定了《全部经济活动的国际标准产业分类》(简称 ISIC)，这是联合国对所有经济活动分类的国际标准，1948 年由联合国经济社会理事会通过，由联合国统计署负责修订。该产业分类标准的制定，使不同国家的国民经济统计数据有了可比性。现在通行的是 2008 年修订的第四版(简称 ISIC4)。

中国对国民经济统计分析，主要采用的是联合国制定的标准分类法和三次产业分类法。为了满足国民经济核算、服务业统计及其他统计调查的新需求，在参照联合国新修订的 ISIC4 基础上，国家统计局、国家质量监督检验检疫总局、国家标准化管理委员会 2011 年制定并发布了《国民经济行业分类》(GB/T 4754—2011)，2012 年国家统计局又进一步修订并发布了《三次产业划分规定》。这次修订将原属于第一产业的农林牧渔服务业、第二产业的采矿业开采辅助活动和制造业修理业等 3 类产业调入第三产业，并再次明确了第三产业即为服务业。新的三次产业划分如下：第一产业含 4 个大类，包括农、林、牧、渔业；第二产业分为 2 个门类和 36 个大类，包括采矿业、制造业等工业；第三产业(即服务业)，分为 15 个门类和 3 个大类，是指除第一产业、第二产业以外的其他行业。

三、传统产业与新兴产业

传统产业和新产业是一个相对的概念，是根据产业的存续阶段

---

① 张秀生、曾国安：《社会主义经济理论》，武汉大学出版社 2004 年版，第 279~284 页。

和所处生命周期来划分的。所谓传统产业，是指已经存续和发展了一段时间，处于成熟期或者衰退期的产业。传统产业都是从新产业发展而来，已经度过了快速增长阶段，要素组合技术、生产的各个环节、产品推广销售等都已经比较成熟，从业人员能够从企业学习到现成的经验，产品的需求逐渐明朗，市场的预期趋于稳定。传统产业并不会马上衰退，有的还会长期存续，即使更加先进的替代品已经充斥市场，只要有需求，传统产业就会存活下去。例如，一些古老的手工业，因为人们特定的价值取向，始终保有一定的市场需求，使这些看似已经不合时代的产业仍然能存续。传统产业还可能转变为新产业，通过新的技术手段和方法对传统产业改造升级，能使它脱离衰退期，转入另一个生命周期，成为新的产业。

有研究者把新产业等同于新兴产业，把新兴产业与传统产业看成非此即彼的对立统一体。笔者认为，与传统产业相对应的应该是新产业，新兴产业是新产业中竞争力强、增长速度快、市场潜力大的那部分。新兴产业的关键在"兴"上，即该产业要有广阔市场前景、有能够实现兴旺发达的潜质。回顾产业发展史，新产业能走向兴旺的往往只有少数，由于技术更新、产品替代，许多新产业诞生不久就迅速消亡；还有一些产业一直不温不火，徘徊在市场的边缘，从来没有走向兴旺。例如，曾经短暂存在的寻呼机产业，一度也是新产业，但后来迅速被手机产业取代而销声匿迹了。现在被热炒的打车软件服务业无疑也是新产业，其目前采取每单补贴的营销方式不具有可持续性，如果不进行商业模式创新，恐怕也不能发展壮大，不能成长为新兴产业。

20 世纪 60 年代，哈佛大学教授雷蒙德・弗农在其研究论文《产品周期中的国际投资与国际贸易》中提出了产品生命周期理论。在此基础上，哥特・米切尔和斯蒂文・柯乐普两位学者以时间为序，对 46 个产品进行大量的数据分析，提出了 G-K（Gort & Klepper）产业生命周期理论。普林斯顿大学教授约翰・朗德利赣进一步构建了企业在产业生命周期不同阶段开展竞争的理论模型。哈佛大学商学院教授迈克尔・波特在其代表作《竞争战略》中根据产业生命周期理论，提出了产业演变预测的方法，对各阶段产业的竞争战略作了详细的分析。

根据产业生命周期理论，每个产业都像生物体一样有它的世代交替周期，产业的生命周期指一个产业从诞生于市场到完全退出市场所经历的全部时期，一般划分为幼稚期、成长期、成熟期、衰退期四个阶段，如图 2-2 所示。几乎所有产业在生命周期中都表现出一种 S 形的生长曲线，不同的是在生命周期的中后期会分为两种形态，一种是长时间处于成熟期，形成稳定的成熟产业状态，另一种是迅速衰退。

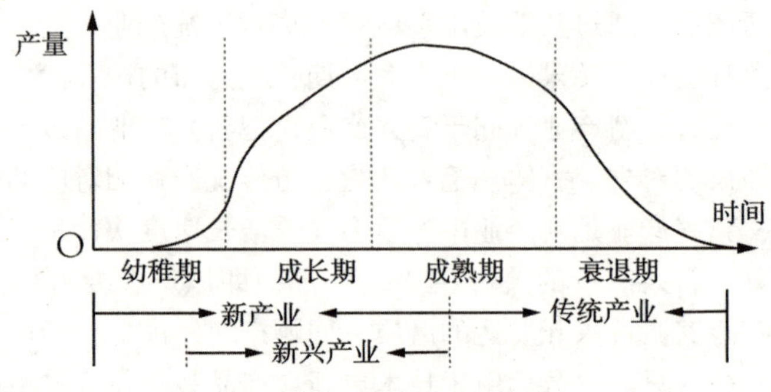

图 2-2 产业生命周期曲线

幼稚期，又称为起步期。这是新产业刚刚出现不久，产品和服务尚未成熟，技术上还有很大的不确定性，用户还未完全接受和信赖产品，产业成本高、利润率低，但是由于产品或服务的新颖性，或者逐步替代已有产品、服务，市场增长率根据用户的接受程度而逐步由小变大，在产品、市场、服务等策略上有较大余地，企业进入壁垒较低，企业之间的竞争主要在于开辟新用户、占领市场。

成长期。产业已经走出幼稚期，产品和技术逐步稳健，用户接受程度逐渐增大，产业的市场增长率迅速提高，引起行业外的投资者关注，产品品种及竞争者数量也相应增多。此时的企业往往现金短缺，同时又急需大量资金来增加投入、扩大生产规模、加大市场占有率，并阻止竞争者进入行业。这个阶段，产品的利润率会达到一个最高点，总利润会随着产量的增长而增加。

成熟期。进入这一阶段的产业，产品和技术已经成熟定型，需求增长率不再攀升，市场竞争日趋激烈，买方市场形成，利润率下降，行业整体盈利能力下降。此时企业要注重加强管理、提高效率、控制成本，牢牢把握细分市场，锁定客户；同时努力赋予产品和服务新的附加值，尽量延迟衰退期的到来。在这个阶段，企业的总利润和产量会达到最高值，然后可能随着市场竞争的加剧或替代品出现而有所下降。

衰退期。产业在这一阶段会出现产能过剩现象，产品和服务不再被用户青睐，质量更好或更廉价的替代产品开始充斥市场，市场需求下降，利润下降，产品品种数目减少，竞争者逐步离场。此时的企业要及时做出退出或者改造升级转型的决断。

笔者认为准确界定传统产业、新产业和新兴产业，可以根据产业的生命周期理论来辨别。传统产业应是进入成熟期以后的产业，一般是成熟期中后期和衰退期的产业。新产业是所有新生的、非传统的产业。新兴产业是新产业中具有强大生命力和市场潜力，已经度过幼稚期或者处于幼稚期后期，正处于快速上扬阶段，直至成熟期中期的产业。正确判断产业的发展阶段和发展趋势，科学规划和主动扶持新兴产业发展，积极培育新的经济增长点，才能实现国民经济可持续发展。

第二节　相关产业概念辨析

国务院文件中提出要把节能环保等四大战略性新兴产业发展成为国民经济的支柱产业，把新能源等三大产业发展成为国民经济的先导产业①。战略性产业、先导产业、支柱产业等都是根据产业在国民经济结构中的地位和作用来划分的重要概念，只是这些概念并不基于同一个分类标准，由于选取观察和研究的视角不同，它们之间既相互关联、有内容重叠，又有重要的区别。怎样把战略性新兴

① 国务院：《国务院关于加快培育和发展战略性新兴产业的决定》，载《中国科技产业》2010 年第 10 期，第 14~19 页。

产业发展为先导产业、支柱产业，首先要明确相关产业概念的联系和区别。

一、支柱产业

支柱产业是指在国民经济总量中占比重较大、对国家财政收入和吸纳就业居于支配地位的重要产业。支柱产业是国民经济的重要支撑，如果受到严重冲击，会对一个国家或区域的整个经济造成严重的打击，甚至会引起社会动荡和国家政局不稳定。例如，石油产业是伊拉克的支柱产业，海湾战争前，日均石油产量达到400万桶，占其GDP的一半以上；海湾战争后，联合国对伊拉克实行经济制裁，主要是实施石油出口禁运，所以其出口大幅下降，日均石油产量下降到100多万桶，伊拉克经济迅速衰落，国力严重受损。

支柱产业一般具有以下经济特征：一是支柱产业在国民经济发展中有着举足轻重的地位，在国民经济总量中占较大的份额，对国家财政收入贡献大，在产业结构中起到“台柱子”的支撑作用。二是支柱产业的产出规模大，市场需求大，一个产业的经济规模就相当于其他许多产业的总和。三是支柱产业对劳动力、资金、技术的门槛较高，对就业也有较大影响。四是支柱产业是具体的产业概念，一般由国家的资源禀赋、经济结构、政策扶持、历史原因等逐步形成，不同国家和地区的支柱产业不尽相同。五是支柱产业是一个动态的概念，不同发展阶段，随着产业的兴衰和市场的变化，支柱产业也会发生更替。六是由于支柱产业的规模大、需求大、产业关联度大，进入和退出相对不容易，产业更替的频率慢，产业的成熟期比一般产业要长。

二、主导产业

沃尔特·惠特曼·罗斯托对主导产业理论进行了系统研究，确立了主导产业理论。根据罗斯托的理论，主导产业是指具有一定规模，能够充分吸收技术创新的新成果，拥有较长上下游产业链，并在产业链中起主导作用，对经济发展和产业结构演进有强大的促进和带动作用的产业①。艾伯特·赫希曼在研究发展经济学理论中提出，资源有限的发展中国家不必过分顾及供应与需求的一致和经济结构的均衡，而首要的是重点扶持产业关联度大的主导产业。熊彼特在其著作中指出，创新是经济发展的本质，这为主导产业的形成和发展提供了理论基础。

主导产业一般具有以下经济特征：一是以技术创新来实现产业的不断突破，产业呈现持续进步发展的态势，具有高于其他产业的技术进步率。二是具有较高的产业增长率，高于国民经济的平均增长率。三是具有很强的产业关联度和影响力，一般处于产业链的中间，对前后产业以及其他关联产业的带动作用大，能拉动和激发多个产业群的增长。四是具有良好的发展潜力和已经形成较大的产业规模，在国家或区域经济结构中战略地位突出，部分主导产业有可能成长为支柱产业。

三、先导产业

先导产业是指具有广阔的发展前景，对未来经济发展、产业结构调整有深远影响，应该在国民经济规划中采取先行发展策略，以引导其他产业往既定战略目标发展的导向性产业或产业群。它的选择对一个国家或地区的中长期发展具有战略规划和先行引导的重要作用。

先导产业具有以下重要特征：一是先导产业指引未来经济社会发展的方向，发展潜力大，前景广阔，经过一定发展历程后，能有效转化为主导产业。二是先导产业代表科技进步方向，代表着新兴产业发展的前沿，大多是技术密集型产业，其中市场需求大、发展稳健的高新技术产业是先导产业的主要组成。三是先导产业的关联性较强，对其他产业发展具有较强的推动作用。四是先导产业有很强的技术吸纳能力和技术转化能力，是经济发展新的增长点。五是

---

① 于刃刚等:《主导产业论》，人民出版社2003年版，第1~10页。

强调先行先试，先导产业具有一定的探索性、开拓性、引领性，既有科学技术上的探索，又有生产经济模式的探索，提供的是不同于传统产业的全新的产品和服务。

四、基础产业

基础产业是在国民经济产业结构中为其他产业提供基础性发展条件的产业，如提供生产资料供应、基础设施建设、公益事业性服务的产业，一般包括水、能源、工业原料、基础性生产设备的制造和供应类产业，以及交通、通信等服务类产业。

基础产业的主要特征有：一是基础产业是为经济社会发展提出基础性条件的产业，为其他产业的发展提供生产要素。基础产业的发展是经济发展的必要条件、限制性条件，基础产业落后，会对其他产业的发展起到制约作用。二是基础产业往往处于产业链的起始位置，后续产业对它的依赖性强。三是基础产业一般具有较大的规模，有明显的规模经济性，进入壁垒比较高，容易形成自然垄断，竞争性较差。四是基础产业不容易出现替代产业或替代品，如果出现替代产业，往往是革命性的变化，甚至可能引发新一轮产业革命。例如，历史上交通产业的更新，从马车到蒸汽火车到电气列车，每一次更替都是意味着一次的革命性发展，会影响到经济社会全局。

五、战略性产业

根据产业在国民经济产业结构中所处的地位和对全局的作用、意义，有学者将产业划分为战略性产业和一般产业。战略性产业是指对国民经济全局具有重大影响、有重要制约或带动作用、需要引起重点关注支持的产业。

战略性产业的主要特征有：一是战略性。战略性产业在国民经济发展具有重要的战略地位，可以通过强关联性，带动或抑制相关产业的发展，从而对国民经济总量和质量的提升起到关键作用。二是长远性。战略性产业自身具有很强的发展优势，在市场、技术等方面具有巨大的增长潜力，这种发展潜力对于经济的贡献是长期的、持续的。三是政策导向性。由于战略性产业的重要地位，政府必须高度关注此类产业的发展状况，提供必要保护措施、培育和促进手段、加大投入、加快发展等政策支持。四是动态性。战略性产业不是一成不变的几类产业，是一个动态概念，要根据经济社会发展的内外部环境变化，而不断调整其范围①。

六、相关产业概念的联系和区别

各类产业概念是经济学家从不同角度、按照不同的标准，对产业或产业群进行分类的特指。这些概念之间既有区别，又有一定的联系，有的还有交叉重叠，在不同的时间和空间条件下，它们可以互相转换。同时，这些概念的内涵和外延，也会随着经济社会的发展而不断变化。其中支柱产业与主导产业的关系、主导产业与先导产业的关系、基础产业与先导产业的关系、新兴产业与战略性产业的关系等，都需要进一步研判和准确辨别。

（一）支柱产业与主导产业的联系和区别

支柱产业与主导产业既有密切联系，又有所区别。支柱产业和主导产业都是国民经济的战略性产业，其地位十分重要。支柱产业特指在国民经济中占有较大比重，对经济增长贡献大的产业。主导产业在现实国民经济中却不一定占有较高的经济比重，但它是推动经济增长方式转变和产业结构调整的重要力量，表现为产业快速成长和需求迅猛增长，拉动其他产业增长的效果显著。二者的区别在于以下五个方面：一是在国民经济结构中所占份额不同，支柱产业一定是占比重最大的一个或几个产业，主导产业则不一定是占比重最大的产业。二是产业分类判断的侧重点不同，支柱产业的判断标准是对经济总量的贡献度，主导产业的判断标准是关联度和带动性。三是作用的时间不同，支柱产业体

① 李健、马费成等：《湖北省战略性新兴产业遴选咨询报告研究报告（之二：相关理论和国内外动态）》，武汉大学出版社 2010 年版，第 4~5 页。

现着其对国民经济的现实作用，主导产业则更多地作用于国民经济的未来。四是产业的增长率不同，支柱产业一般产业规模巨大，但是产业增长率趋于稳健；主导产业一定是高增长率的产业，对经济的带动和刺激作用明显。五是产业的生命周期不同，支柱产业往往是成熟期的产业，主导产业是成长期和成熟期早中期的产业。

支柱产业在国民经济产业结构中占较大份额，处支配地位，对其他关联产业的影响大，因此在经济发展的特定阶段，特别是国民经济发展周期的早期，它也兼有主导产业的属性，带动经济腾飞。发展到一定阶段以后，支柱产业和主导产业开始分别由不同产业承担，支柱产业日趋成熟稳定，但也可能经济发展环境条件的变化而面临新兴产业的挑战和本身的衰退威胁；经济的持续发展需要不断出现一部分最有活力、最富前景的新兴产业，继而转化为主导产业来带领产业的新发展，而新兴的主导产业将有望发展成为支柱产业。

（二）主导产业与先导产业的联系和区别

自从罗斯托提出主导产业理论以来，尤其是日本、韩国等通过扶持主导产业带动整个国民经济迅速增长取得巨大成功后，世界各国对主导产业的发展越来越重视。有的学者认为主导产业和先导产业是一个概念，是对经济社会发展能够产生全局性影响和强大拉动作用的产业或产业群的总称。这种理解有一定道理，从功能和作用来说，主导产业和先导产业是一样的，都是对未来经济发展、产业结构调整有深远的影响和作用的产业。但是二者有细微的差别：一是主导产业代表着经济增长的主旋律和产业发展的主要方向，在国民经济发展中起组织和带动作用；而先导产业代表产业发展的前沿，可以有多种方向的尝试。二是对主导产业的选择需要十分慎重，遴选的标准和要求需更加严格；而先导产业的选择相对自由、宽泛，鼓励不拘一格、先行先试。三是从产业生命周期来看，先导产业比主导产业所处的位置更前，靠近成长期的早期，规模相对较小，需要进行培育和扶持；而主导产业已经进入高速增长阶段，展现强劲的发展动力，并带动其他关联产业快速发展，催动国民经济“起飞”。

（三）基础产业与先导产业的联系和区别

基础产业居于产业链的起点，它的发展情况对整个国民经济发展水平和效益有重要影响。所以，基础产业和先导产业一样，都是先行产业，在产业结构中都是属于应该优先发展的产业。但是两者的区别也是明显的：一是功能作用不同。基础产业的作用在于其需为其他产业的发展提供支持和服务，而它的缺乏或者水平很低会制约其他产业的发展。先导产业的作用在于探索产业发展的方向，引导和带动其他产业的未来发展。二是选择机制不同。基础产业的先行发展是产业发展客观规律决定的，不以人们意志为转移。先导产业是可以根据经济、科技、人才等的具体情况和发展侧重，进行一定的遴选，根据世情国情的变化不断及时调整。三是产业规模和增长情况不一样。基础产业一般要求规模大，增长相对稳定，只要环境不发生剧烈变化，基础产业的种类以及产品就相对稳定，不会发生骤变。先导产业处于产业的成长期，规模相对较小，增长变化快，对环境变化非常敏感。

（四）主导产业、先导产业与新兴产业的联系和区别

主导产业、先导产业一般是新兴产业。但不是所有的新兴产业都能成为先导产业或主导产业，其中最重要的因素就是产业关联度和对其他产业的影响作用。从这个意义上来看产业的演变进化规律，可以总结如下几点：由于环境条件改变、技术革新或者市场需求的变化，新产业开始萌芽；部分适应市场需求的新产业逐渐壮大成为新兴产业；一部分产业链长、关联产业多的新兴产业，在技术创新和市场发展的推动下，发展成为先导产业；先导产业进一步壮大，有可能发展成为主导产业和支柱产业。其产业演进方向如图2-3所示。

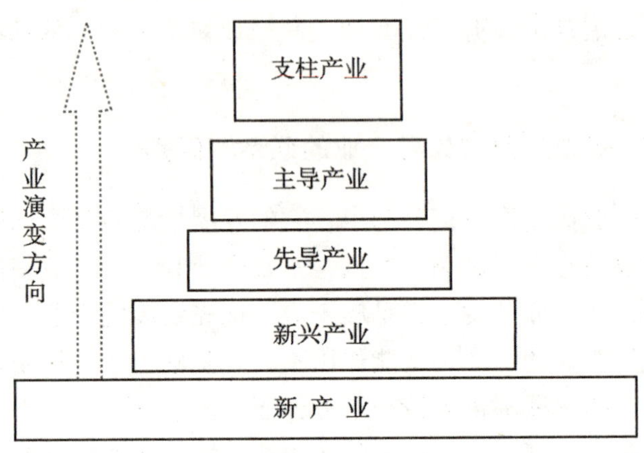

图 2-3　产业演进方向

（五）战略性产业与支柱产业、主导产业、先导产业、基础产业的关联性

战略性产业的判别标准是根据产业的地位和作用来进行的，指对国民经济产业结构全局具有重大影响、对国家经济政治社会安全有战略意义的产业，它是经济学概念，但更切合政治和政府管理的需要。

自古以来，政府就对战略性产业非常重视，即使它的产量和规模不大、从业人员不多，往往也会实行严格的管制措施，注意保护和扶持这类产业的发展。例如，盐业在古代是政府严格管控的产业，一般不向民间开放，不许民营商人参与，官府对私盐的处罚非常重，由于其在国计民生中的重要作用，所以是典型的古代战略性产业。

根据战略性产业的内涵特征，可以发现所讨论的支柱产业、主导产业、先导产业、基础产业都是战略性产业的范畴，都是在国民经济产业结构中具有战略意义的重要产业，是影响国家经济命脉、关系综合国力和核心竞争力的重要产业，战略性产业与支柱产业、主导产业、先导产业、基础产业的关系图如图 2-4 所示。因为这些概念的分类标准是基于不同角度，因此它们之间可能存在一定的交叉重叠，但是不影响它们作为国民经济战略性产业的重要作用，某些产业同时兼有多种属性，只会加强它在产业结构中地位的重要性，这些产业更需引起政府的重点关注。政府应该对战略性产业进行认真郑重研究、科学系统规划、制定扶持政策、积极促进发展。

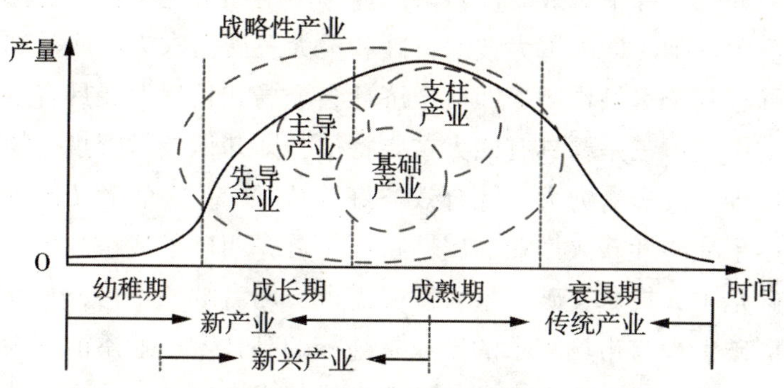

图 2-4 战略性产业与支柱产业、主导产业、先导产业、基础产业的关系图

第三节 战略性新兴产业的内涵与特征

一、战略性新兴产业的内涵

作为一个新的概念，目前理论界对战略性新兴产业还没有形成统一的定义，随着研究的深入，对这个概念的理解也在不断完善、不断丰富。对战略性新兴产业的理解定义有以下几种代表性的表述：一是强调“新兴性”和“创新性”。迈克尔·波特在《国家竞争优势》一书中，把新兴产业定义为新出现的或者对传统产业改造升级而形成的产业①。万钢认为，战略性新兴产业是由于新技术突破所产生的新兴产业，战略性新兴产业的成长取决于技术的创新

① Porter M. E.. *Competitive Strategy: Techniques for Analyzing Industries and Competitors*. Free Press，1980，p22~27.

性和突破性①。二是强调“全局性”和“战略性”。有的学者认为战略性新兴产业是指对国民经济全局有重要影响、能有效推动产业结构升级的先进产业②。三是强调“导向性”和“可持续发展”。有的学者提出战略性新兴产业代表未来科技和经济发展的方向，带动相关产业进步，引领国民经济可持续发展③。

国务院文件中对战略性新兴产业作出了如下定义：一是要符合两个重大基础，即以重大技术突破和重大发展需求为产业基础；二是要具有两个引领作用，即对经济社会全局和长远发展具有重大引领带动作用；三是要具有四大重要特征，即知识技术密集、物质资源消耗少、成长潜力大、综合效益好等特征④。这个定义比较全面地表述了战略性新兴产业的属性特征，首先明确了战略性新兴产业的基础是重大技术突破、重大发展需求，两者缺一不可，只有重大技术突破、没有市场需求的产业是纯粹的高技术产业不能列为战略性新兴产业，只有重大需求、没有形成技术突破的产业也不能列为战略性新兴产业；其次明确了战略性新兴产业的功能，对经济社会全局和长远发展的引领带动作用，强调了战略性新兴产业的导向性。这个定义还在产业特征方面指出了战略性新兴产业的技术密集、资源节约、环境友好、高增长性、高收益等特性。

经对战略性产业、新兴产业、支柱产业、主导产业、先导产业、基础产业的概念和内涵进行辨析，可以提出：战略性新兴产业应当是战略性产业中的新兴产业，或者说是新兴产业中的战略性产业。例如，国防工业无疑是战略性产业，但是一些传统的国防工业制造业，就不能列为战略性新兴产业。境外旅游业是近年来发展较

---

① 万钢：《把握全球产业调整机遇 培育和发展战略性新兴产业》，载《求是》2010年第1期，第28~30页。

② 王忠宏、石光：《发展战略性新兴产业 推进产业结构调整》，载《中国发展观察》2010年第1期，第12~14页。

③ 王昌林、王君、姜江：《加快培育和发展战略性新兴产业》，载《宏观经济管理》2010年第11期，第21~23页。

④ 国务院：《国务院关于加快培育和发展战略性新兴产业的决定》，载《中国科技产业》2010年第10期，第14~19页。

快的新兴产业，但一般不列为战略性产业。战略性新兴产业必须是新兴产业中有重大技术创新支撑、有重大需求潜力、有全局性影响的战略性产业。主导产业与先导产业，既是新兴产业，又是战略性产业，所以都属于战略性新兴产业范畴。支柱产业和基础产业中的新兴产业部分，也应该列入战略性新兴产业范畴，加以扶持。

但是，用“重大技术突破、重大发展需求、重大引领带动作用、知识技术密集、物质资源消耗少、成长潜力大、综合效益好”等标准来衡量判别战略性新兴产业时，由于这些标准具有一定的概述性，基于定性的因素和主观人为因素比较强，在实践中难以准确把握。笔者认为可以从产业的终端，即产品和服务这个指标，来提出战略性新兴产业的定义。在产业生态环境中，每一种产业就像一棵植物，当对某种植物的根、茎、叶形态无法辨识和准确分类时，可以通过观察它的花和果实形态来作为分类的重要依据。产业是一个投入产出的联合体，产出是其最终目的和存在的意义。从产出的情况对战略性新兴产业进行界定，主要标准有：

一是战略性新兴产业的产品（或服务）必定是未来社会的主流，而且这种产品（或服务）有较强的生命周期，将对未来世界产生深远的影响。

二是战略性新兴产业的产品（或服务）是现今市场某些重要产品的必然替代品，或是一种全新的重要产品，这种产品的出现会导致现在流行的某些重要产品（或服务）消亡，或导致某些传统产业的消亡。

三是战略性新兴产业的产品（或服务）有强有力的刚性需求，而且需求量巨大，未来社会对它们有较强的依赖性，该产业不可或缺。

四是战略性新兴产业的产品（或服务）代表着技术进步的方向，先进的核心技术是它的重要标志，这种核心技术极为重要，甚至会引起国与国之间的竞争和保护。

五是战略性新兴产业的关联度高、产业链长，生产过程或产品能为其他产业提供增值带动效应，对关联产业的拉动作用明显。

二、战略性新兴产业的主要特征

战略性新兴产业是国民经济产业结构中不可或缺的、能够促进产业结构优化、对全局和长远有重要影响的关键性产业，有广阔的市场前景和巨大的潜在社会需求，产业关联度高、带动力强，依靠创新驱动，能够发展成为新的经济增长点和制高点，能够提升国家竞争力，在未来能够演化成为先导产业、主导产业或支柱产业的新兴产业，其在国民经济规划中要先行发展，以引导带动其他产业发展。战略性新兴产业具有以下主要特征：

（一）战略性

由于对经济社会的总体和长远发展具有重大带动作用，发展战略性新兴产业，能够有效突破经济发展面临的各类瓶颈性因素，为经济社会长期发展提供支持，有利于促进产业结构的优化和发展方式的转变，有利于维护国家经济社会安全，有利于增强国家核心竞争力和综合国力。

（二）创新性

战略性新兴产业以重大技术突破为基础，依靠创新驱动和掌握关键核心技术，来实现引领经济社会发展。战略性新兴产业的重要优势就是其高技术性、强创新性，能够迅速吸收科技新成果，并有效地实现科技成果向产业转化。同时，战略性新兴产业还是商业模式创新的代表性产业，是科技创新与产业创新深度融合的典范。

（三）重大需求性

战略性新兴产业以重大发展需求为基础，具有广阔的市场前景和强大的市场扩张能力，能取得持续的高速增长。战略性新兴产业在未来社会应具有较大刚性需求，产品将成为未来社会的主导产品。

（四）发展导向性

战略性新兴产业代表科技革命和产业革命发展方向，它的选择具有重要的经济社会发展导向作用，同时体现政府的政策扶持方向，是引导资金投入、人才集聚、技术研发的重要指南。

（五）高增长性

战略性新兴产业是增长速度高于其他行业、高于工业平均水平的朝阳产业，一般呈非线性发展的加速发展势态。但是，利润率不一定很高，由于研发成本和市场成本的原因，产业的快速发展离不开国家政策扶植。

（六）强带动性

战略性产业的正外部性较强，带动系数大，产业链长，与其他产业的关联度大，影响范围广，对其他产业和整个经济发展具有强推动作用，能带动众多相关产业发展。

（七）动态性

对于不同的国家或同一国家产业发展的不同阶段，由于自然禀赋、科技基础、经济社会的具体情况不同，战略性新兴产业有不同的选择，产业选择是一个动态的、发展变化的过程。战略性新兴产业的动态性，对产业的科学选择提出了很高的要求，选择正确，能抢占竞争制高点；选择错误，则贻误战机。

（八）高风险性

战略性新兴产业的创新特征，使其无论在技术研发领域，还是商业拓展领域，都没有现成的经验可借鉴，需要不断探索，在体制、机制、技术、市场、资金等方面均存在不确定性，因此高风险性是其重要特征。

（九）社会性

战略性新兴产业应是有利于资源节约、环境友好、生态文明的产业，就业吸纳能力强，能够创造较多的就业机会，给社会带来先进的生产方式和生活方式，是未来经济社会发展的导向性产业。

三、战略性新兴产业的分类

2012年12月，国家统计局为了满足战略性新兴产业的统计测算需要，制定并发布了《战略性新兴产业分类（2012）》（试行）。这个分类标准是按照经济活动进行划分，对具有相同（或相似）性质的经济活动归入同一个类别，是从事战略性新兴产业活动的集合，在《国民经济行业分类》基础上，对与战略性新兴产业相关经济活动的再分类。战略性新兴产业中每一项产品（或服务）原则上只能归入七大战略性新兴产业的某一个类别，不得重复。这个分类标准用于国家战略性新兴产业发展宏观监测和管理，同时也用于各地区、各部门依据这个分类标准开展产业统计和监测。

该分类把战略性新兴产业分为三个层级。第一个层级，即战略性新兴产业的7个大类。然后，根据国家发改委编制的《战略性新兴产业重点产品和服务指导目录》，将7个大类进一步细分，第二个层级为30个类别，第三个层级为100个类别。在第三个层级建立起与目前行业和产品（或服务）的对应关系，对应《国民经济行业分类》中的行业类别359个，对应战略性新兴产业产品及服务2410项。为了确保统计的准确性和精确性，要求战略性新兴产业的每一项具体产品（或服务）的归类是唯一的，且不得重复，即一项产品或服务不能同时属于两个或两个以上的产业类别。产品（或服务）在产业分类上的唯一性，保证了数据汇总时不出现重复计算，从而保证了统计和监测的准确性。理解掌握国家产业分类标准，有利于提高对战略性新兴产业的选择机制和发展规划研究的针对性和规范性。

四、战略性新兴产业与高新技术产业的区别

高新技术产业是指以创新为主导、知识技术密集度高、发展速度快、具有高附加值、高增长率、有一定市场需求的产业。高新技术产业与战略性新兴产业有一定程度的关联性和相似性，有人甚至认为战略性新兴产业就是高新技术产业的另一个名称。其实两者是

既有关联又有区别的不同概念，战略性新兴产业应属于高新技术产业的范畴，但高新技术产业则不一定是战略性新兴产业，两者的主要区别如下：

（一）对经济全局的影响不同

战略性新兴产业在经济社会发展中占有重要地位，具有影响全局的关键性作用。高新技术产业，以创新和突破发展瓶颈为要旨，为经济社会发展提供必要的技术进步支持，力求能够保持和增强某些产业的核心竞争力，但是它承担的全局性作用和战略性作用已淡化很多，而更侧重高技术性和高效益性。

（二）选择的领域不同

国务院把当前战略性新兴产业的重点发展领域，确定为节能环保等七大产业。而从中国的“863 计划”开始，高技术最开始划分的领域为：信息技术、生物技术、新材料技术、能源技术、农业高技术、先进制造技术与自动化技术、海洋技术和民用高技术。随着时代的发展，其领域不断变化，并由高技术发展到高新技术，其范围在不断扩大。到目前为止，高新技术产业并没有一个非常确定的范围，相对宽泛，泛指所有高技术、新技术转化来的产业。

（三）发展的重点不同

高新技术重点是技术产业化，促进区域经济发展，它的主要目标是追踪科技和产业前沿，实现技术突破、产业化领先和经济效益最大化。而战略性新兴产业的选择既要对当前经济发展起到支撑作用，又要引领国家未来经济发展的方向，所以，要站在国家经济和社会发展的全局来考虑，而不是唯技术前沿或唯经济效益。

（四）发展的目标不同

国家为战略性新兴产业的发展规定了明确目标，节能环保等四大产业要发展成为国民经济支柱产业，新能源等三大产业要发展成为国民经济先导产业。而高新技术产业鼓励“百家争鸣、百花齐放”，没有如此具体明确的战略目标。

（五）政府的重视程度和支持力度不同

国家对战略性新兴产业高度重视，扶持力度大，政府主导性强，产业规模宏大。而对于高新技术产业，国家也有相应的支持政策，但更多依靠市场的作用，以中小企业居多，技术和产业集成的规模相对小得多。

（六）风险性有较大差别

战略性新兴产业和高新技术产业都是风险性较大的产业，但由于战略性新兴产业对经济全局的影响大，如果产业发展中出现重大失误，对国民经济的损害较大。而高新技术则以数量众多的中小企业为主，由于风险分散，对经济全局造成损害的可能性要小得多。

第三章　国外战略性新兴产业发展及启示

当前世界已经进入后金融危机时期，美国、欧盟、日本以及部分新兴经济体由于各自的经济基础、社会发展情况、受金融危机的影响程度等背景不同，在战略性新兴产业的选择、培育和发展方面各有特色，形成了不同的经验，值得研究借鉴。

第一节　美国与日本战略性新兴产业发展

一、美国战略性新兴产业发展

美国是世界第一经济强国，但是其经济发展也不是一帆风顺。20 世纪以来，美国利用第一次世界大战和第二次世界大战的时机，广泛吸纳人才、技术、资金，拓宽海外市场，给经济发展带来了繁荣；但到 70 年代，由于石油危机、越战拖累、财政赤字等原因，其经济走入低谷，多次发生经济危机；到 90 年代，美国依靠信息产业、生物技术产业等新兴产业的带动，国家经济再次经历了十余年的高速增长期；到 21 世纪初，由于过度消费、监管失效和金融泡沫等原因，美国爆发次级房贷危机，引发全球性的金融危机，进而导致包括其本身在内的全世界经济衰退。

（一）奥巴马政府推出“新政”重振经济

奥巴马于 2008 年就任第 44 届美国总统，恰逢国际金融危机爆发之际。如何应对危机，带领美国走向经济复苏，是奥巴马政府的首要任务。奥巴马认为，美国未来经济的发展和国际竞争力取决于创新的能力，必须通过改革政府运营体制机制，促进国内经济增长，积极主动投资有效领域，果断放弃不利领域，才能实现美国经济复苏和保持高速、可持续的增长。

2009年，奥巴马先后签署《复苏与再投资法案》（简称ARRA法案）和《美国创新战略：驱动可持续增长和高质量就业》，提出将在十年内累计投入7872亿美元刺激经济积极救市，在战略性新兴产业领域加大投资，并通过救助汽车产业、增加基础设施投资、采取“出口倍增计划”、创造就业岗位等一系列措施，重塑美国在科技、新能源等领域的优势，帮助美国经济走出衰退的困境。奥巴马政府相继颁布了《能源政策法》、《清洁能源与安全法》、《清洁空气法》等一系列法律，以法律手段保障其政策顺利实施。

2011年，在经济初步复苏之后，奥巴马进一步提出要使美国“赢得未来”，他再次强调创新是美国赢得未来的必由之路，只有通过大力提升创新能力和积极发展战略性新兴产业，才能确保在新一轮全球竞争中使美国继续保持领先地位。在当年2月白宫发表的《美国创新战略报告》中，提出大力推进无线宽带建设、提高专利审批效率、积极发展清洁能源、推动教育教学改革、实施“创业美国”计划，并设立了2个高达10亿美元的种子基金等。

（二）美国战略性新兴产业的选择及发展现状

美国认为，创新对经济增长具有至关重要的意义，企业是创新的主体，私营机构是创新的发动机，政府是创新的推动者。在市场失灵、没有直接商业回报的创新领域和创新阶段，政府的资助和政策激励就成为必然。政府管理中首要关注的是如何促进美国经济发展、提升美国在关键领域的竞争力。

美国的战略性新兴产业主要选择了新能源产业、环境友好型安全农业、节能汽车业、节能建筑业、航空航天业、医药卫生产业、宽带通信和无线网络产业、交通运输业等重点产业。其中新能源产业是重中之重，在ARRA法案中将发展新能源为主攻领域之一，重点包括发展可再生清洁能源、高效电池、智能电网、碳捕获和碳储存技术等。

1. 新能源产业。美国是世界上能源消耗最多的国家，占世界能源总消耗量的近四分之一，由于其工业经济对石油的严重依赖，20 世纪下半叶，世界连续发生三次由石油引发的经济危机，三次危机都对美国经济造成了严重的损害。第一次是 1973 年 10 月第四次中东战争爆发，原油价格从每桶 3 美元提高到 10.7 美元，猛涨 3 倍，从而引发了“二战”之后最严重的全球经济危机。在这场危机中，美国的工业生产下降了 14%。第二次是 1978 年底伊朗政变和两伊战争爆发，世界石油产量从每天 580 万桶骤降到 100 万桶以下，随着产量的剧减，油价开始暴涨，原油从每桶 13 美元猛增至 34 美元，引发了第二次石油危机。第三次是 1990 年 8 月，由于伊拉克入侵科威特及海湾战争的爆发，伊拉克遭受国际经济制裁，使得伊拉克的原油供应中断，国际油价急升至 42 美元每桶，导致美国经济加速陷入衰退，全球 GDP 增长率在 1991 年跌破 2%。因此，美国对制约其经济增长、可能危及经济安全的石油资源，有比其他国家更深刻的认识。加大力度发展新能源产业，通过节能减排，降低能耗，挣脱对化石燃料的依赖，这是奥巴马政府美国创新战略计划的重要举措。

美国在 ARRA 法案中批准发行清洁能源债券，为可再生清洁能源产业提供免息贷款担保，将募集 16 亿美元用于风能、太阳能、地热、水力发电、潮汐能、垃圾填埋气、垃圾焚烧发电设施等项目。还拟投入 5 亿美元用于发展新一代生物燃料，这些生物燃料已被证实能减少温室气体排放，有广阔的商业前景。在提高能源利用效率方面，也加大研发和投入力度，加强高效电池、智能电网、碳捕获和碳储存技术研究等。在 ARRA 法案中提出投入 20 亿美元资金，用于先进高效电池和其组件的生产，包括先进锂电池制造、混合电力系统设计、关键元器件技术攻关和软件设计等；还将提供 110 亿美元用于智能电网技术研发，建立现代化的国家电网等。在 2012 年度财政预算中建议扩大向高级能源研究计划局的资助，并新建 3 个能源创新中心。美国政府提出，到 2035 年国内 80%的电力供给将由清洁能源提供。

2. 现代化先进农业。美国是世界上最大的农业出口国，多种农产品的生产量和出口量居世界前列。农业是绿色生物能源的基础，农业的发达程度是发展绿色生物能源的制约因素。2008 年美国通过农业法案，加大对农业的补贴。奥巴马政府还要求发展安全环保的有机化肥和生物农药，进一步废除有害有毒的普通化肥和农药，打造现代化绿色先进农业大国形象。

3. 新能源汽车业。汽车业是美国的支柱产业之一，占美国经济的比重高达 4%~5%。但是，现有的汽车业是典型的石油依赖型产业，为了降低美国对石油的依赖、减少汽车对空气的污染，奥巴马提出了汽车节能产品的再造与替代品开发计划，在 10 年内投入 1500 亿美元发展无污染的混合动力汽车，并计划 2015 年美国产的混合动力汽车销量要达到 100 万辆。国际金融危机后，美国政府拨款 250 亿美元用于插入式电动车发展，并为电动车购买者提供达 7500 美元的减税优惠，之后又拨款 24 亿美元补贴新型电动汽车及其电池、零部件的研发，目的在于提升美国汽车制造商在国际电动汽车产业的地位，并创造新的就业岗位。2010 年 6 月，奥巴马政府通过了为电动车发展再提供 60 亿美元津贴的提议，以使美国能在电动车技术领域保持领先地位。

4. 节能建筑业。节能建筑相比较普通建筑，在降低能耗、提升舒适度、延长建筑寿命、减少噪音污染、提高综合效益等方面具有很大的优势。通过节能改造，一般可以使建筑物能耗水平降低 40%~50%，可以大幅度降低采暖、制冷费用的支出，实现社会节能，经济节约。奥巴马政府首先推行大规模改造联邦政府办公楼举措，对包括白宫在内的办公楼逐一进行节能改造；其次，将推动全国各地的学校设施升级，通过节能技术，建造成节能型学校；再次，将对全国公共建筑进行节能改造，更换原有的采暖和制冷系统，代之以节能和环保型新设备。

5. 航空航天业。空间能力在全球通信、导航和商业中发挥关键作用，同时有助于自然灾害预警和确保国家安全。美国航天业在世界居于领先地位，它的产业规模大，产业链长，关联度和带动能力高，可以通过航天项目投资或基础设施建设，来刺激经济发展，创造新的就业，这在实现经济复苏中起着重要的作用。以国家空间政策为导向，美国航天局、国防部和其他机构正致力于提升美国空间能力，扩大美国相关业界在新技术开发应用中的影响力，美国航空航天产业复苏计划的资金预算分布图如图 3-1 所示。

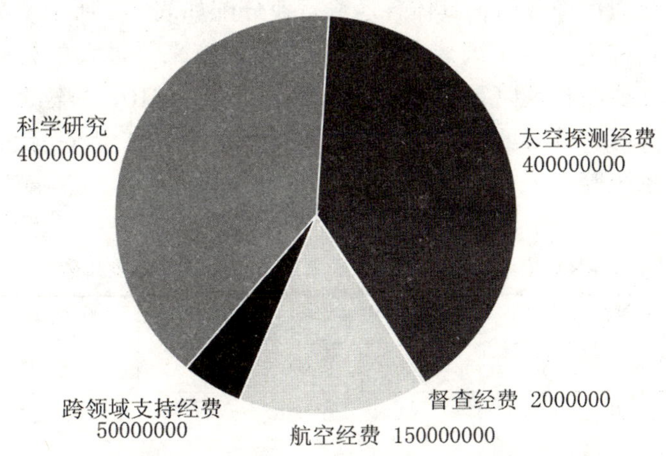

图 3-1 美国航空航天产业复苏计划的资金预算分布图（单位：美元）

资料来源：美国航空航天总署，http：//www. nasa. gov/recovery/，2009 年。

6. 医药卫生产业。美国生物医药行业也一直在世界上处于领先地位，由于医药卫生产业关系到每一个人的健康，市场刚性需求巨大，是典型的战略性新兴产业，美国政府对医药卫生产业的支持力度很大。在美国经济复苏计划中，至少安排了 590 亿美元用于刺激医疗卫生产业振兴。在 2009 年，仅对美国国立卫生研究院的经费支持就高达 399 亿美元，其中 ARRA 法案就贡献了 104 亿美元。这 104 亿美元主要用于加强国立卫生研究院的基础设施建设和为短期研究项目提供补助等。

7. 宽带通信与无线网络产业。美国将信息技术发展战略作为经济复苏计划的重要措施，将建立先进的信息技术系统提高到一个前所未有的高度。2009 年的经济刺激计划中安排了 72 亿美元资金用于促进宽带互联网发展。2011 年，奥巴马政府进一步提出“无线计划”，将帮助相关企业在 5 年内，使覆盖 98%的美国人实现高速无线网络接入，并有利于建立一个全国范围内的交互式公共安全网络平台。

8. 交通运输业。美国在 ARRA 法案中批准了 480 亿美元用于美国的交通运输部门，具体各运输行业分配如表 3-1 所示。美交通部长将其称为，自美国建立州际公路系统以来，最大的公路、桥梁、公交线路和铁路系统投资。2012 年，在 ARRA 法案的投资基础上，奥巴马政府承诺继续加大力度投资高速铁路、新一代航空交通控制系统等。

表 3-1 **ARRA 法案批准的在美交通系统投资资金分布安排表**

交通管理部门	刺激资金（单位：百万美元）	所占比例
联邦公路管理局	27500	57. 15%
联邦铁路管理局	9300	19. 33%
联邦公共交通管理局	8400	17. 46%
运输部办公室	1500	3. 12%
航空管理局	1300	2. 70%
海事管理局	100	0. 21%
监察办公室	20	0. 03%
总计	48120	100. 00%

资料来源：美国复苏网，http：//www. recovery. gov/pages/home. aspx。

（三）美国战略性新兴产业发展的经验

奥巴马认为创新是“美国的本质”，从美国成立到美国的经济发展历史，本身就是一部创新发展史，创新与美国的福祉息息相关。美国的竞争意识和创新意识很强，在国际金融危机面前，他们把创新发展作为根本出路，把发展战略性新兴产业作为促进美国经济发展、提升美国在关键领域竞争力的依靠。奥巴马说：“在全球经济中，如果我们繁荣的关键只维系在廉价劳动、低价建造或生产低质产品上，那将永远不会有竞争力，也不是我们的优势。我们求胜的真正法宝——并且永远不会改变——就是依靠研发新产品及产业升级来提高我们的竞争力，保持我们在科学研究、技术革新领域的重要地位，这是必由之路。”

美国在战略性新兴产业方面的经验非常值得研究和学习，笔者根据对奥巴马“新政”的研究，总结出以下7条经验：

1. 宣传舆论先行，引导国民统一认识。为了赢得国会和国民的支持，激发企业和民众的创新意识，奥巴马几乎每周都要发表一次例行演说，通过电视、电台、网络、报纸等广泛播送，把他的发展思想和政策思路灌输给国民，这是一种高强度的政策宣传和推广。这种宣传推广使包括企业主、技术人员、公务员、科学家、职员、农民等在内的广大国民充分认识到创新的重要性，了解联邦政府在政策和产业方面将要推进的方向，自觉地加入到发展的浪潮中来，形成推进合力。

2. 明确各方职责，在准确定位的基础上各司其职、互相配合。美国政府认为，发展战略性新兴产业不应局限于只有政府管理和政府参与，企业才是创新的主体和发动机，政府应该在支持企业创新的行为中，为选择一个最佳角色，即政府的准确定位是创新的推动者。充分发挥企业的积极性，就要保证企业从创新中真正有恰当的收益。为企业的收益提供法律和政策监管保证，是政府的责任。美国一方面在社会各阶层鼓励创新创业精神，另一方面严格保护知识产权，近年来还进一步改革专利审批制度，提高审批效率。对于市场失灵的部分，如基础研究或者其他商业回报不明显的领域，企业和个人通常无法有效获得好处，或者只能获得他们创新成果的小部分好处，这时候政府就会给予必要的资助，以及制定新的政策来鼓励创新。

3. 熟练应用法律手段，将政策以法律形式加以固定和约束。奥巴马政府积极与国会合作，强化其改革政策的合法性和制度约束性，相继颁布了《能源政策法》、《复苏与再投资法案》、《清洁能源与安全法案》、《清洁空气法》、《低碳经济法案》等，将改革措施和政策以法律形式加以固定和约束，以法律手段保障其政策顺利实施。

4. 综合运用财政手段和货币政策，推动战略性新兴产业发展。美国政府通过巨额资金投资做引导，推动资本向新能源等战略性新兴产业投入。其采取的财政手段具体包括：一是财政救济，二是税收补贴和减免，三是政府提供免息贷款担保，四是政府财政直接消费或投资。美联储连续实施了两轮量化宽松货币政策来支持经济复苏，第一次量化宽松政策，以购买债券的方式创造了1.7万亿美元的货币投放，稳住了金融市场。第二轮量化宽松计划，推出了购买总额6000亿美元债券的货币投放，以增加市场流动性，刺激经济发展。在金融危机时期，通过综合运用财政手段和货币政策，有效推动了战略性新兴产业的资金投入，为这些产业的发展奠定了基础。

5. 产业选择抓住重点关键领域。在战略性新兴产业的选择方面，美国的经验：一是以绿色为核心，投入低碳社会建设和发展绿色经济的资金比例大，特别是在新能源领域保持较高投入。甚至可以说，美国的经济复苏计划实际上是一个基于新能源革命来创造新经济增长的战略转变计划。二是与其他国家不同，美国的经济复苏计划中对新产业的刺激与对传统和基础性产业的投入相同，将二者摆在同等重要的位置，尤其表现为对农业、高技术工业和传统重工业、基础设施建设行业的重视，值得借鉴。

奥巴马政府对战略性新兴产业的重点关键领域抓得很准，重点投资有益领域，果断放弃不利领域。其实，这是由美国人的实用主义决定的。奥巴马政府在努力突破一些限制性条件来实现经济新一轮发展。例如，石油产业经常威胁到经济发展，就努力降低对石油的依赖；汽车产业相对欧洲、日本的竞争力下降，就发展新能源汽车；高铁、公路等交通基础设施落后，就加大投入积极改善；传统的优势产业，如农业、信息技术、生物、医卫等，继续加强投入，保持领先地位。奥巴马抓的重点关键领域，归纳起来就是两个方面：一是制约经济发展和提升竞争力的瓶颈产业，二是传统领先优势产业。

6. 综合配套改革，注重可持续发展。美国的创新发展战略是一个系统工程，不局限于刺激经济复苏和发展战略性新兴产业计划，而是从国家总体上进行了综合改革设计，注重可持续发展。奥巴马认为创新战略始于一些关键的领域：教育、科学研究、基础设施等。所以，他对从幼儿园到12年级的基础教育进行改革，巩固美国在基础研究方面的领先地位，推进基础设施建设和信息系统建设，并建立具有创造力、竞争力和开放性的市场等，以上重要内容形成了一个顶层设计综合改革的方案，以确保美国经济高速、持续、长久的增长。

7. 加强监督问责，定期公布数据。对于经济复苏和发展战略性新兴产业计划，美国国会和奥巴马政府对支出透明度的关注和问责达到前所未有的水平，专门开设了一个网站 www. recovery. gov，该网站赋予公民监督政府花费每一分钱的权力和责任。美国联邦部门机构必须定期公布其运用这些刺激基金的用途和功能，具体数据根据需要每周、每月或每季公布一次。

此外，2010年7月，奥巴马还签署了金融监管改革法案。根据该法案成立了金融监管委员会，加强了对威胁国家金融稳定的系统性风险的监管；在美联储下设立消费者金融保护局，规范以往不在监管范围内的金融工具，从严监管金融衍生品。

二、日本战略性新兴产业发展

日本是一个面积不大，人口密度却很大的岛国，由于资源稀缺，对节约能耗一向重视，包括汽车在内的很多日本产品的突出特点就是使用起来比较经济、低消耗。日本环境省曾于2004年发起“面向2050年的日本低碳社会情景”研究计划，以研究制定低碳社会的建设目标，并于2008年发布了《面向低碳社会的12大行动》，对工业、交通、建筑等提出了减排目标、技术支撑与制度设计。时任首相福田康夫于2008年提出“福田蓝图”，即防止全球气候变暖的对策（被称为日本低碳战略的标志），其中提出的减排目标是，到2050年全日本的温室气体排放量比2005年减少60%～

80%，减排力度巨大。

（一）日本新经济增长战略规划

为了应对国际金融危机，防止衰退、刺激经济增长，日本政府于2009年4月宣布了总计56.8万亿日元（折合人民币约3.44万亿元）的经济刺激方案，其中由日本财政承担的部分为15.4万亿日元（折合人民币约9322亿元）。这个经济刺激方案的重点是：增加就业、解决企业资金不足问题、推广太阳能发电系统和开发节能环保产品等。同期，日本政府还公布了《绿色经济与社会变革》（草案），意图通过减少温室气体排放等措施，强化日本的绿色经济，支持政府采取的环境、能源措施，对中长期发展提出了建设低碳社会、与自然和谐共生的奋斗目标。2009年年底，日本政府召开内阁会议，确定了“2010—2020年经济增长战略”的基本原则。根据该战略，到2020年，日本GDP将从2009年的473万亿日元（折合人民币约28.6万亿元）提高至650万亿日元（折合人民币约39.3万亿元），实现增长40%。主要包括创造400多万个就业岗位、确保国内生产总值年均增长率达到2%等目标，发展重点放在旅游、环保、医疗等新兴领域。

（二）日本战略性新兴产业选择策略及发展情况

日本战略性新兴产业选择的范围比较广，涉及清洁能源、环保技术、循环产业、绿色IT、节能建筑、节能家电、下一代车辆、公共设施、旅游业、医疗保健业、基础研究等领域，其中的重点是新能源、对气候变化的适应研究和产业化、节能减排技术研究。

1. 大力开发可再生能源的“新能源产业化策略”。日本是一个资源匮乏型经济大国，是典型的油气小国、油气消耗大国，油气绝大部分依赖进口，所以日本经济社会发展对石油产量和价格的波动非常敏感。能源是制约日本经济社会发展的主要限制性条件，为了替代对石油天然气的依赖，日本大力发展核电工业，核电发电量高居世界第三位，占日本国内用电总量的三分之一。但在2011年，由于日本大地震导致福岛第一核电站发生严重的核泄漏事故，造成灾难性的核污染。2012年5月，日本暂时关闭了境内全部的55座核电站，试图做到“零核电”。但仅支撑了一个月，由于电力需求的巨大缺口，不得不重新启动部分核电站。突破对化石能源的依赖，发展可再生清洁能源一直是日本经济社会发展战略的重点。

早在20世纪70年代，日本就出台了以研究和开发利用太阳能为核心的“阳光计划”，这个计划也包括开发地热能、开发煤炭液化与气化技术、研制大型风电机与风力发电开发、海洋能源开发等。到20世纪90年代，日本有分别制订了“新能源技术开发计划”、“节能技术开发计划”和“环境保护技术开发计划”，并将它们合并为一个“新阳光计划”，把太阳能、风能、温差发电、生物能和地热等可再生能源开发利用技术作为重要组成部分，其中太阳能的开发利用是“新阳光计划”中最受重视的内容。在此基础上，日本通产省2004年6月制定“新能源产业化策略”，提出要把太阳能和风能发电等新能源产业扶植成支柱产业，到2030年实现总产值超过3万亿日元（折合人民币约1816亿元）；同时，尽量降低日本对石油的依赖度，从目前的石油约占能源消费总量的一半，降到40%左右。

（1）太阳能开发利用：日本重视太阳能的开发利用，是世界上最先实现大规模分布式太阳能光伏发电的国家之一，在日本建筑太阳能光伏发电系统安装普及程度高、增长率高，新建住宅一般会安装太阳能发电装置。特别是2009年日本开始实施的剩余电力收购制度对太阳能光伏发电产业促进作用明显。该制度规定，太阳能光伏发电的收购价格为每千瓦时48日元，达到普通居民用电价格的2倍，而且还可以向政府申请一定的补贴，所以居民自发购置安装住宅太阳能发电装置热情高涨。近年来，日本的太阳能光伏发电市场取得了长足发展，成为光伏产业发展最快的国家，并超过德国，成为目前世界上光伏发电产业最大的市场。

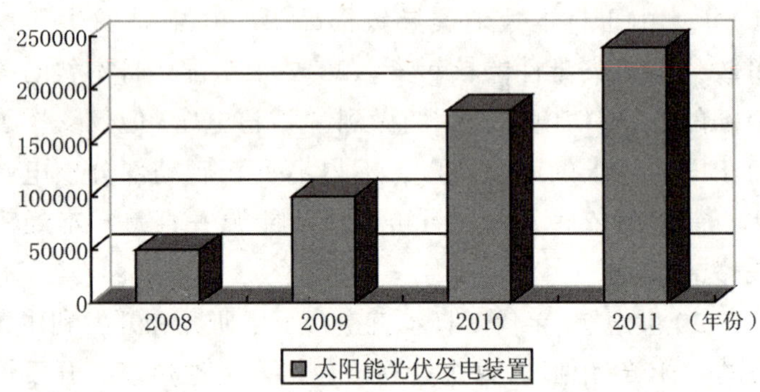

图 3-2 2008—2011 年日本住宅太阳能光伏发电装置年度安装量（单位：套）

资料来源：《日本住宅太阳能光伏市场前瞻及课题》，载光伏太阳能网，http：//www. solarzoom. com/article-14895-1. html，2012 年 7 月 19 日。

图 3-2 说明 2008—2011 年日本住宅太阳能光伏发电装置年度安装量增长幅度惊人，包括新建及原有住宅在内，2008 年度的新增安装量为 5 万套左右，2009 年度的安装量增长到 10 万套，比上年度增长 5 万套；2010 年度的安装量为 18 万套，比上年度增长 8 万套；2011 年度的安装量为 24 万套，比上年度增长 6 万套。据日本太阳能发电协会（JPEA）统计，截至 2012 年 4 月底，日本国内住宅太阳能光伏发电装置的安装量已突破 100 万套。

（2）风力发电开发：风力发电和水力发电是重要的环保清洁可再生能源。但日本的河流不多，水能资源匮乏，水力发电相对落后。而据有关专家测算，日本有 8000 公里长的海岸线可以开发风力发电，其发电总量可满足其国内能源需要的 20%左右。发展风力发电一直是日本开发可再生能源的方向之一，特别是 2011 年 3 月因地震和海啸破坏使福岛核电厂发生了严重核泄漏事故之后，日本加大了研究开发大规模风力发电的力度。据美国《新科学家》杂志报道，2013 年夏季开始，日本在距福岛市 16 公里的沿海开始建造全球最大海上风力发电场，共有 143 个风力涡轮机，设计总装机容量高达 10 亿瓦。

此外，日本还在研究开发其他新能源发电技术和能源输送、储存技术，在包括生物质发电、燃料电池发电技术、可燃垃圾的资源化利用技术、氢能利用技术、天然气储存技术、研制超导发电机、超低耗变压器等方面，均走在世界的前列。

2. 节能技术开发规划。在大力发展新能源的同时，日本非常注重节能技术的开发。与“阳光计划”对应，日本政府还制订了一个“月光计划”，其实际上就是一个节能技术开发规划，主要是对高水平节能技术开发做出近期要求和长远发展规划。日本还颁布了《节约能源法》，以法律的形式提出节能标准，约束全社会。根据节约能源法的要求和节能技术开发规划，日本对建筑、工厂、运输、生产作业现场等广泛领域强化节能管理，引进节能方案，发展节能技术等。日本的节能技术已处于世界领先水平，单位 GDP 能耗只有美国的 1/2，仅占中国单位 GDP 能耗的 1/8。

3. 节能家电产业。家电产业是制造业的重要组成部分和标志性产业之一，家电的价格、质量、能耗是消费者最关注的重要指标。与世界上最大的家电制造国中国相比，在家电的价格、质量方面日本都不具有优势，日本着力发展低能耗技术。为了发展节能家电产业，日本一方面启动支援节能家电的环保点数制度，另一方面对居民购买或更换节能家电给予一定补贴。可以预计，在不久的将来，价格和质量相差不明显时，节能性将代表着家电产品的核心竞争力。正如汽车产业，消费者已经越来越看重汽车的能耗指标，节能正愈来愈受人重视。

4. 节能建筑等其他产业。近年来，节能建筑产业逐渐形成为日本的一种新兴产业，一方面是太阳能光伏发电技术的发展，新建的建筑物大多采用光伏设施和建筑结合的形式，另一方面在建筑材料的选择方面，日本注意发展更加环保舒适、绝缘隔热的节能材料，尽量降低建筑物的综合能耗，从而降低城镇的综合能耗。此外，旅游、医药保健、电动汽车等产业也是日本列为重点发展的战略性新兴产业。

（三）日本发展战略性新兴产业的经验

日本的自然资源禀赋较差、国土面积小而人口众多，还有第二次世界大战战败国的不利身份，然而日本在二战后经济从小到大、从弱到强，其中有很多宝贵经验值得分析和借鉴：

1. 善于学习模仿创新。从明治维新开始，日本走上工业化、现代化道路，主要靠学习、模仿和创新，与发展中国家技术引进、消化吸收、再创新的模式如出一辙。在发展战略性新兴产业方面，日本采取同样的学习模仿创新模式。

2. 政府重视技术创新，积极干预、善于引导。与欧美发达国家相比，日本政府对产业结构调整的干预要主动、积极得多，它通过提出指令性政策或诱导性政策，提出要达到的经济目标，指明产业发展的方向。具体的做法和实现途径则完全由企业自行决定。主导产业理论在日本战后经济复兴和经济高速发展初期发挥了重要作用，通过政府引导和重点支持石化、汽车、家电、电子信息等新兴产业，拉动经济整体发展，超越英德法俄等国，成为世界经济大国。日本政府和企业界配合默契，企业界主动围绕政府经济目标发展，宏观经济指标与微观经验活动有机结合，这是日本产业发展的另一条重要经验。

3. 重视科技教育和人才培育。日本社会重视人才培养和科技研究，教育和科技水平居亚洲领先地位，人口密集，劳动力素质高，为发展战略性新兴产业提供科技和人力资源基础。日本企业自主创新能力和竞争意识强，得益于它的科技教育事业发达。

4. 产业经营组织特色。日本的企业文化非常有特色，企业不仅重视员工的能力，更看重员工的忠诚度，入职的员工一般有长远的职业规划，短期行为和短期观念较少。企业还重视团队精神，上级对下级的层级观念强，控制力强。这是欧美企业不具有的特点，在渡过难关、战胜危机、抱团形成合力等方面，日本企业也许更有战斗力。

5. 重视情报信息。日本重视模仿，所以情报信息意识强，对商业情报的重视程度不亚于军事情报。

6. 紧紧抓住能源这个瓶颈因素不放松。能源是日本经济发展的制约因素，在面对未来的产业竞争中，日本不惜投入巨额的资金、大量的人力物力和技术力量，力求在能源开发和节约方面获得突破，既解决自身经济社会发展的瓶颈问题，又力图形成新的竞争优势，创造了更远景的新兴产业。

第二节　欧盟主要国家战略性新兴产业发展

一、欧盟战略性新兴产业发展

欧盟作为一个区域整体，在国际经济社会发展上发挥着越来越重要的作用，其对世界的影响力足以与美国、中国和俄罗斯等抗衡，使世界的政治经济格局一超多强，变成多极化、均衡化。在应对国际金融危机和新一轮国际竞争方面，欧盟采取的政治经济举措对世界其他各国有一定的示范和带动作用，值得研究和学习。

（一）欧盟确定欧洲经济走向复苏的途径——绿色经济

2008 年，国际金融危机从美国向欧洲蔓延。2008 年年底欧盟成员国协商一致，同意发起“欧洲经济复苏计划”，欧盟委员会宣布投资 1050 亿欧元，支持欧盟各国“绿色经济”发展，所拨投资全部用于环境保护技术及相关产业发展，这是对未来经济社会一个具有里程碑意义的长远规划，围绕着这个宏伟的规划，欧盟采取了一系列产业政策和发展举措。

（二）欧盟战略性新兴产业选择策略及发展情况

1. 欧盟碳排放交易系统。基于对全球气候变化的担忧，欧盟一直在积极倡导世界各国有计划地降低对大气层的碳排放，并在探索建立全球碳排放交易市场方面起到了主导作用。欧盟碳排放交易系统（EUETS 系统）是欧盟于 2005 年建立的一种总量管制工具。其原理是，由欧盟根据减排目标和规划，设定每年许可排放的总量，把总量分成两部分，一部分提供给企业作为免费配额，另一部分则用于市场拍卖。分配给的企业免费配额是根据企业的生产经验规模、历史数据、减排因素等来决定的，如果企业的碳排放量需超过配额，就必须从其他企业的配额或者从政府拍卖的许可中购买。政府拍卖许可交易所得的资金将用于补贴给新能源企业。欧盟鼓励企业通过技术创新降低碳排放量。在欧盟地区，已建有欧洲能源交易所、欧洲气候交易所、北方电力交易所、未来电力交易所等多个交易所参与碳排放交易，交易量和交易额均居世界首位。2008 年 EUETS 系统碳排放交易金额高达 919 亿美元，占全球碳排放交易市场的 73.8%。欧盟碳交易市场的创设和取得的成果，吸引了众多机构投资者，摩根士丹利、美林、高盛等都开始试水的碳交易业务，美国银行、法国兴业银行与富通银行等都增设碳交易基金。EUETS 系统成功地实现了产业的外部性问题——生态与环境保护这个问题的市场化手段解决。很多产业关注的内部问题，即成本、售价、利润、资金、产量等问题，对外部性问题，即社会属性、环境保护、与其他企业关联度等不太重视。EUETS 系统的设立，使企业在购买碳排放还是创新工艺降低探排放之间做出选择，并且通过柜台交易可使企业在成本选择时有参考的依据。欧盟还在碳排放交易所推出与碳排放权挂钩的期权交易，碳排放成为具有较高流动性的金融工具。欧盟碳排放市场是目前世界上最大、最成功的碳排放交易市场，可以说欧盟成功地主导了全球碳排放交易市场，对其他国家在低碳管理的理念和技术层面都有重要参考价值。

2. 欧盟能源技术战略计划。早在 2006 年欧盟就发布了《欧盟能源政策绿皮书》，要求欧盟成员国加强对节能技术、清洁能源和可再生能源的研究，并加大对欧洲能源市场的监管力度，力求建立安全稳定的能源供应机制。2007 年，欧盟提出实施新能源研究综合性计划，加大投资开发风能、太阳能、生物能、第四代核能发电技术和智能电力系统，并启动二氧化碳捕获、运输和贮存相关产业。2008 年，欧盟委员会进一步提出了《欧盟能源技术战略计划》，要求加强能源科技创新能力，建立欧盟战略能源技术小组和能源科研联盟，鼓励推广“低碳能源”技术，积极推动能源可持续利用机制建设。

3. 环保产业与环保技术发展。欧盟在其制订的《能源效率行动计划》中建议各成员国出台新的强制性标准，推广节能产品，降低生产、生活、建筑物等的能耗，提高能源利用效率。在德国等国家的推动下，欧盟各国达成应对气候变化协议，对温室气体排放做出了具体详细的规定，列出了减排时间表，该协议要求，到2020年欧洲的温室气体排放量在1990年基准上减少20%以上。

4. 发展更加环保的交通业。欧盟委员会修订了《燃料质量指令》，以法律的形式对燃料的生产和使用提出了更加严格的环保标准。燃料供应商既要提高燃油的品质，要求汽油和柴油中的硫含量必须降到10ppm以下，同时还要逐年降低燃料生产过程中的温室气体排放，从2011年到2020年，每年总排放量递减1%。

（三）欧盟发展战略性新兴产业的经验

1. 抢先发展低碳技术。低碳技术是有效控制温室气体排放的高新技术，涉及电力、交通、石油、化工、建筑、冶金等许多产业。欧盟非常看重低碳技术，认为低碳社会是人类未来社会的主要特征，低碳代表着经济社会发展的主要方向，因此投入了大量资金进行低碳技术研发，抢占低碳技术的制高点。

2. 建立市场机制控制碳排放。欧盟通过创造性地建立碳排放交易市场，对碳排放的总量控制起到了保障作用，同时能在碳排放市场募集资金投入到低碳技术的研发。建立碳排放交易市场，给企业一定的灵活选择（选择投资购买碳排放额度，还是选择投资进行低碳技术改造），探索到一条比较有效和相对经济的减排路径，这对其他国家和地区减排降耗，以及约束企业对其生产活动的外部性经济补偿问题，都具有很重要的参考价值。

3. 法律制度与市场机制相结合。欧盟注重以法律制度为保障，制定的政策措施和发展目标往往具有法律约束力，同时又发挥市场调节引导的作用，调动企业主体自主创新的积极性，把灵活的市场机制和严格的法律体系结合起来，合力推进低碳社会建设、发展低碳技术和低碳产业。

4. 强调发挥企业的主体作用。欧盟发展低碳经济，并不是政府包办一切，强调发挥企业的主体作用。企业是市场的主体，是产业的基本单元，发展低碳经济必须依靠企业的力量，政府只是推动者和市场监管者。欧盟委员调集资金推动低碳经济，发展低碳技术、节能环保产业等，明确创新的主体是企业，而不是政府。政府所投入的经费，一部分来自财政收入，另一部来自相关企业，特别是碳排放交易所得，所谓“取之于民、用之于民”。

5. 积极倡导国际合作。欧盟多次倡导世界各国共同发展低碳产业，包括敦促美国等发达国家落实减排目标，呼吁新兴经济体也制订低碳发展计划，还与多个国家合作开展能源、气候、环境研究，如2007年欧盟与中国共同开展碳捕获与储藏的合作行动等。欧盟的外交活动和国际合作为它在低碳领域赢得了重要的国际声誉，确立了它在这个领域的国际主导地位，形成了领先优势，引领国际社会的低碳发展。

二、英国战略性新兴产业发展

英国是世界产业革命的发源地，曾经是世界上最强大的经济和军事大国，占有的殖民地达全球陆地面积的四分之一，号称“日不落帝国”，由于资本主义本质不可调和的内在矛盾，在经历多次经济危机的打击和两次世界大战的损伤后，英国经济军事实力被不断削弱，殖民地也相继独立，甚至出现一种被部分经济学家戏称的“英国病”，即英国国内经济出现长期滞涨的现象。但是，即便如此，英国仍然是世界上最富强、经济最发达、最有影响的大国之一。尽管由于美国的崛起和英国的衰退使英国丧失了主导全球的核心竞争力和掌控能力，但是由于历史上先导发展和大肆掠夺形成的资本、技术、自然资源、教育和人才优势，英国在国际竞争的重要领域仍然保持不可小觑的实力，特别是在银行业、保险业、航运业、现代商业服务业、石油化工、电子设备业制造业、军事工业等领域，均处于世界领导地位。其首都伦敦是欧洲最大的城市之一和世界最重要的金融、航运和服务中心之一。虽然同样是岛国，但英国不同于日本的地方在于，英国拥有大量的煤炭、石油和天然气资源，它的能源产业是支柱产业，能源生产值约占 GDP 的 10%。

（一）英国战略性新兴产业选择

作为资本主义经济主要国家之一，英国饱受世界经济危机的打击，2008年的国际金融危机也使英国这个金融业大国受到重创。为了走出危机，防止经济严重衰退，英国政府寄希望于技术创新和产业创新，把低碳化、数字化、生命科学技术、先进制造技术等领域作为引领英国未来的战略性新兴产业发展重点方向。

早在2003年，英国就发布了《我们能源的未来：创建低碳经济》白皮书，提出把低碳经济作为能源战略的首要目标。2009年4月，英国政府着眼于切实降低对化石能源依赖和控制温室气体排放，宣布将“碳预算”纳入政府预算框架，成为世界上第一个公布“碳预算”的国家，并发布了“Building Britain’s Future：New Industry，New Jobs”（打造未来英国：新产业、新就业）计划，提出要把英国建成“低碳英国”、“数字英国”、“健康英国”。2009年7月，英国公布了《英国低碳转型计划》白皮书，出台以向低碳转型和发展可再生能源为核心的路线图，英国政府对各经济部门制订了严格的减排计划，同时大力发展核能、风能、太阳能、海洋能以及清洁煤炭等，以确保能源价格相对稳定的前提下，创造更多的绿色经济就业岗位。其中：（1）电力部门通过发展核电、风电、太阳能以及清洁煤炭发电技术等，到2020年实现电力供应的30%来自可再生能源、40%来自低碳能源，到2050年电力行业实现全部去碳化。（2）交通系统通过提高汽车燃效、发展电动车及充电交换站系统、铁路运输系统电动化、使用生物燃料等措施，到2020年实现减排20%的目标，到2050年公路、铁路、航空、海运要大幅提高能效、大部分实现去碳化。（3）社区家庭到2020年实现减排15%，提倡降低住宅能耗和发展家庭式可再生能源，如太阳能屋顶发电系统等。（4）工作场所通过提高能效，到2020年实现减排10%，到2050年实现工厂、学校、医院、写字楼的零碳排放。（5）在农业方面，提倡改变农民习惯，通过增加林地、鼓励垃圾发电和循环经济等，到2020年实现减排5%的目标。

英国政府确定重点扶持的战略性新兴产业有：

1. 风能发电。欧洲在风能发电方面起步早、技术成熟，丹麦、荷兰、德国、瑞典、法国都是风能发电方面领先的国家。英国是高纬度岛国，四面临海，海陆风力资源非常丰富，英国把风电作为发展可再生清洁能源的重要方向给予了大力支持。据英国风能协会公布的信息，英国将持续增加投资开发和安装先进的海上风力发电设备，实施“全面风力发电计划”。2013 年 7 月 4 日，英国首相卡梅伦亲自主持一个名为“伦敦阵列项目”海上风力发电厂的启动仪式，这座发电厂包括 175 台风力涡轮发电机，总装机容量为 6.3 亿瓦，投资额高达 15 亿英镑，能为 50 万英国家庭提供绿色能源。

2. 海洋能发电。由于自然禀赋的优势，在开发风能的同时，英国将海洋波浪与潮汐能发电也列为可再生能源开发利用研究的重点。2008 年 3 月，英国在斯特兰福德海湾入口处安装了世界首台潮汐能发电机，装机容量达 1200 万瓦，能为 1000 户家庭供电，是世界上首个商业化潮汐能发电系统。2009 年 7 月，英国《新科学家》杂志网站刊登文章进一步详细介绍利用波浪与潮汐能发电的各种设计方案。英国“碳基金”公司发表研究报告预测，利用海洋波浪与潮汐能发电的开发潜力，可达英国电力总需求的 20%。

3. 核能发电。英国曾是世界核电发展领先国家之一，由于在北海发现大规模油田，以及对核电安全性的担忧，英国核电发展放缓。为了降低碳排放，发展清洁能源，2008 年英国首相布朗宣布重启核电发展。2012 年，英国营运核电站达 16 座，发电量 93 亿瓦，占英国总发电量的 18%。英国正在筹建新的核电站 4 座，计划到 2025 年新建核电站 10 座，总发电量将达到 160 亿瓦。英国能源大臣埃德·米利班德认为，核电将和可再生能源、清洁化石能源一起共同支撑英国未来的能源结构。英国还与印度签署协议，共同开展民用核能合作，将核电技术输出到南亚。

4. 碳捕获和储存。英国能源部已经禁止在英国境内新建任何传统型火力发电厂。可以建设新型火力发电厂，但必须有能力收集碳排放物，并将排放物适当处理后，储存到海底废弃油气井。根据这一要求，英国在东部沿海拟建的四座新型火力发电厂，须具备和采用碳捕获及存储技术，而且不得提高电价，不得向普通居民消费者摊派有关技术和成本支出。这些火电厂将于2015年投产，装机容量达25亿瓦，英国政府需向每家电厂提供10亿英镑的高额补贴。英国能源部正在研究发展碳捕获和存储技术的资金来源问题，这些资金主要来源于税收和碳排放交易收益金。

5. 超低碳车辆。英国努力开发“超低碳车辆”技术和产业，主要有以下两个方面：一是由英国创新与技能部、交通部等共同设立了首期经费2亿英镑的“综合运输项目”，推动英国低碳型汽车的发展，主要是开发纯电动汽车和混合动力汽车技术，约30个英国企业与7所大学参与研究开发工作。英国政府支持的非政府部门——英国技术战略委员会也设立了“超低碳汽车示范项目”，投资2500万英镑，为340辆电动汽车或混合动力汽车在英国进行1年半的路试提供经费支持。二是英国政府设立了“低排放汽车办公室”，主要职责是协调包括创新与技能部、交通部、能源与气候变化部、社区与地方部、财政部等政府部门，并联合不同城市、不同地区和企业界，推动“充电网络基础设施框架”项目的实施。英国政府拟投入3000亿英镑，在多个城市试验建立标准化兼容性充电网络，并计划在此基础上建立全国性网络，使电动汽车能够随时随地充电，使用更方便。

6. 低碳楼宇及建造。英国计划搭建一整套集规划和运营在一起的系统平台，把业主、开发商、投资商、设计院、承包商、节能服务商以及有关政府部门联结起来，提供一站式低碳城市节能管理及运营的解决方案。

7. 生物技术与产业。英国在生物技术领域基础扎实、实力雄厚，获得了20多个诺贝尔奖，居欧洲第一、全世界第二。在生物技术领域，英国在伦敦、牛津、剑桥、爱丁堡等城市密集许多著名的高等院校和科研机构，在生物技术的科学基础是其他欧洲国家无法比拟的。在生物技术产业方面，英国从业技术人员有1.4万多人，年均销售额达40亿英镑，其中生物制药是突出的强项。在英国，平均每周都有一家新的生物技术公司诞生，生物技术企业的数量约占欧洲同类公司的1/4。

8. 碳交易市场。英国率先提出建立全球碳交易市场，伦敦是全球碳交易中心之一，2008 年以来英国碳排放权交易体系（UK Emissions Trading Group，UK ETG）实现了快速扩张。目前，英国正在致力于推动欧盟碳减排机制与世界其他国家的机制接轨，还专门设立了碳交易市场专家组，进一步研究开发全球碳排放交易市场的路径，力图在建立全球性碳交易机制方面发挥主导作用，保持领先地位。

9. 除了以上 8 种战略性新兴产业外，英国在重点扶持的新兴产业还有地热资源开发、智能电网、低碳电子信息产业、通信技术产业、现代金融服务业等。在发展战略性新兴产业布局方面，英国针对各个地区的自然资源和产业特色的不同，在产业安排和产业发展重点方面都有不同的设计，如在西南部主要考虑建立海浪和潮汐能源中心，在苏格兰、威尔士和北爱尔兰着重开展低碳工业建设，等等。

（二）英国发展战略性新兴产业的经验

1. 以低碳产业和新能源开发为战略性新兴产业发展的主导产业。虽然英国并不缺乏能源资源，但是英国清醒地认识到，低碳社会是人类社会发展的正确方向，因此英国牢牢把握低碳这个主线，引领全球减排计划，同时积极开发可再生能源和新能源，以建立低碳社会和绿色经济的契机，企望重返国际政治经济新秩序的主导国地位。

2. 通过建立标准和制度主导世界减排。英国和其他欧盟主要国家在碳减排和碳交易市场中非常活跃，创造性地设立碳交易所，把伦敦打造成全球碳交易的中心之一，通过建立标准、制度、计划以及共同签约、国际合作交流、援助等，主导世界减排事业，通过碳交易规则约束世界其他地区的经济社会发展方向。

3. 重视政府的规划与管制功能。英国提出建设“低碳英国”、“数字英国”、“健康英国”的国家战略，为实现上述目标，英国政府对各经济部门制订了严格的减排计划，采用多种手段激励和约束企业参与。英国重视政府规划和管制功能，是世界上第一个将“碳排放预算”列入政府预算的国家，使国家战略的发展规划落实到每个财政年度，朝着既定目标前进的计划得到强有力的财政保障。

4. 综合运用法律、政策和经济措施。英国是世界上首个为温室气体减排立法的国家，政府对低碳新兴产业不仅在政策鼓励、税收优惠、投资引导、政府采购等方面予以支持，还帮助企业培训员工，并在中介服务和法律咨询等方面提供全方位的帮助。

5. 只选取适合发展的战略性新兴产业，舍弃没有优势的产业。由于曾在世界各地占有大量殖民地，英国是世界上资本输出最多的国家之一，它的产业结构很特殊，第一产业虽然发达，但产业总量不大，生产量只能满足国内需求的60%，粮食等农业物质需要大量进口。英国境内的第二产业只保留了石油化工、电子、汽车、航空、烟草、纺织、建筑等产业，大量的制造业已转移至海外。第三产业发达，占产值比重大。所以英国在选择战略性新兴产业时，只选择了可再生能源、低碳工业、生物技术、电子信息和金融服务业等有限的产业范围。英国选择适合本土特色的产业，高端装备制造业等就作为它发展的重点。

6. 因地制宜的布局特色。由于各个地区的自然禀赋和产业条件的不尽相同，英国在各地战略性新兴产业的布局重点方面各有不同，有全国总体布局设计的考虑，如在伦敦周边地区重点布局金融服务业、生物技术产业等；在英国中部和北部工业发达地区，主要布局低碳工业；在西南部靠近大西洋，主要考虑建立风力发电和海浪潮汐能开发产业。

7. 重视教育和学术发展。英国是与美国并列的世界最高水平的教育中心之一，它的教育和学术长期处于世界领先地位。牛津大学、剑桥大学享誉世界。英国每年吸引来自世界各地的众多留学生，既为国家带来了收入，更是吸纳了不少杰出人才。英国在公共教育方面的投入多年来都达到国内生产总值的5%以上，即使在发达国家中也属于投入最高的国家之一。在学术方面，英国以不到世界1%的人口，发表的学术论文占全世界的9%，产生了90余位诺贝尔科学奖得主，学术地位居世界前三名。

三、德国战略性新兴产业发展

在欧盟中，德国、英国、法国和意大利是最主要的成员国，其中英国是岛国，游离于欧洲大陆之外，在欧洲大陆国家中，德国是最有代表性的国家。德国是世界经济第四大国、欧洲经济第一大国。德国的制造业非常发达，在汽车、机械设备、化学化工、通讯技术、电力设备、医疗器械等产业具有全球领先优势，德国产品以技术先进、品质精良而享誉世界。德国是世界第三大贸易国，与230多个国家和地区保持贸易关系，其中进出口一半以上来自或销往欧盟国家。在能源资源方面，德国是世界第六大能源消耗国，但国内除煤炭、铁矿储备比较丰富外，其他资源相对匮乏，60%的能源依赖进口。德国是世界上最早将节能环保和可再生能源列为经济社会发展重要领域的国家之一，20世纪70年代，联邦德国政府就不断推出提高能源利用效率和可再生能源开发研究计划，企业界和社会民众参与度高，节能环保意识在德国早已深入人心。受国际金融危机的影响，德国经济迄今尚未完全走出困境，但德国政府着眼长远，把绿色经济作为摆脱经济衰退困扰的首要途径，通过主导欧盟事务，在欧洲范围内推行绿色经济，并通过欧盟影响世界更广大的范围。

（一）德国战略性新兴产业选择

1. 新兴可再生能源产业。德国政府颁布《可再生能源法》，鼓励可再生能源技术和产业发展，对可再生能源发电进行补贴，可再生能源产业发展迅猛，从业人数超过30万人，被誉为世界可再生能源产业发展的典范。德国的发电量中可再生能源所占比率从2000年的6%上升到2013年的23.4%，其中风电与太阳能发电居世界领先水平。

相对于传统能源的技术成熟、低成本、高利润，可再生能源产业由于存在技术研发投入巨大、市场销售成本高和利润低甚至可能亏损等原因，在发展中经常遭遇各种困难，企业的研发意愿不强。以可再生能源发电产业为例，产业规模小、成本高、没有独立的电力传输网络，导致可再生能源发的电一方面难以通过大型电网输送给广大用户，另一方面由于价格高，用户不愿购买。德国通过立法，为可再生能源发电并网和足够高的电收购价格提供法律和政策支持，使可再生能源发电企业能够享有一定利润，吸引企业和资金投入该产业，推动该产业的快速发展。除此之外，德国还积极拓展可再生能源领域，加快如沼气、地热等的开发和利用。

2. 节能环保产业。为了转变传统经济的发展方式，实现向绿色经济转轨，德国不断对加大环保技术和产业的投资，鼓励民间投资。经过长期努力，环保意识已深深植根德国企业和民众之中，企业和消费者对环保技术与产业认可度高、接纳度高，德国环保技术和产业一直处于世界领先水平。德国出台了“气候保护高技术战略”，政府与企业合作投入 20 亿欧元用于大气保护和气候研究。为了减少二氧化碳的排放，德国把以下几方面作为减排的重点领域：

（1）低碳火力发电站。由于德国的褐煤和硬煤储量丰富，在电力生产中，火力发电的比重比较大。2013 年德国发电总量中，可再生能源所占比率已经达 23%（其中风力发电占 8%，生物质能源占 7%，太阳能占 5%）；核能发电占到了 15%；但是所占比例最大的仍是燃烧褐煤的火力发电，占 26%；燃烧硬煤的火力发电占 20%，燃烧褐煤和硬煤的火力发电一共占总发电量的 46%，而这两项发电将造成大量温室气体排出（如图 3-3 所示）。

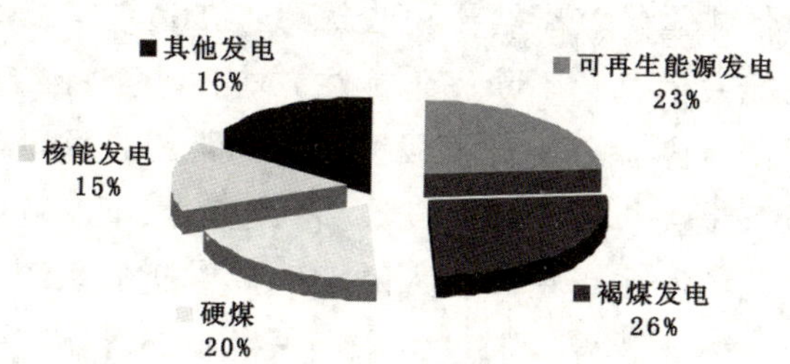

图 3-3　2013 年德国发电量构成

资料来源：《德国可再生能源达到 23. 4%》，载《中化新网》（http：//www. ccin. com. cn/ccin/news/2014/01/15/286343. shtml），2014 年 1 月 15 日。

德国政府分析，尽管可再生能源发展较快，但根据德国的自然资源特点和新能源的开发进展情况，德国的褐煤和硬煤火力发电厂还不可完全替代，因此发展清洁煤技术和低碳发电厂是重要方向。德国政府一方面通过国内环境法规来确保清洁煤技术的实施和广泛推行，改造传统火力发电设备；另一方面推动欧盟出台清洁煤技术的法律制度，建设示范性低碳发电厂。

（2）发展热电联产技术。德国政府制定了《热电联产法》，支持热电联产技术的发展和应用，对热电联产生产的电提供补贴。所谓热电联产，就是将发电所产生的热能进行回收和用于供暖，减少对电力供应的依赖。德国政府计划持续推广热电联产技术，到2020年将热电联产供电比例增长一倍。

（3）广泛推行节能环保技术。德国政府认为，国民经济各个产业中都有进行节能减排改造的潜力，政府对实行节能环保措施的企业提供税收优惠政策。德国还建立了促进企业提高能源利用率的专项基金，鼓励企业研发和采用节能环保技术。

3. 低碳交通产业。由于德国是一个大陆国家，只在北部临海，对于发展低碳交通产业，主要考虑汽车产业和航空运输业。德国是汽车业大国，汽车工业高度发达，汽车业是支柱产业。但是德国政府却很有前瞻性地对汽车业提出了改进的方向：一是降低有害气体排放，不断提高汽车尾气排放法定标准，要求汽车企业通过改进发动机技术和降低发动机排量等技术手段，实现低碳的要求，对低排量的汽车给予税收优惠；二是规定新车一律标注客观实际的能效信息，不断完善标注方法，甚至将二氧化碳排放量也纳入标注范围；三是对于载重汽车上路加收载重汽车费，以促进货运效率提高；四是鼓励发展新兴电动汽车产业。对于民用航空业，德国政府主张将其列入欧洲碳排放交易系统，并支持欧洲民用航空一体化建设，通过引入竞争机制，将航空领域产生的二氧化碳减少10%以上。

4. 节能建筑产业。德国立法规定，新建房屋必须按照规定的节能技术要求施工。德国政府每年拨出9亿欧元用于民用建筑和公共设施的节能改造，主要是改造建筑保温绝缘设施、供暖和制冷系统、可再生能源的应用等。政府还提倡居民家庭使用节能家电，要求所有在市场销售的家用电器和照明设备都须标注能耗等级，有利于消费者在购买电器时选择能效更高的节能电器。

（二）德国发展战略性新兴产业的经验

1. 法律、政策和经济等多措并举。德国政府在发展战略性新兴产业方面，制订了多种战略发展计划，德国非常注意法律、政策和经济措施的结合，及时通过立法对发展计划予以强制性约束和制度保障，并通过政策引导发展，通过经济措施进行激励和扶持，辅以环保教育、资格认证等方面的措施，引导新兴产业发展。

2. 设立和征收生态税。德国从 1999 年起实行以能源消耗为对象计量征税的生态税，对石油、天然气、电业等产业征收一定的生态税，用于补充社会保险费，既有利于促进了节能和优化能源消费结构，又有利于提供德国企业在节能低碳方面的竞争力。

3. 产业选择切合实际。德国政府讲求实效，在战略性新兴产业选择方面，兼顾经济性和先导性，基于本国的自然禀赋和经济条件实际情况进行产业选择。例如在能源领域，尽管可再生能源发展势头良好，德国并没有完全摈弃火力发电，因为德国的煤炭资源蕴藏量巨大，是一种经济性很好的能源，德国政府的产业选择方向是发展清洁火力发电厂。

4. 推行碳排放权交易。德国政府对所有企业的厂房设备设施进行核查，作为发放排放许可权证的基础，推行二氧化碳排放权交易，既提倡低排放技术的开发和应用，又防止因对碳排放的简单限制，损害市场现实需求和国民经济总体发展的行为，尽可能把复杂的资源配置问题交给市场和法律去处理。

5. 广泛开展国际合作。德国力求通过国际合作，确立在全球气候和环境保护领域的主导作用，并通过欧盟的放大作用，在“二战”后的国际新秩序中重新崛起。

第三节　金砖四国战略性新兴产业发展

一、俄罗斯战略性新兴产业发展

俄罗斯地跨欧洲和亚洲，国土面积达1700多万平方公里，是世界上国土面积最大的国家，作为原超级大国——前苏联的主要继承者，俄罗斯经过一段曲折的发展历程，再次成为世界重要的经济体，被列为金砖国家之一。俄罗斯已探明的天然气储量为48万亿立方米，居世界第一；已探明的石油储量为84亿吨，居世界第八；此外，俄罗斯还拥有世界最大的森林储备。俄罗斯是目前世界上石油和天然气最大的输出国，欧盟1/4的天然气从俄罗斯进口，大部分经乌克兰输送到欧洲。

俄罗斯继承了前苏联雄厚的工业、科技、文教基础，但是苏联解体后，由于政治、社会动荡不安，俄罗斯经济持续下滑，一度陷入困境。普京执政后，政局和社会渐趋稳定，政策制度不断加强，经济发展之路逐步明确，国际市场尤其是能源市场行情一路走高，在国内外良好形势的促进下，外贸出口大幅增长，投资环境有所改善，俄罗斯经济出现了恢复性稳步快速回升，2000—2008年连续8年保持年均增幅约7%的高速增长。

俄罗斯的产业中重工业发达、所占比重达，轻工业比重小、欠发达。它的航空航天、核工业、军事工业、石油、天然气处于世界前列，机械、冶金、煤炭、化工等实力雄厚，食品、纺织、日用品、家电等轻工业相对落后。2008年，在国际金融危机和国际石油价格大幅下跌的联合打击下，俄罗斯刚刚恢复的经济出现了停滞，大量工业企业生产迅速萎缩。为了防止经济衰退，俄罗斯政府积极发展战略性新兴产业，一方面，加强对石油、天然气、矿产等重要战略资源和战略性产业的管制，通过收归国有经营、组建超大型企业、加强扶持和控制等措施，提高这些产业的国际竞争力；另一方面，重点发展航空航天产业、新材料产业、新能源产业，并争取在纳米材料和核聚变发电领域取得新突破。

1. 在纳米材料和产业发展方面，俄罗斯成立了“纳米技术政府委员会”，先后制订了促进纳米产业发展的系列计划，还颁布了加快该产业发展的相关法律。普京总统认为，“纳米技术将成为现代工业和科技发展的关键技术。”俄罗斯政府将投入 3180 亿卢布（约合 554 亿元人民币）用于纳米材料的研发和产业发展，到 2015 年，俄罗斯纳米产业的规模将达 9000 亿卢布（约合 1570 亿元人民币），使该产业发展成为俄罗斯的主导产业之一。

2. 在发展海洋技术与产业方面，普京高度重视海洋战略，将开发海洋资源和谋求更多的海洋话语权作为未来发展的主要方向之一，发布了《俄罗斯联邦至 2020 年期间的海洋学说》，作为俄罗斯新海洋政策的纲领性文件。2007 年 8 月，俄罗斯将国旗插入北极海底。俄罗斯通过发展海洋技术、开发海洋资源，向北冰洋扩充势力，以及最近不惜退出八国集团，夺取克里米亚和控制黑海，来继续保持和强化它海洋大国的国际地位。

3. 在航空航天产业领域，为维护航天大国地位，普京表示，尽管国际经济危机给俄罗斯航天工业带来困难，但政府对航天工业的投资继续保持充足。俄罗斯继 2005 年公布预算高达 105 亿美元载人前往火星的太空计划后，不久又公布了预算达 670 亿卢布的“2006—2015 年航天科技计划”。俄罗斯航天科技计划涉及的领域包括：载人任务、太空探测、卫星导航、信息传播、地质勘探、环境监测、农林及水资源保护等，重点扶持一批高技术企业，积极培育本国航空航天产业。在税收方面，对获得成果的科研单位或企业实施税收减免，对引进国外先进技术和设备免除增值税。

二、印度战略性新兴产业发展

印度是南亚地区最大的国家，拥有 12 亿人口，是全球第二人口大国，是全球重要的新兴经济体和金砖国家之一。印度在 20 世纪 90 年代实施经济改革，放开对金融、工业、农业和外贸的管制，使其经济开始快速增长，年均增长率超过 6%，成为世界上经济发展最快的国家之一。尤其是服务业发展迅速，现在印度已经成为世界软件业出口大国，在金融、技术服务等领域也成为世界重要出口国。

国际金融危机对印度的经济冲击严重，软件服务外包业严重受挫，国内通货膨胀加剧，金融市场出现动荡，部分银行受到国际牵连。摆脱危机的重要途径是发展战略性新兴产业，印度政府出台新兴产业发展规划，以信息产业、新能源产业、生物医药产业为重点，以期抢占先机、振兴经济、提高国际竞争力。

1. 外向型软件产业。20 世纪 80 年代，在美国硅谷成功经验的带动下，印度政府意识到信息产业具有广阔前景和对国民经济发展有重要促进作用，于是制定了重点发展计算机软件业的产业战略，大力扶持软件产业，在全国先后建立 18 个软件技术园区，承接世界软件服务外包业务。印度政府还对进入这些园区的国内外公司实行优惠政策，减免进出口税收、允许外商控股、对全部产品用于出口的软件商免征所得税等。对于软件产业来说，印度国内市场狭小、资金匮乏，但印度软件人才资源丰富、劳动力成本低廉、官方语言为英语，这些特点使印度选择以国际市场作为重点，发展外向型软件产业，这是一种适合印度国情的脑力劳动密集型来料加工产业。从 1990 年开始，印度计算机软件和服务外包出口额持续高速增长，一跃成为世界第二大计算机软件出口国。面对金融危机的冲击，印度继续实施在软件产业的重点扶持政策，力保在世界软件产业的优势地位。

2. 新能源产业。印度煤炭储量虽然位列世界第五，但石油储量不多，主要依靠进口。在印度的新兴产业规划中新能源领域占较大份额，拟实现能源供应多元化，进一步优化能源结构，推动各种能源均衡发展，提倡节能和环境保护。印度与英国合作开发核能，到 2012 年，印度运营的核电站已达 20 个，另有 7 个核电站正在建设，还计划筹建 18 个核电站，运营核电站数已超过英国，居世界第五位。印度也是世界第五大风能利用国家，国内已形成一批具有国际先进水平的风力涡轮机生产企业。印度还大力发展太阳能农场和生物燃料，以及加强对其他可再生能源如氢能、地热能和海洋能源的研究和探索，以期扩大可利用能源的种类。此外，印度的新能源产业还包括清洁煤炭和小水电等项目。

3. 生物技术产业。印度发展的生物技术产业，主要包括生物医药、生物农业、生物技术工业、生物信息技术等方面。生物医药产业，是指利用生物技术研发的人类及动物医疗保健药品，包括疫苗、诊断试剂、抗生素、生物活性治疗蛋白和血液制品等。生物农业，是通过生物技术手段研发农作物育种、花卉或其他植物的组培技术、生物农药及肥料研发、动物品种改良等。生物技术工业，主要是生物燃料开发、工业原料生产、生物环保技术。生物信息技术是印度希望在这个尖端领域实现突破的一个重要计划，即以细胞为单位，创造一种类似于计算机芯片的活的微处理器——生物芯片。印度在生物技术产业领域取得了亚洲领先地位，2012 年全球最大的 25 家生物技术企业名单中，亚洲仅有两家企业入选（Dr. Reddy's Laboratories 和 Ranbaxy Laboratories①），都是印度生物技术企业。

4. 太空技术产业。印度在卫星技术和火箭技术方面接近世界先进水平，太空技术产业是其重点发展方向，主要包括小型卫星和低轨道发射市场、卫星技术服务、遥感信息数据处理等。2008 年印度曾经发射一枚火箭搭载了 10 颗卫星，创造了航天领域的一个新纪录。

三、巴西战略性新兴产业发展

巴西是南美洲最大的国家，是金砖国家之一，其国土面积和人口规模均排名世界第五，有 850 多万平方公里的领土和约 2 亿人口。2013 年巴西国内生产总值为 2.5 万亿美元，位居世界第七，超过俄罗斯、印度、南非，在金砖国家中仅次于中国。巴西自然资源丰富，北部是亚马逊平原，流经该平原的亚马逊河是世界上流量最大、流域面积最广的河流，流域的热带雨林是世界上最大的热带雨林，占全球森林储量的 20%，蕴藏着世界上最丰富多样的生物资源，巴西的木材储量高达 658 亿立方米。除了亚马逊水系，巴西

① Top 25 Biotech Companies. Genetic Engineering & Biotechnology News, http：//www. genengnews. com/insight-and-intelligenceand153/top-25-biotech-companies/77899671/，2012-8-28.

还拥有巴拉那、圣弗朗西斯科两大水系，水力资源异常丰富，拥有的淡水占全世界18%，人均拥有淡水29000立方米，水利开发蕴藏量高达1430亿瓦/年。在巴西东南部沿海还探明储量达500亿桶的石油储量。巴西的矿藏也很丰富，铁、锰、铝矾土、铅、锡等多种金属储量占世界总储量的10%以上，巴西的铁矿砂出产量和出口量均居世界前列。

巴西作为一个新兴经济体和资源大国，在20世纪六七十年代创造了年均经济增长率10%以上的高速增长期，被誉为“巴西奇迹”。紧接着，在80年代，巴西陷入“中等收入陷阱”，出现经济停滞、通货膨胀、信用缺失、就业困难、社会动荡、公共服务短缺、金融体系脆弱等情况，1993年巴西的通货膨胀甚至达到2500%，国家经济和金融系统一度处于崩溃的边缘。这主要是由于经济短时间内增长过快，社会治理和转型、经济发展方式、产业结构调整没有及时跟上经济增速的步伐而出现的种种乱象。90年代中后期，经过卡多佐政府推行“雷亚尔计划”，将货币与美元挂钩，稳定物价和市场信心，成功遏制了通货膨胀，巴西经济才趋于稳定。2008年，由于美国次贷危机引发国际金融危机，本来对巴西等新兴国家的冲击有限，因美国等发达国家转嫁危机，通过所谓的“量化宽松”货币政策，使金融危机向世界更大的范围蔓延，给巴西经济也带来一定的损害。巴西经济连续几年的强劲增长势头在2008年被打断，巴西金融市场出现不稳定，股票连续下跌，美元汇率飙升，信贷资金紧缺，失业人数剧增。其中工业和外贸受到的冲击最严重，到2008年年底巴西工业生产下降了7%，外贸出口下降了近20%。

应对新一轮国际竞争，巴西瞄准了清洁能源、现代生物技术农业、文化旅游等产业领域。

1. 清洁能源产业。由于巴西生物资源丰富，巴西注重在生物燃料方面的技术开发和应用。巴西是全球唯一在全国推广添加生物燃料汽油的国家，巴西国内提供混合汽油的加油站达3万多个。如今巴西消费的燃油中46%是乙醇等可再生能源。生物燃料的开发扩大了内需和就业，使农业不再依赖出口创汇，相关农产品的价格可保持稳定。例如，利用甘蔗生产燃料乙醇，每万吨甘蔗可实现170万美元的产值，并提供60个就业岗位，高于煤炭、石油等传统能源行业水平。巴西政府制订了新能源战略计划，在积极推广使用清洁煤的同时，还计划用3年时间将风能、太阳能和地热发电能力提高一倍。

2. 现代生物技术农业。巴西自然资源丰富，农业优势明显，积极发展生命科学与技术，打造现代生物技术农业。目前，巴西生物燃料作物的种植面积已达1000万公顷，有300多家乙醇生产企业和近50家生物柴油生产企业，2013年巴西的乙醇和生物柴油产量分别达2000万吨和260万吨，已成为世界生物技术开发的典范。

3. 文化旅游产业。为了发展生态旅游产业，巴西颁布了《亚马逊地区生态保护法》，实施热带雨林生态保护计划，把亚马逊流域划为“绿色经济特区”。里约热内卢是世界著名旅游城市，拥有号称世界新七大奇迹之一的耶稣山和大西洋最美的海滩，2012年里约热内卢独特的城市景观被联合国教科文组织列为世界文化遗产。南部的伊瓜苏瀑布被联合国教科文组织列为世界自然遗产，是世界上最宽、风景最美的大瀑布，每年吸引世界各地200万人以上的游客参观。巴西是世界著名的“足球王国”，足球是巴西文化的代表之一，足球带动的文化产业产值达到其国内生产总值的约5%。经过巴西政府不遗余力的争取，巴西于2014年承办第20届世界杯足球赛，2016年还会在里约热内卢承办第31届夏季奥运会。这些赛事将给巴西的文化旅游产业带来巨大的机遇，同时会带动相关产业的强劲增长。

四、南非战略性新兴产业发展

南非位于非洲最南端，拥有122万平方公里的领土和近6000万人口，是金砖国家之一，是世界五大矿产资源国之一，是非洲最大的经济体，是非洲经济最发达和人均收入最高的国家之一。南非拥有丰富的矿藏，其中铂金、黄金、锰、铬、钒、红柱石等已探明的储量为世界第一，还有钛、锑、铅、铀等矿藏的储量也在世界前列。南非是世界上最重要的黄金、铂金、铬、钻石的出产国和出口国之一，其铂金储量高达全球的87%以上、黄金储量高达全球的60%以上，粗钻石采掘加工业曾占到世界钻石供应市场90%的份额。矿产品是其出口的重要构成部分，2008年矿产品占南非出口总额30%以上。

随着国际金融危机的蔓延，世界消费市场萎缩，特别是钻石、铂金、黄金等奢侈品消费水平不断降低，且世界黄金价格出现持续下跌，南非的经济也受到比较严重的冲击。2008年的经济增长率仅为3%，2009年甚至出现了负增长，而2005—2007年的经济增长率均超过5%。为了遏制经济衰退势头，南非政府连续六次下调利率，出台了减免税费、加强投资、刺激消费、强化社会保障等多种措施，2010年还启动了“新工业政策执行计划”，以期调整产业结构和增加就业。通过这一系列政策措施，南非经济增长已经开始回升。采矿业、制造业、农林渔牧业、建筑业、能源产业是其支柱产业。为了转变产业结构，避免过于依赖采矿业和矿产品出口，南非在发展新能源产业、绿色农业、低碳建筑业等方面加大了扶植力度。

1. 南非注重开发清洁能源，努力发展绿色经济，生物能、风能、太阳能和地热等可再生能源受到青睐。南非政府鼓励居民使用太阳能，鼓励企业发展生物柴油，探索垃圾发电，鼓励发展风电并提供补贴。此外，南非政府还把生物燃料作为开发可再生能源的主攻方向之一，筹建生物乙醇工厂，并采取减税等优惠政策推动该产业发展。

2. 南非政府制订实施了基础建设工程领域的投资计划——“水资源工作计划”，通过修建水利工程、建造灌溉设施等劳动密集型工作，提供就业岗位。同时，还在农业生产中积极推广应用转基因技术等生物技术，南非所种植的超过90%的棉花、50%的大豆、40%的玉米均为转基因农业作物。

3. 为了提高居住质量、降低能消、减少温室气体排放、加强环境保护，南非政府实施了“房屋绿色改造工程”，该项目对居民房屋进行三项标准化的改造：一是对屋顶进行隔热处理，降低能量损耗；二是安装太阳能热水器，利用太阳能产热；三是用节能灯泡替换白炽灯泡，减少用电量。南非电力短缺比较严重、居民住宅不定期停电，该项目节省了电力，也节约了家庭开支。为了推动房屋绿色改造工程，南非政府鼓励社区自办节能服务和建筑改造企业，既负责房屋维修，又对减排工作进行监督，并能长期提供就业机会。南非政府还把碳排放交易获得的收入和社会有关捐款集中起来，成立信托基金，为社区小、微型企业提供长期的金融支持，该基金的收益盈余将用于未来社区项目的开发。

第四节　国外战略性新兴产业发展经验启示

美国、日本、英国、德国、俄罗斯、印度、巴西、南非等国分别是全球或区域最有政治经济影响国家之一，亦分别是亚洲、欧洲、北美洲、南美洲和非洲的代表性国家，也是发达国家和发展中国家的重要代表；既有资源匮乏型国家代表，又有资源充沛型国家代表；既有技术先进的国家代表，又有欠发达国家代表。通过对这些国家或地区的战略性新兴产业的选择与发展情况进行深入分析，可以归纳如下可供借鉴的经验：

一、明确政府与市场的定位

准确定位政府、市场、企业的作用是培育和发展战略性新兴产业的关键，尤其要强调企业是市场的主体，是产业的基本单元，发展战略性新兴产业必须依靠企业的力量，并注重培植有世界级竞争力的企业。

政府在支持战略性新兴产业的培育和发展中的角色应该是产业创新的倡导者、推动者、监管者，起到目标规划和监督激励的作用，为企业的获益提供法律和政策保证，如严格保护知识产权等，保证企业从创新发展中获得合法的收益。对于市场失灵的领域或阶段，如基础研究、新兴产业的初创期，或其他投入回报不明显的重要领域，政府应该及时出台扶持政策，提供必要资助，来激励和帮助这类的创新发展。政府既不能包办一切，特别是不要干涉应该由市场和企业去发挥作用的领域；同时，也不能无所作为，对新兴产业毫无敏感，不及时进行引导、推动和扶持，错失发展机遇。例如，德国政府通过建立碳交易所，发挥市场在资源配置方面的作用，既大力提倡低排放、高能效技术的开发和应用，又防止由于对碳排放的简单限制，损害市场现实需求和国民经济总体发展，把复杂的资源配置问题，交给市场去处理。

二、综合运用法律政策工具和经济杠杆

欧美发达国家熟练应用法律工具对全社会形成约束力，比单纯依靠政策指导要强有力得多，如欧盟通过立法来约束所有成员国都向节能减排的目标前进。美国政府除了积极立法发展战略性新兴产业外，还通过巨额资金投资做引导，推动资本向新能源等战略性新兴产业投入。在金融危机时期，美国政府通过综合运用财政手段和货币政策，连续实施了两轮量化宽松货币政策，增加数以万亿计的货币投放，以增加市场流动性，有效推动了战略性新兴产业的资金投入，为这些产业的发展奠定了坚实基础。相对于欧美国家，日本政府对产业结构调整的主动干预更加直接，它通过发布指令性政策，明确产业发展的方向，引导企业群调整发展战略，向预定的经济目标努力。俄罗斯、印度、巴西、南非等金砖国家，都普遍出台了优惠财税金融政策，鼓励战略性新兴产业发展。

三、新能源和绿色经济为重点关键领域

欧美发达国家和金砖国家一致认识到，在未来世界格局中，谁更好地掌握了新能源和低碳技术，谁就掌握了主动权，所以发展新能源和低碳产业是战略性新兴产业的关键领域。以美国为例，其战略性新兴产业选择以自主创新为中心，新能源投资份额最大，甚至可以说美国的经济复苏计划实际上是一个基于新能源革命的战略计划。

四、切合国情的产业选择

在战略性新兴产业的选择方面，上述国家都非常讲求实际和实效，兼顾经济性和先导性，基于本国的自然禀赋和经济条件实际情

况进行产业选择。例如，美国在大力发展新能源产业的同时，对传统的优势产业，如农业、信息技术、生物、医卫等，也继续加强高投入，确保其在全球的领先地位。在清洁能源领域，尽管太阳能、风能发展势头迅猛，德国并没有完全放弃清洁煤发电技术，因为德国煤炭资源丰富。只选取适合发展的战略性新兴产业，舍弃没有优势的产业。由于历史的原因，英国的产业结构很特殊，第一产业总量小，第二产业只保留了石油化工、电子、汽车、航空等部分产业，大量的制造业已转移海外，第三产业占产值比重大，所以英国在选择战略性新兴产业时，只选择了适合本土特色的可再生能源、低碳工业、生物技术、电子信息、高端装备制造业和金融服务业等有限的产业范围。巴西的生物资源特别丰富，气候适宜，甘蔗、油棕、大豆等产量大，所以巴西重点发展生物燃料产业，跻身生物燃料生产和出口国世界前列。

五、三次产业均可列为战略性新兴产业范畴

战略性新兴产业并不局限于工业范围，第一、二、三产业均可列为战略性新兴产业。美国的战略性新兴产业发展方向包括现代化先进农业，因为它是世界最大的农业出口国，多种农产品的生产量和出口量居世界前茅，美国用先进生物技术改造和发展农业，希望确保其世界领先地位。印度、巴西等国土和人口大国也都将先进农业技术产业列为重点扶持产业。第三产业占发达国家的经济比重大，是新兴产业发展的土壤和养料，英国就直接将金融服务业列为其战略性新兴产业的范围加以扶持；欧盟国家大力发展碳排放交易产业，作为国家和地区重要的发展战略，亦取得了显著成效。

六、合理布局战略性新兴产业

上述国家在规划发展战略性新兴产业时，讲究全国统一规划，注重因地制宜的布局特色。以英国为例，由于各个地区的自然禀赋和产业条件的不尽相同，英国在各地战略性新兴产业的布局重点方面各有侧重，有国家总体层面的布局设计，如在伦敦周边地区重点布局金融服务业、生物技术产业等；也注意不同地区自然条件和产

业基础的差异，在英国中部和北部工业发达地区，主要布局低碳工业；在西南部靠近大西洋，主要考虑建立风力发电和海浪潮汐能产业。

七、强化核心技术自主自有

重视情报和信息工作，重视学习国际先进经验，通过引进、消化吸收和再创新，实现关键核心技术自主自有，是战略性新兴产业发展的重要途径。日本工业的发展，主要就是靠学习、模仿和再创新，重点加强核心技术的开发，通过掌握世界市场热点重点领域的核心技术来增强国际竞争力，"二战"后仅仅几十年，日本迅速超过俄、法、英、德等国，成为世界经济大国。

八、注重可持续发展

发展战略性新兴产业要注重顶层设计和综合配套，注重产业的可持续发展。例如，美国的创新发展战略涵盖了几乎所有的配套领域，改革基础教育，培养具有 21 世纪技能的下一代和世界级的劳动力，加强和扩大美国在基础研究领域的领先地位，进行先进的基础设施建设和信息系统建设，建立具有创造力、竞争力和开放性的市场等，均是美国重点发展的内容。

九、重视发展科技教育

战略性新兴产业是以创新为根本特征的，教育和科技是战略性新兴产业发展的基础。英国在教育方面的投入占 GDP 的 5%以上，每年吸引来自世界各地的众多留学生，既为国家带来了收入，更吸纳了不少杰出人才。日本劳动力的素质很高，企业创新能力较强，得益于它的高水平教育。

十、加强宣传推广

美欧等国家和组织在发挥宣传引导方面的经验值得学习借鉴。为了赢得国会和国民的支持，激发企业和民众的创新意识，奥巴马总统几乎每周都要发表例行演说，通过电视、电台、网络、报纸等广泛播送，以一种高强度的政策宣传和推广方式，把政策思路灌输给国民，使广大企业和民众充分认识到创新的重要性，了解政府在产业方面将要推进的方向，自觉地参加到创新的浪潮中来。美国还专门建立了一个网站，要求政府机构定期公布财政资金用于发展战略性新兴产业的用途和效果，让公众监督政府，对支出透明度的关注和问责达到前所未有的水平。奥巴马还加强金融监管改革，成立了金融监管委员会，加强对威胁国家金融稳定的系统性风险的监管，并进一步规范以往不在监管范围内的金融工具。

十一、积极参与和倡导国际合作

欧盟在国际上大力宣扬低碳发展的理念，呼吁世界各国共同发展低碳产业，确立在全球气候和环境保护领域的主导领先地位。英国、德国等欧盟主要国家创造性地设立碳交易所，把欧盟碳排放权交易所（EUETS）和英国碳排放权交易所（ETG）打造成全球碳交易的中心，通过建立标准、制度、计划以及共同签约、国际合作交流、援助等，主导世界碳减排事业，通过碳交易规则约束世界其他地区的经济社会发展方向。德国担任欧盟主席国期间，牵头发起欧盟与美国间的“跨大西洋气候和技术行动”，吸引美国这个世界上经济总量最大的国家参与全球气候保护和节能减排。欧盟还与世界上许多发展中国家开展能源与气候、环境合作。

第四章　中国战略性新兴产业发展概况

中国的战略性新兴产业在国际、国内经济形势背景下，获得了良好的催生和扶持的历史机遇。继战略性新兴产业被写进《国民经济和社会发展第十二个五年规划纲要》之后，在2012年11月举行的中国共产党第十八次全国代表大会和2013年11月召开的中国共产党第十八届中央委员会第三次全体会议上，推动战略性新兴产业发展政策得到了进一步确认。2013年、2014年中央经济工作会议上，明确今后一段时期中国经济工作的主要任务之一是加快传统产业优化升级和大力发展战略性新兴产业，习近平总书记更是多次指出，创新发展才是根本出路，对发展战略性新兴产业寄予厚望。

第一节　中国战略性新兴产业发展总体成效

在国家的高度重视和政府的有力推动下，中央政府有关部门和各省（区、市）均出台了各类、各区域战略性新兴产业的发展计划，成立了督促机构，建立了协调机制，设立了专项资金，制定了相关激励措施等。在国家政策的大力支持下，中国战略性新兴产业蓬勃发展，产业规模迅速壮大，创新资源进一步聚集，技术研发和产业化水平上升，部分领域的产业规模和技术水平，已达到世界前列。

一、产业规模效益稳步增长

在中央政府的大力推动下，战略新兴产业迅速成为全国性的热潮，地方政府积极制定产业政策和产业规划，企业、金融机构、科研院所、高等学校等社会力量主动参与，各类要素不断聚集，技术研发和产业化力度不断加大，在各方面的共同努力下，中国战略性新兴产业相关领域取得显著的成效。

一是在应对国际金融危机、促进经济复苏、形成新的经济增长动力源方面起到了明显作用。中国战略性新兴产业以高增长、大需求、高盈利为特征，近年来一直保持强劲的增长势头，发展速度不断加快，产业规模迅速扩大，部分领域的产业规模已居世界前列，在国家坚决淘汰和化解高污染高能耗落后过剩产能的严峻形势下，为国内生产总值保持 7.7%以上的增速做出了重要贡献。战略性新兴产业的总体盈利能力保持较高水平，虽然个别产业由于盲目发展、恶性竞争和国外市场贸易保护势力抬头而出现行业亏损，但是总体来说，战略性新兴产业的盈利能力明显高于传统工业，平均利润率超过传统工业一倍，广泛地吸引了各类要素向战略性新兴产业聚集，有望形成新的经济增长动力源。

二是有力地推动了经济结构调整优化和传统产业转型升级。中国战略性新兴产业发展速度明显高于传统产业，占国民经济总量的比重不断攀升，有力地促进了经济结构优化。例如，新一代信息技术产业的发展，推进经济社会信息化，推动了信息化与工业化的深度融合。高端装备制造业、新材料技术和信息技术的发展，提升了制造业的竞争力。

三是资源环境承载矛盾突出的情况有效缓解。战略性新兴产业的发展壮大，对降低单位 GDP 平均能耗和污染物排放产生了积极作用。例如，通过发展以新一代核电技术、风能、太阳能、生物质能等新能源产业，使主要依靠煤炭、石油等化石能源的能源消费结构有所优化。通过发展节能环保技术和产业，发展纯电动汽车和插电式混合动力汽车，发展生物医药、生物医学工程、生物农业、生物制造等生物产业，会使大气污染、地质损害、生态破坏等问题有所改善。

四是为中国抢占新的历史时期新一轮国际竞争先机打下了良好的基础。持续数千年的农耕社会积成的顺应天时地利、反对标新立异思想对中国社会发展、产业创新仍有一些约束。回顾历史，持续数千年发达的农业生产遇到近代产业革命，社会生产力和社会文明迅速落后，急遽丧失了国际竞争能力，泱泱大国成为西方列强宰割的猎物。今日之中国已经深刻认识到科技、经济等全方位的创新战略对国家核心竞争力和综合实力形成和发展的极端重要性，把建立创新型国家上升为了国家战略，加大各类资源投入和制度保障力度，取得了显著成效。战略性新兴产业的快速发展，就是创新型国家战略的受益者，同时其发展又对经济和社会的创新发展形成有力促进。

此外，在技术研发领域、企业竞争能力、产业发展布局、产业政策创新、国际市场开拓等方面都实现了重要突破。

二、产业技术取得重大突破

中国是教育和科技大国，教育和科技资源丰富。党中央和国务院高度重视教育发展和科技创新，在确立科教兴国战略之后，连续出台了211工程、985工程、2011协同创新计划和863计划、973计划、国家科技发展重大专项等重要教育和科技发展计划，国家在教育和科技方面的投入大幅度增长，推动了中国教育和科技事业迅速发展。在中央和地方政府的倡导下，科教资源向战略性新兴产业领域聚集，在各方的共同努力下，战略性新兴产业相关领域取得了众多重要科研成果和技术进展，如在载人航天技术、卫星导航系统、高铁工程装备、深海潜水器、超级计算机、新一代移动通信、下一代互联网、支线飞机研制、可再生能源、智能电网、生物技术新药、超级水稻、新能源汽车等领域取得了重大突破，自主创新能力大幅度提高。近年来在战略性新兴产业领域取得的标志性成果主要有：

1. 中国研制出世界上运算最快的超级计算机，并持续保持全球领先。继曾获得世界运算最快称号的超级计算机“天河一号”之后，中国研发的“天河二号”超级计算机以每秒近5.5亿亿次的峰值运算速度和持续每秒近3.4亿亿次双精度浮点运算的优异性能，力压美国橡树岭国家实验室的Titan Cray超级计算机，成为全球第一。中国科学家还成功研制出世界首台结构动态可变的拟态计算机，针对用户不同的应用需求，拟态计算机通过改变自身结构提高效能，比普通计算机提升上百倍。

2. 中国高速铁路装备制造、关键技术突破及工程应用能力已进入世界先进行列。中国不但自主研制了具有世界先进水平的高速机车、高铁配套设备，建造了世界上运营里程最长、覆盖范围最广的高速铁路网，还突破了跨区间无缝线路、防冻胀路基、接触网融冰、道岔融雪等国际公认的技术难题，建造了世界首条高寒地区高速铁路。中国的高铁技术已经开始向国际市场输出。美国总统奥巴马曾经在讲话中说到，现在世界上运算最快的计算机在中国，运营最快的铁路系统也在中国，中国的创新发展态势非常迅猛，美国必须警醒。

3. 中国独立自主建立起太空站，神舟系列飞船频繁出入太空，载人航天应用性飞行进入新时代。中国还实施嫦娥探月工程，“嫦娥三号”成功着陆月面，月球车顺利开展科考活动，使中国成为世界上第三个自主实施月球软着陆和月面巡视探测的国家。中国在航天领域的加速发展，已经打破美、俄太空争霸的格局，标志着人类航天事业发展进入一个新的阶段。

4. 中国拥有自主知识产权的载人潜水器“蛟龙”号成功探底7500米深海海底，创造载人深潜新纪录。“蛟龙”号的方案设计和核心技术（如耐压结构、生命保障、远程水声通信、系统控制等），以及总装联调、海上实验都是由中国科技人员独立完成，7500米载人深潜标志着中国已具备的深海载人作业能力可以覆盖全球99.8%以上的海洋深处，对于提升保护海洋、开发海洋的能力，促进海洋科学研究和海洋装备制造业发展，具有重大意义。

5. 北斗卫星导航系统（BeiDou Navigation Satellite System）是中国自主发展、独立运行的全球卫星导航系统，对形成完善的国家卫星导航应用产业支撑、推广和保障体系，推动卫星导航在政治军事经济社会各领域广泛应用，具有重要战略意义。中国北斗导航系统已被联合国列为全球四大卫星导航系统核心供应商之一。从北斗系列导航卫星发射及使用情况可以看出，密集发射时间集中在

2010年以后，即中国启动战略性新兴产业发展战略以后，至2015年8月，北斗系统已经发射了19颗卫星。北斗系统在多个领域和地区取得长足进展，产业增长势头强劲，如在交通运输行业，国内已有数万艘轮船和数十万辆汽车安装北斗的导航设备。

6. 中国还建成了目前世界上跨度最长、监测空间范围最广、监测方法和手段最全、监测参数最多、综合性最强的空间环境地基监测系统——“子午工程”。这项工程处于国际同类科学装置的领先地位，它的建成将大幅提高中国空间天气预报能力，为卫星、通信、导航、载人航天等安全运行提供重要保障。

7. 中国科学家在杂交水稻超高产研究、棉花“癌症”黄萎病防治、禽流感病毒溯源及跨种间传播机制研究和疫苗研制、多潜能干细胞研究、戊肝疫苗研制等方面均取得了世界领先的重大突破，还建成了世界最大的人胚胎干细胞库。

8. 中国科学家制出“全碳气凝胶”固态材料，是世界上最轻的材料之一，也是吸油能力最强的材料之一，吸收量可高达自身质量的900倍。中国还开发出超硬超稳定金属制备新法，适用于铝、铁、镍及其合金等多种工程材料，具有重要的工业应用价值。

9. 2013年中国研制成功世界最大单机容量核能发电机——台山核电站1号单台1750兆瓦核能发电机，此前还研制出世界最大的水轮机组。同时成功建造了一座太阳能热发电实验电站，成为继美国、德国、西班牙之后第四个掌握大型太阳能热发电站总体设计、集成、调试和运行等多项核心技术的国家。

此外，中国LED（发光二极管）技术发展迅速，该产业发展居世界前列。在太阳能、风电、生物质能、新能源汽车等方面也取得了各种的技术突破。

三、企业竞争能力逐步增强

尽管世界金融危机的影响尚未完全消除，全球经济整体还处于低迷状态，但随着各类鼓励措施的逐步到位和加强，近年来中国战略性新兴产业呈现加速发展态势，对产业转型升级形成有力促进。

一是向市场提供的产品和服务更加有效。国家统计局的数据表明，近年来虽然中国工业经济总体仍显弱势，但战略性新兴产业发展速度不断加快，部分产业增长速度达到工业经济总体增速的两倍，部分行业利润增速及主营业务收入利润率均高于同期工业总体增速，战略性新兴产业占国内生产总值的比重进一步提高，成为支撑产业结构调整、经济转型发展的重要力量。与此同时，战略性新兴产业的发展还有力地推动了中国单位 GDP 能耗的有效降低和主要污染物排放量的逐步减少。这说明，中国战略性新兴产业向市场提供的产品和服务得到了市场的进一步认可，新兴企业提供的产业和服务不再是停留在概念或纸面，而是实实在在的比传统产品和服务更加有效率、有用途、有市场的产品和服务。

二是企业的内外部环境进一步优化。为了加快培育和发展战略性新兴产业，中国政府在进一步完善宏观战略性新兴产业规划的基础上，加大了政策引导力度，2011 年以来，中央政府累计发布了财税、金融和其他鼓励政策 70 余项，地方政府发布的激励措施更是数以百计。同时，还通过扩大内需和加强国际合作，培育国内外市场，为战略性新兴产业营造良好的市场环境。国家通过实施“节能惠民工程”、“百城万盏工程”、“十城千辆”、“金太阳”等示范推广工程，连续举办中国品牌商品欧洲展、美洲展、非洲展等，以及通过援外等方式推广应用，为新兴产业的众多企业开拓了广阔的国内外市场。还引导和鼓励企业建立完善现代企业制度，大胆创新商业模式，精简审批事项和程序服务企业发展，治理“庸懒散”和“吃拿卡要”，使企业内外部发展环境得到极大改善和优化。曾经因为国际市场剧变和外国政府限制，而陷入困境的部分光伏、风能企业，随着国家出台激励政策和国内市场的逐步启动，出现恢复性增长和发展。

三是企业的创新能力进一步加强。国家通过实施科技重大专项、“863 计划”、“973 计划”、重大科学研究计划等，建立国家实验室、国家重点实验室、国家工程技术研究中心、国家企业技术中心、协同创新中心等，通过项目和平台，向企业注入创新要素和创新能力。通过强化知识产权依法管理和服务，鼓励科技人才创业，扶持中小型科技企业，设立创业板，完善股权激励和产权转让等政策措施，为企业创新创业提供保障。据《2014年中国战略性新兴产业发展报告》统计，70%以上的工业领域国家工程技术研究中心设立在战略性新兴产业，70%以上的企业国家重点实验室设立于新兴企业，50%以上的国家级企业技术中心设立于新兴企业；全国各地涌现出一批具有国际先进研发设施、高研发投入的创新型企业；由于各产业相互交叉发展、融合创新，还产生了如互联网金融、远程医疗等为代表的一批全新业态或新产业模式。

四是各类要素向战略性新兴产业聚集，合力形成可持续发展态势。由于战略性新兴产业具有广阔的市场前景、良好的政策导向、呈现良好的发展势头、效益持续增长，无论是国企，还是民企，都对战略性新兴产业表现出极大的兴趣，战略性新兴产业迅速成为社会投资热点，各类要素主动向战略性新兴产业聚集。

四、产业布局规划日趋合理

在国务院公布了培育和发展战略性新兴产业的指导意见后，各省市区积极响应，纷纷制定各区域发展规划，但在发展战略性新兴产业方面，地方政府普遍表现出热情有余、理性不足。部分地方政府制定的战略性新兴产业发展规划，完全不考虑本地区的自然禀赋和经济条件，过分追求GDP发展速度，甚至照搬照抄其他地区的规划，造成严重的产业重复和资源浪费。个别行业呈现出无序发展、恶性竞争的状态。

国务院注意到这个情况，自2012年起，在出台了《“十二五”国家战略性新兴产业发展规划》的基础上，又连续制定了节能环保、生物产业、新材料、新能源汽车、可再生能源、高端装备制造等多个战略性新兴产业专项规划，初步形成了一个比较系统全面的战略性新兴产业规划体系框架。同时，在一些具体政策方面，如新兴产业知识产权、新能源电力接入、三网融合、碳排放交易等制定了配套措施，开展了试点试行。

战略性新兴产业布局规划日趋合理。珠三角地区形成了电子信息、新能源汽车和半导体照明等产业集群；长三角地区形成了新能源、高端装备制造、节能环保等多个产业集群；京津冀地区形成了新一代信息技术、新材料等多个产业集群。在全国初步形成了北京、上海、广州、武汉、南京、西安、深圳、苏州、常州、长株潭地区等一批国家高技术产业基地和若干战略性新兴产业集聚区。

在节能环保产业领域，初步形成了“一带一轴”的总体分布，即顺着珠三角、长三角、环渤海湾地区等沿东部海岸线发展的环保产业“沿海发展带”和自上海至四川沿长江两岸发展的环保产业“沿江发展轴”。在高端装备制造产业领域，高速铁路工程装备与技术水平跃居世界前列，支线飞机研制和批产能力不断提高，载人深海潜水器突破7500米深度。在生物产业领域，超级水稻研究和推广达世界领先水平，人用甲型H1N1流感疫苗和抗肿瘤新药等创新药物获得生产许可。在新能源产业领域，中国风电装机容量、太阳能电池生产能力均居世界第一，智能电网建设全面启动实施，大型发电机组研发能力居世界前列。在新材料产业领域，多种高性能先进材料被研发出来并广泛应用。在新能源汽车产业领域，新能源汽车充换电服务网络快速发展，上海电动汽车国际示范城市揭牌。

第二节　中国战略性新兴产业分类发展情况

《国务院关于加快培育和发展战略性新兴产业的决定》发布以来，特别是《“十二五”国家战略性新兴产业发展规划》颁布之后，在国家政策引导、创新战略推动、财税金融支持、国内外市场的推广下，战略性新兴产业在7大领域30个产业重点方向均取得了积极的明显的成效。

一、节能环保产业发展情况

节能环保产业发展迅速，注重节能增效、强化环境保护、提高资源循环利用水平等观念已经逐渐深入人心，政府、企业、员工、研发机构都注重在生产经营活动中自觉符合节能环保的要求，同时节能环保产业也被资本市场普遍认为是不错的投资方向，吸引了大批有实力的企业、金融机构和专业人才进入该产业，已上市的68家节能环保企业的主营业务收入增长速度明显高于同期GDP和工业增加值增速。

在节能产业方面，截至2013年年底，全国从事节能服务的企业已经超过4000家，从业人员超过40万人，年产值超过2000亿元。煤炭在中国一次能源生产和消费中占近70%，发展清洁煤燃烧技术和节能技术，是中国节能产业发展的重要方向。2013年中国煤炭生产总量达到37亿吨，占全世界煤炭产量的近一半，煤炭的洁净转化高效利用是重大课题，构建现代化的先进煤化工业是国家能源战略的重要组成部分。经过产学研合作共同努力，中国在煤炭气化、煤制液体燃料、煤制甲烷、煤制烯烃、超临界发电技术、煤基燃料电池、煤分级利用多联产等方面取得了重要突破，节能产业正在朝构建以煤为主的多种能源清洁排放高效联产系统稳步前进。

环保产业发展不断加快。近年来，环保装备市场需求不断增大，环保专用设备持续热销，环保装备制造业迅速发展，一批重大环保技术装备实现国产化。据中国产业研究报告网《2015—2020年中国环保设备行业分析与发展趋势预测报告》披露，“十二五”期间，预计我国环保装备产业总产值年均增长20%以上，出口额年均增长40%以上。资源循环利用产业也有较大发展，国家发展和改革委员会党组成员、国家物质储备局局长孙霖在第三届中国国际循环经济成果交易博览会（2014年）上介绍，我国循环经济产业年产值已超过1万亿元，就业人数超过2000万。

二、新一代信息技术产业发展情况

新一代信息技术是中国战略性新兴产业中相对份额最大、增长最为稳定的部分，并且发挥了较大的引领带动作用。中国在信息技术方面实现了多项世界领先的技术突破，如研制的超级计算机连续夺得运算速度世界第一；主导的TD-LTE成为第四代移动通信国际标准之一；拥有自主知识产权的北斗卫星导航系统可以媲美世界上其他系统，在军民领域都有重大应用价值和战略意义；下一代互联网建成了全球最大的示范网，等等。

中国注意跟踪和追赶信息技术世界前沿的发展状况，虽然在核心技术方面与美欧领先水平相比仍然不占优势，但是积极跟进和主动创新，使中国在新一代信息技术产业领域总体上保持很快的发展速度，国内巨大兴旺的内需市场，使中国新一代信息技术产业发展势头一直很好，在战略性新兴产业中保持领跑。例如，据工信部监测协调局统计，中国软件产业 2012 年实现收入 2.5 万亿元，2013 年实现收入 2.8 万亿元，2014 年收入达到 3.7 万亿元。2015 年 7 月，工业和信息化部副部长尚冰在 2015 年中国互联网大会上介绍，国内 3G、4G 用户数已达 6.7 亿，其中 4G 用户 2.3 亿，中国将进一步加快高速宽带网络建设，信息产业规模持续扩大，创业创新活力不断增强。

三、生物产业发展情况

近年来，全国生物技术产值的年增长率高达 20%以上，生物科技研发和产业化人才队伍总数居全球第一，发表科技论文和申请专利总量居全球第二。在生物医药方面，获得了蛋白质生物药、生物制药、疫苗育种等国家科技研究重大专项，在抗禽流感疫苗、高强度超生治疗系统、远程医疗诊断服务、抗癌药物等方面取得了一批具有国际水准的研究成果和产业化方向，出现了一批年销售额过 100 亿元的生物医药企业。在生物农业方面，最著名的是袁隆平、朱英国等院士在杂交水稻方面的研究，居世界领先水平，他们研制的超级稻亩产达到 1000 公斤，累计增产数以万吨计，为人类的粮食安全做出了重大贡献。生物能源领域，以凯迪电力为代表的一些企业在生物能源产业方面，进行了积极有益的探索，取得了一些阶段性成果。

四、高端装备制造业发展情况

高端装备制造业是战略性新兴产业 7 大领域中可以与新一代信息技术媲美的另一个重点领域。中国一度被誉为“世界工厂”，说明中国制造业在全世界的重要地位，但是中国制造业呈现发展主要依靠承接发达国家产业转移、劳动力成本低廉、资源环境消耗损害代价高、自主知识产权少等特征，这样的制造业只能是低端的制造业，是没有核心技术和市场话语权的生产车间。发展战略性新兴产业吹响了振兴和发展高端装备制造业的号角。

在政府的引导鼓励支持下，高端装备制造业发展迅速。航天装备制造业，特别是嫦娥登月计划的成功实施、神舟系列飞船频繁出入太空、自主知识产权的卫星系统等，都标志着中国已经进入世界前三甲。航空装备制造业发展势头迅猛，除大型客机 C919、大型运输机运 20 等研制进展顺利外，在先进直升机、第四代军用飞机、其他通用飞机等方面的研制也不断取得重大突破。轨道交通制造业，发展出以高铁为代表的自主研发制造系统，高铁运营里程突破 1 万公里，成为世界第一，并且随着建成世界第一条高寒地区运营的高速铁路，高铁运营网继续向各种地利气候条件的地域延伸。轨道交通已经实现向国外出口成套设备，成功击败欧美国家，占据了一定份额的国际市场。随着蛟龙号成功深潜 7500 米海底，海洋装备制造业也不断快速发展。中国海洋石油 981 深水半潜式钻井平台是世界上首次按照恶劣海况设计、能抵御 200 年一遇台风的中国自主设计和建造的第六代深水半潜式钻井平台，其建成标志着中国在海洋工程装备领域已经具备了自主研发能力和国际竞争能力。在数控机床、重型设备、工业控制系统与装置、工业机器人等方面，研发和产业化成果也很丰富。

五、新能源产业发展情况

新能源产业是发达国家力求优先突破和国际竞争的重点领域。在中国能源消费结构中，煤炭占到了 68.5%，石油占 17.7%，水能占 7.1%，天然气占 4.7%，核能占 0.8%，其他占 1.2%。① 为了改变能源消费结构，中国积极发展新能源技术和产业，在光伏发电、风力发电、核电、页岩气开采领域实现了有效突破，形成一定竞争优势。太阳能和风能装备制造规模居世界首位，曾经因为欧美市场采取贸易保护政策极力遏制、国内市场发展缓慢、企业盲目扩

① 王秀强：《中国单位 GDP 能耗达世界均值 2.5 倍》，载《21 世纪经济报道》2013 年 12 月 2 日，第 1 版。

产、核心技术欠缺、持续发展乏力、以及资金压力等原因，该产业一度陷入市场占有率、低产能过剩困境，随着战略性新兴产业培育政策不断明确和强化，国内市场进一步拓宽，太阳能和风能的元器件生产、设备制造业于 2013 年开始形势出现好转，主营业务收入增长速度全部扭负为正，实现 10%以上的增速。2013 年中国国内光伏发电新装机容量高达 1130 万千瓦，是当年光伏发电装机容量世界第一的国家，国内累计装机容量达到 1716 万瓦。核电方面，中国研制成功的台山核电站 1 号机组是世界最大单机容量核能发电机，单台发电机容量达到了 175 万千瓦。中国地域辽阔，物种丰富，生物质能资源丰富，据统计，目前每年中国的农业、林业及其他废弃物生物质能资源相当于 3 亿吨标准煤，但在开发生物质能方面，由于技术、资金、石化能源的价格低、市场接受程度不高等原因，发展比较缓慢。

六、新材料产业发展情况

相较于其他战略性新兴产业领域，新材料产业方面的重大突破还不多，新材料研发成本较高，从基础研究到产业化转化之间的进程相对更长，一般的中小型研究机构或者中小型企业很难在新材料产业领域取得革命性的进展。新材料的重大研发进展，需要依靠实力雄厚的大型企业和国家级研发机构。中国新材料领域瞄准高性能化、纳米化、复合化、绿色化为目标，在高纯硅、碳纤维、纳米材料、高性能合金材料、超硬金属涂料、生物降解膜、绿色印刷等方面的研发和产业化取得了一定的成绩。政府还加大力度整顿稀土市场，规范市场秩序，防止恶性竞争和无序定价，合理开发资源，实现产能的可持续增长。

七、新能源汽车产业发展情况

中国政府早在 2001 年就把新能源汽车研究列入“863”重大科技课题之中。“十一五”期间，国家进一步提出“节能和新能源汽车”战略。2008 年被称为中国“新能源汽车元年”，全年实现新能源汽车销售近 3000 台。2010 年，国家将十城千辆示范推广城市由 20 个增至 25 个，并启动私人购买新能源汽车补贴试点。2015 年 1 月，由中国汽车工业协会发布的数据显示，2014 年总共生产新能源汽车 7.8 万辆，销售 7.5 万辆，较上年分别增长 350% 和 320%。

第三节　中国战略性新兴产业发展的主要特点

一、政府保持强势主导地位

因受社会主义初级阶段的历史限制和新中国成立初期计划经济体制的影响，在经济社会发展领域，中国政府一直保持强势，从发展规划到经济组织建立运营，从宏观政策制定到微观经济活动管制，各级政府的身影无处不在。在战略性新兴产业的发展中，政府依旧显现强势，发挥主导作用，对产业的发展、企业的行为甚至社会的反响，都要负责，承担了许多不应该由政府承担的责任。主要表现在：一是中国政府的资源配置力比市场要强大得多，“有形的手”往往取代“无形的手”，直接决定资源配置方案，这种资源配置的效率虽然很高，但要求政府的每一个决策必须符合高度经济规律和市场要求，不能有任何失误，难度很大。二是政府掌握着最重要的资源，如土地、资金、政策等，这些权利又分散在不同部门，不同部门为了各自的部门利益，往往不是从最科学合理的角度去分配资源，甚至相互矛盾、互相指责，所以政府领导有开不完的协调会、做不完的各种决策。三是政府的权威性高，政府发布的信息成为市场的晴雨表，容易引发产业发展的盲目性。四是政府承担了太多责任，企业的优胜劣汰、生产规模的扩大缩小、科技攻关的成功失败、员工的雇佣解聘、产品的销售畅滞、利润的厚薄高低等这些本应该由市场自身决定的事、由法律政策和制度规范的事，往往由某级政府去承担最终责任，上级政府也把这些事项的成败列入对下级政府考核的内容，使一些地方政府不顾市场规律，强力干预市场行为。在这样的背景下，战略性新兴产业的发展，可谓“成也政府，败也政府”，光伏等产业的发展就有过典型的教训。

二、依靠社会精英人群推动

战略性新兴产业一开始实施就得到了社会的积极呼应，无论是国有企业还是民营企业，无论是国有大银行还是小额贷款公司，无论是技术专家还是企业主，都表示出强烈的参与热情。特别是国家鼓励战略性新兴产业的相关政策公布后，从事战略性新兴产业的企业如雨后春笋般纷纷成立，从业人员规模迅速扩大，吸引了一大批科研机构、高等学校和专家投身企业技术和产品研发，各地的科技园、工业园进一步扩张，广泛吸纳高新技术企业入园。但是，由于中国人口众多、地域辽阔、民族多样，国民素质、文化传统差距大，特别是科学素养在不同人群差异巨大，对科学知识的掌握和对科学前沿发展情况的了解，随人口和地域分布而变，极不平衡，加之中国社会和文化传统提倡内敛，反对标新立异，所以国民参与“创新、创造、创业”的文化土壤和社会环境不佳，全民参与度低。为了赢得美国国民的支持，奥巴马总统通过电视、电台、网络、报纸等不遗余力地宣传推广，使广大企业和民众充分认识到创新的重要性，自觉加入创新的浪潮中来。中国的普通公民与美国的普通公民，在创新、创造、创业上的观念差距很大。民众认为，培育和发展战略性新兴产业是经济社会精英人士的任务，与大多数普通老百姓没有太大关系，大家既不关心，也不反对。由于经济社会建设尚处于社会主义初级阶段，中国所承担的人口和社会负担非常沉重，社会大众更关心温饱问题、生存问题、医疗问题、教育问题等，新一轮的国际竞争则指望政府首脑和社会各界精英去谋划推进。

三、产业发展速度快

从国家统计数据来看，中国战略性新兴产业发展速度明显高于传统产业，在全球经济尚未完全复苏和中国国内经济有所放缓的时刻，战略性新兴产业逆势上扬，部分产业增长速度为工业总体的两倍，并且盈利情况良好，产业利润增长速度和主营业务收入利润率均高于同期工业总体平均值，这样使得战略性新兴产业在国民经济中的比例不断上升，并有效地带动了产业结构调整、经济发展转型。但是，现阶段中国战略性新兴产业发展有两个明显不足，一是产业普遍注重产业规模的迅速扩张，对产业结构、质量、效益的协调发展不够重视，按照一种传统产业思路来发展战略性新兴产业，热衷于拿地、建厂、上生产线，对技术研发和人才支撑、对产业国际市场调研、对产品的发展规律研究不足，对产品能否依靠技术成本等优势形成可持续的核心竞争力，缺乏更加系统深入的研究和把握。二是已成体系的战略性新兴产业不多，除了高铁、LED 和新一代信息技术中的部分产业外，多数战略性新兴产业没有形成完整的产业链，局限于少数环节的突破以及国际市场的配套产品，这样，产业的竞争力就大打折扣，在特定情况下，不可避免地受制于人。

四、核心技术依赖进口

国家高度重视对战略性新兴产业的技术支持，例如全部工业领域的国家级研究平台，如国家重点实验室、国家工程中心等，其中的 70%分布在战略性新兴产业领域。近年来，国家部署的重大科学研究计划，也加大了对企业创新的支持力度，例如 2012 年实施的“重大新药创制”项目，近 70%的课题落到了企业户头，有效地推动了创新资源向企业的转移。可以说战略性新兴产业领域聚集了一批具有国际先进水准的研发设备和科技人才。这几年的发展，也产生了一批影响国际国内的重大技术成果，如超级计算机、第四代移动通信技术、自主卫星导航系统、航空航天装备、新材料、新药物等。但是，很多技术突破是基于国外的核心技术，以“引进、消化、吸收、再创新”为主，真正原创和全面自主掌握的重要技术还很少。运算速度居世界第一的超级计算机“天河一号”，其核心芯片是从国外采购的。一些非常重要的集成创新，其核心零部件、核心控制软件、操作系统、特殊材料等，往往来自于发达国家。由于缺乏原创，或者有些特殊部件、环节国内无法提供配套，因此在多数技术创新中，实现系统性突破的重大成果还不足，只是实现了点上的突破，全面系统的突破非常稀少。

五、市场潜力巨大

正在走向现代化的中国社会，日益变得富裕的巨大人口，世界第一的外汇储备，新型城镇化、工业化建设等，这些合在一起，构建了一个世界上最大的最有潜力的超级巨大的市场，这个市场有刚性的购买意愿、有不竭的购买动力、有强大的购买能力，因此任何先进优质的产品，在这里都会有良好的销售成绩，以至于欧美一些性价比不高的奢侈品，在中国的销售都获得了惊人的成功。对于战略性新兴产业来说，中国市场是一座宝贵的金矿，这个市场足以支撑新兴产业的持续发展。当光伏发电和风力发电装备产业遭到欧洲的贸易保护主义打压而无法维持时，国内市场及时伸出援手，随着配套政策出台，光伏发电和风电设备产业迅速起死回生，甚至超过了欧洲制裁之前的产量。高铁发展之初，很多业界的人士认为这是一项注定要破产的投资，投资巨大，票价高昂，市场一定无法接受，进而无法收回投资成本。事实却正好相反，如今乘坐高铁出行已成为了中国百姓中长途交通的主要选择之一，市场为高铁发展提供了强大动力。但是，总体来说，由于法律制度的不完善或者执行法规的不到位，中国市场的秩序尚不完善，还是一个典型的关系型社会，不是依照合同办事，而是依靠熟人办事，这样很容易发生混乱。一个企业要生存发展，要依靠方方面面的熟人，否则寸步难行，既要不到资源，又打不开市场。市场的投机氛围浓厚，准备进行长远投资的商人相对较少。这样的市场不是一个成熟的市场，更不是一个高度发达的市场。

第四节　中国战略性新兴产业发展存在的主要问题

由于战略性新兴产业在中国是一个新生事物，在社会主义初级阶段的中国没有现成的经验可以借鉴，对于正在深入开展政治、经济、社会等各领域改革的中国来说，战略性新兴产业在发展初期一定不会一帆风顺，而会遇到很多挫折和困难，存在很多的问题和不足，例如技术缺乏、创新能力不强、人才培养和人力资源准备不充分、技术和产业脱节、产业规划不合理、核心竞争力弱，等等，具体表现如下：

一、创新能力不强与核心技术缺乏

对于培育和发展战略性新兴产业来说，技术进步是产业赖以生存的基础，没有技术含量的产业不能称为战略性新兴产业，技术落后的产业必将被淘汰出战略性新兴产业的行列，甚至走向衰亡。技术含量的多少，取决于所掌握的核心技术。技术的不断进步，取决于创新能力的不断累积。

相对于西方发达国家，中国经济社会发展程度相对落后，产业技术上还处于学习追赶的历史进程，主要方式是引进、消化、吸收、再创新，自身的技术创新体系尚未完善，多数产业领域的核心技术、关键设备设施仍掌握在国外企业手里，有些国家还专门针对中国等发展中国家制定了限制技术出口的法规，企图遏制中国的产业技术发展。目前情况下，中国战略性新兴产业面临的最大问题是核心技术自主率低、创新机制不完善、自主创新能力不强，因此造成战略性新兴产业整体处于产业价值链低端，产品附加值低，事倍功半；容易受到国外企业和产品的打压，竞争力弱，容易被替代，市场开拓能力和守护能力差。

二、高端人才培育和储备不足

人才是第一生产要素，对于战略性新兴产业来说，更是如此。人是创新的主体，人才的缺乏直接影响到核心技术的掌握和创新能力的不足。近年来，中国政府改变用人观念，抓住国际金融危机的契机，实施“千人计划”等人才培育引进政策，成功吸引了一批杰出海外学者回国从事科学研究、教学工作或创办高科技企业，其中专门开辟一个到创业或到企业工作的“千人计划”项目。中国政府和高校也加大了派遣学生到海外留学的力度，中国在海外留学的人数已居世界前列。但是，尽管采取了这些措施，在国内从事战略性新兴产业培育和发展的高端人才仍然是少数，还远不能满足产业发展的需求。其中，主要是用人制度的创新和人才吸引力问题。如何才能做到“引得来，留得住，用得上”，建设一直强大的产业高级人才队伍，是战略性新兴产业发展必须要解决的重要问题。

三、政产学研用结合不紧密

战略性新兴产业的良性发展，必须依赖“政、产、学、研、用”的紧密结合和通力合作。目前的状态是，政府和企业积极性高，研究机构与产业需求的结合不紧，学校和培训机构不敏感。一是政府作为宏观管理者，在政策、规划方面做了很多工作，但是要防止政府秉持片面的政绩观，唯 GDP 至上，不遵从经济规律和市场规律，简单地堆积要素，或盲目求大求全，甚至干预企业微观经济活动，拔苗助长。二是技术创新与市场需求结合不紧，在中国大部分科技人员属于科研机构和高校编制，他们的业绩考核与市场需求无关，科研论文是考核的主要指标，实际的产业需求往往被忽视。特别是科技成果与产业需求之间的衔接研究和配套措施缺失，很多情况下，科学研究和产业经济始终是“两张皮”。三是高等学校和职业学校对战略性新兴产业的发展不敏感，专业设置、专门人才培养相对落后与产业对人力资源的需求。如全国高校仍热衷设置金融、财务、管理、法律、外语、计算机等热门专业，而对于战略性新兴产业需要的复合型新专业则很少有高校设置，一方面是师资实验设备有限，另一方面是根本没有研究制订相应专业的教学计划，人才培养的滞后将使战略性新兴产业发展面临人力资源困境。四是受计划经济思维惯性或思想残留，重视技术、生产和销售，但对产品的用户重视不够，不知道如何调动用户的积极性来改进技术、完善产品和服务，而用户往往是比产品的设计和生产人员更了解产品需要改进方面的人。

四、产业规划有待进一步完善

产业发展规划对于战略性新兴产业的发展来说至关重要，是产业发展的指南书。产业规划包括横向和纵向的规划，一是在地理位置上的产业分布规划，二是产业链的上下游发展规划。各地的战略性新兴产业规划良莠不齐，个别地方的规划没有经过具体分析、科学论证和也没有结合本地区的自然禀赋、产业基础条件，所谓“有条件，自然要上马；没有条件，创造条件上马”的粗放式经济发展思维继续应用到发展战略性新兴产业上来，一哄而上、盲目上马，各自为政、封闭运行，造成产业规划千篇一律，同质布局，建设重复，要素分散，资源浪费。战略性新兴产业的规划，要有宏观层面的科学布局，不同产业要在不同区域适度集中，这样有力于要素整合，满足重大产业技术创新需要，同时有利于提高产业国际竞争力，有利于形成产业和产品标准。在同一区域，也存在产业结构不合理规划的问题，有的地区战略性新兴产业既非常分散，又没有完整的上下游结构，“两头在外”，沿袭来料加工的生产模式，把高科技新兴产业做成了劳动密集的手工业。这样的产业规划，既使能在一个特殊时段挣到一定的利润，但是一定不能成长为战略性新兴产业。

五、政策与配套措施尚需进一步契合

为了促进战略性新兴产业发展，国家出台了一系列鼓励政策，从技术创新、财税金融，到政府采购、市场补贴等，给予企业最大限度的政策支持。地方政府也相应出台了成立领导小组、提供专项资金、给予税费减免等政策制度。但是，投身战略性新兴产业的企业仍然感到障碍重重、步履维艰，这是因为一项政策只能解决一个方面的问题，战略性新兴产业需要一个鼓励发展的完整的政策体系，尤其需要与政策相适应的全套配套制度和措施。战略性新兴产业在市场化初期的成本比传统产业的成本要高，鼓励政策虽然落到了生产环节的有关要素，但是如果没有市场配套，则产品仍然没有销路，产业仍不能快速发展。以光伏发电和风力发电为例，在目前条件下，光伏发电和风电生产的电力成本较火力发电要高出2~3倍，电网公司不愿意收购，市场用电客户也不能接纳高昂的电价，鼓励光伏发电和风电就需要从廉价的火力发电中通过提取碳排放交易金或通过转移支付，提取补贴。否则，光伏发电和风力发电短期内就会无人问津。新能源汽车产业也面临类似的问题，只给购买新能源汽车的消费者提供补贴，不考虑这些消费者的充电使用方便和使用成本降低，这个消费市场必然会不断萎缩。宏观政策与配套措施的契合，就是要为整个市场各方面的利益相关者进行考虑和设计，要体贴入微地关心到每一个环节。这是一种精细、科学的管理，粗放式管理模式会把全部的努力浪费在“最后一公里”上。

六、应对国际市场不正当竞争的商业和法律手段欠缺

国际金融危机对世界各国经济都造成了不同程度的损害，世界经济复苏可能需要一个漫长的过程。欧美发达国家为了应对金融危机，一方面重振实体经济和加快发展新兴产业，另一方面实行更加苛刻的贸易保护主义政策和想方设法转嫁危机。特别是在战略性新兴产业方面，为了扶持本国的产业和市场，欧美国家利用各种贸易规则，甚至是钻法律的空子，打压中国和其他发展中国家的产业和产品。例如，美国对中国风电设备和光伏企业征收反补贴、反倾销双重关税，欧盟也对中国光伏企业开展反补贴、反倾销调查和诉讼，这些打压措施使中国风电设备企业失去了美国市场份额的40%，是中国光伏企业失去了欧洲市场份额的80%，对处于起步阶段的风电和光伏产业来说，这就是把这些产业扼杀在襁褓的毒辣手段。面对国际市场的一些不正当竞争行为，中国的政府部门和企业缺乏有效的应对手段，缺乏熟练运用国际商业规则和法律手段进行防护和反击的高级专业人才，一度变得很被动。在国际产业竞争和贸易战中，中国政府和企业要培养熟悉西方思维习惯、掌握其议决事方式、能熟练运用其法律法规制度的高级人才，中国高校的商业人才培养和培训要真正与国际接轨。

第五章　中部地区战略性新兴产业发展及区域比较

随着国务院相继颁布《关于加快培育和发展战略性新兴产业的决定》和《“十二五”国家战略性新兴产业发展规划》，中国各省（区、市）培育和发展战略性新兴产业的积极性日益高涨，纷纷制定出台了本地区鼓励发展战略性新兴产业的规划与政策，各省（区、市）均已制定相应的产业规划和扶持政策，一些市、县甚至某些乡镇也制定了本地区的产业规划或发展措施。在政策的有力推动下，各地战略性新兴产业蓬勃发展，产业规模不断扩大，新产业、新技术、新产品不断涌现，产业竞争也逐步加剧，对资本、市场、技术、人才的争夺日趋激烈。

第一节　中部地区战略性新兴产业发展

中国中部地区，包括山西、河南、湖北、湖南、安徽、江西 6 个省，地域面积 102.6 万平方公里，约占全国 11%；人口 3.7 亿人，约占全国总人口 27%；2014 年中部六省公布的 GDP 之和是 138672.12 万亿元，约占全国经济总量的 21.8%，是中国重要的粮食主产区，国家综合运输网络的中心区域，重要的能源、原材料基地。中部地区在全国的经济地位一直处于承东启西、连接南北的中间状态，第一产业相对发达，第二、三产业在全国居中游，比西部地区强，但经济总量和人均 GDP 等都难以与东部地区匹敌。中部地区的土地、水、电、煤、金属矿产、动植物资源充沛；人口总量和人口密度大、科技和教育实力强，在人力资源和劳动力成本等方面有较大优势；地缘优势明显，沿长江经济带和沿京广交通动脉经济带区位优势巨大，承接东部地区产业转移能力强；拥有武汉、郑州、长沙、太原、合肥、南昌等经济发展水平较好的区域中心城市，在战略性新兴产业发展方面，如果充分发展自身的特色和优势，有广阔的发展空间和巨大的发展潜力。

一、湖北省战略性新兴产业发展

湖北省位处长江中游，水陆交通便利，古称“九省通衢”，是承东启西、连南接北的重要枢纽，境内物产丰富，湖泊众多，有千湖之省的美誉，怀抱的江汉平原，不仅是鱼米之乡，还富藏石油资源。全省土地面积 18.59 万平方公里，户籍人口约 5800 万人。2014 年完成地区生产总值 27367 亿元，较上年增长 9.7%，其中第一产业完成增加值 3177 亿元，第二产业 12840 亿元，第三产业 11350 亿元。三次产业结构进一步优化，由 2013 年的12.2∶47.6∶40.2 调整为 11.6∶46.9∶41.5①。由于湖北的交通区位优势、自然资源优势、科教文化优势、工业基础厚实，其被国家列为“中部崛起”的战略支点。

（一）产业规划

2010 年湖北省政府发布了《关于加快培育战略性新兴产业的若干意见》（鄂发〔2010〕15 号），2012 年又制定了《湖北省战略性新兴产业发展“十二五”规划》（鄂政发〔2012〕40 号），提出发展战略性新兴产业，是湖北加快发展方式转变、推进产业结构升级、形成竞争优势、打造中部崛起战略支点的重要途径，以“政府引导、市场运作，自主发展、国际合作，投资驱动、应用带动，重点突破、整体推进”为发展思路，提供优惠政策和鼓励措施，加快战略性新兴产业发展。湖北省的战略性新兴产业规划与国家划

① 湖北省统计局、国家统计局湖北调查总队：《湖北省 2014 年国民经济和社会发展统计公报》，载湖北统计局网，http：//www.stats-hb.gov.cn/wzlm/tjgb/ndtjgb/hbs/110245.htm，2015 年 3 月 4 日。

定的7个领域完全一样，根据湖北的产业基础和技术实际，在排序上有所不同。选择的产业领域和顺序是：新一代信息技术产业、高端装备制造产业、新材料产业、生物产业、节能环保产业、新能源产业、新能源汽车产业。

（二）主要举措

湖北省以“万亿产业、千亿园区、百亿企业”为战略性新兴产业发展目标，优化空间布局，突出重点和特色，引导区域分工与合作，推进产业协调发展。

1. 以建设武汉东湖自主创新示范区为契机，以具有全国领先水平的光电子信息产业为引擎，以生物、节能环保、高端装备制造为重点突破方向，依托武汉东湖新技术开发区，发挥先行先试优势，带动全省战略性新兴产业发展。

2. 加强省政府层面的统筹协调，建立战略性新兴产业重大项目库和重大项目建设协调机制。发挥武汉、襄阳、宜昌等中心城市的产业、技术和人才优势，积极争取国家专项资金支持，加大公共财政对战略性新兴产业的投入力度，形成一批有较强竞争力的创新基地和研发中心，通过中心城市的示范引领和配套需求拉动作用，促进区域整体优势的发挥和区域竞争力的提升。

3. 要求各市、州、县人民政府做好战略性新兴产业规划，与全省规划衔接。鼓励有条件的市、县、区针对战略性新兴产业的细分领域，发展专业园区，走特色化道路，实现差异化发展，推动形成具有区域优势的新兴产业集群。

4. 推动科技创新成果产业化，完善多种形式的激励机制，加强人才政策与产业政策的对接，建立健全中介服务体系，积极发展高技术服务业，加强与中央企业、科研机构、跨国公司等合作，鼓励高等院校和科研院所向企业转移科技成果，支持产业技术创新战略联盟建设。

（三）主要成效

1. 战略性新兴产业规模迅速壮大，推动全省产业结构不断优化。经过近几年的培育发展，湖北战略性新兴产业发展体系框架初步成形，产业布局较合理，总体发展水平处于中西部省份前列，部分领域进入全国先进行列，对全省产业转型升级的带动作用日益显现。据《2014 年湖北省国民经济和社会发展统计公报》公布的数据，2014 年湖北省完成地区生产总值超过 2.7 万亿元，全省工业经济累计总量达到 12840 亿元，其中高新技术制造业增长较快，全年完成增加值 3800 亿元，比上年增长 17%。①

2. 有效地吸引和拉动了投资。据湖北省经济和信息化委员会公布的统计资料，2014 年湖北省完成工业投资 10643 亿元，同比增长 16.7%；完成技术改造投资 3872 亿元，同比增长 25.1%。工业投入力度加大，发展后劲持续增强，其中高新技术产业投资呈高速增长态势，民间投资逐步成为主要动力。

3. 产业创新能力明显增强。企业更加重视技术创新，加大研发投入。围绕培育战略性新兴产业，积极推进企业、高校、科研院所之间的产学研合作，支持成立了多个产业创新联盟，促进了产业自主创新和企业核心竞争力的提升，同时对节能减排、单位 GDP 能效下降的贡献显著提高。规模以上企业研发投入占销售收入的比重逐步提高。相关企业和高校、科研单位获得多项国家科技大奖，发明专利数量质量大幅度提升。

4. 产业集聚态势不断增强。围绕武汉东湖国家自主创新示范区、国家光电产业基地、国家生物产业基地等重大项目，加快重点基地园区建设，大力开展招商引资，健全企业服务平台，推进产业集聚发展，促进重点产业链加速发展。以信息产业为例，联想、雅图、百度、京东商城等一批知名企业纷纷落户湖北，仅联想一家就为湖北省带来了超 100 亿元的新增产值；建成了全球最大的光纤光缆生产基地和全国最大的激光产业生产基地；武汉地球空间信息及应用服务创新型产业集群入选科技部第一批创新型产业集群试点。

---

① 湖北省统计局、国家统计局湖北调查总队：《湖北省 2014 年国民经济和社会发展统计公报》，载湖北统计局网，http：//www.stats-hb.gov.cn/wzlm/tjgb/ndtjgb/hbs/110245.htm，2015 年 3 月 4 日。

（四）主要不足

湖北省战略性新兴产业发展与东部地区经济发达省份相比较，还存在较大差距，面临不少亟待解决的问题，主要有：

1. 产业总体规模小，有全国性影响的行业领军大企业少。产业规划有待进一步完善，产业布局的很分散，面太广，优势特色不突出，容易造成资源分散。

2. 虽然湖北的科教实力较雄厚，每年的科技成果产出不少，但是成果转化率低，适合产业化的科技成果相对少，主要是科技和产业两张皮现象仍然存在，科技创新体制机制方面还有很多需要改进的方面。

3. 企业自主创新能力较弱，对研发的投入不足。国家级研究平台主要分布在大学和科研院所，企业建立的研发平台水平较低，对高端人才的吸引力弱，与国外大公司的高水平研发中心还不具有可比性。

4. 多层次资本市场和金融体系欠发达，信贷支持战略性新兴产业的力度不大，风险投资和创业投资少，产业吸引投资的能力不强，企业融资难的情况较突出。

二、河南省战略性新兴产业发展

河南位于黄河中下游，土地面积16.7万平方公里，北、西、南三面环山，东中部为黄淮冲积平原，西南部为南阳盆地。河南地层齐全，矿产蕴藏丰富，是全国矿产资源大省之一，已发现矿产126种，在已探明储量的矿产资源中，钼、蓝晶石等8种居全国首位，居全国前三位的有19种。河南还是我国重要的能源基地，石油保有储量居全国第八位，煤炭居第十位，天然气居第十一位。截至2014年年底，河南省总人口为1.07亿人，常住人口排在广东省、山东省之后居第三位。2014年河南省国内生产总值34939亿元，比上年增长8.9%。其中，第一产业增加值4161亿元，第二产业增加值17903亿元，第三产业增加值12876亿元，三次产业结构为 11.9%：51.2%：36.9%。[①] 河南是农产大省，粮食种植面积超过 1000 万公顷，粮食年产量超过 5000 万吨，猪牛羊禽蛋年产量超过 1000 万吨。河南交通区位优势明显，是全国重要交通枢纽之一，京广、京九、陇海等 9 条铁路干线经过河南，形成了纵横交错、四通八达的铁路网，郑州北站是亚洲最大的列车编组站之一。全省公路通车总里程达到 24 万公里，高速公路通车总里程达到 5010 公里，位居全国首位。民航和水路运输也在加快发展。

（一）产业规划

河南省把加快培育和发展战略性新兴产业，作为建设中原经济区、加快中原崛起和推进产业转型升级的重要抓手，专门制定和印发了《河南省“十二五”战略性新兴产业发展规划》（豫政〔2012〕75 号），要求全省上下抓紧抓实抓好。在河南省政府的重视和大力推动下，河南的战略性新兴产业发展迅速，产业规模不断扩大，在电子信息、生物医药、血液制品、生物育种、智能电网装备、新型合金材料、生物能源等领域形成了一定的技术和产业优势。全省生物医药产业规模居全国第四位，省会郑州市已经成为全国重要的智能手机生产基地，一批国内外行业龙头企业先后在河南建立生产基地，已形成良好的战略性新兴产业发展基础。河南的战略性新兴产业重点领域有：新一代信息技术产业、生物产业、新能源产业、新能源汽车产业、新材料产业、节能环保产业、高端装备制造产业 7 个产业，与国务院公布的产业领域相同，排序略有区别。河南在“十二五”战略性新兴产业规划中，计划把节能环保产业和高端装备制造产业培育成新的经济增长点，把生物、新能源、新材料、新能源汽车等产业发展成先导产业，把新一代信息技术产业打造成支柱产业。

（二）主要举措

河南培育和发展战略性新兴产业的主要举措可以概括为，积极

---

① 河南省统计局、国家统计局河南调查总队：《2014 年河南省国民经济和社会发展统计公报》，载河南统计网，http：//www.ha.stats.gov.cn/hntj/tjfw/tjgb/qstjgb/webinfo/2015/03/1425257775958563.htm，2015 年 3 月 14 日。

推进20项产业创新发展工程和重点培育12个产业集群。20项创新发展工程包括：智能终端等5项新一代信息技术产业工程、生物医药等3项生物产业工程、生物质能源等2项新能源产业工程和2项新能源汽车产业工程、3项新材料产业工程、3项节能环保产业工程、2项高端装备制造业工程。

围绕战略性新兴产业发展方向，依托产业集聚区，河南省规划建设一批产业示范园区，重点培育一批特色鲜明、链条完善、竞争力强的产业集群，具体包括：电子信息制造、信息服务业、生物医药、生物育种、太阳能、新型合金材料、新型功能材料、超硬材料、节能环保、智能电网装备、轨道交通装备、新能源汽车共12个产业集群。

河南省在培育和发展战略性新兴产业方面的保障措施，可以概括为“强化组织协调，实施项目带动，积极推广示范，加强招商引资，拓宽融资渠道，培育重点企业，依靠人才支撑，保护知识产权”八句话。为了推进战略性新兴产业发展，河南省成立了由常务副省长任组长的战略性新兴产业发展领导小组，建立了产业重大问题协调机制，制定产业发展指导目录，建立产业统计指标体系，设立扶持企业自主创新、高新技术产业化、工业结构调整等专项资金和创业投资引导基金，支持战略性新兴产业发展。

（三）主要成效

经过近几年的快速发展，河南省的战略性新兴产业取得了长足的进步，主要成效如下：

1. 战略性新兴产业对河南省节能减排、产业调整等促进效应明显，对经济发展的引领支撑能力逐渐显现。据河南省统计局发布的数据，2014年河南经济发展呈现稳中趋好的增长态势，化学原料和化学制品制造业、电子信息制造业等战略性新兴产业是推动增长的主要力量。从2010年到2014年，河南省战略性新兴产业连续4年保持25%以上的高速增长。例如，河南省电子信息产业继前两年高速增长之后，2015年1—5月又实现主营业务收入同比增长

34.3%，利润增长 33%①。

2. 产业创新能力有所提升。高水平技术研发平台逐步增多，在战略性新兴产业领域，已拥有国家级企业技术中心 16 家、国家级重点实验室 7 家、国家级工程技术研究中心 7 家。企业研发投入逐步增长，一批重点企业的研发经费占到销售收入 5%以上。一批行业关键技术实现了突破，科技成果转化能力明显提高。

3. 产业集聚发展效果明显。河南省已建成一批战略性新兴产业示范园区，主导产业突出，集群效应明显，成为全省战略性新兴产业发展的重要载体。据河南省工业和信息化委员会披露，2014 年 1—5 月，河南全省产业集聚区 6675 家工业法人企业（占全省比重 34.7%）实现主营业务收入 10670 亿元，占全部规模以上工业的 47.5%，同比增长 20.4%，高于全省平均水平近 7 个百分点，对全省主营业务收入增长的贡献率达 67.2%，拉动全省主营业务收入增长 9 个百分点。全省产业集聚区企业实现利润 610 亿元，占全部规模以上工业的 37.3%，同比增长 27.7%，高于全省平均水平 15 个百分点，对全省利润增长的贡献率达 72.2%，拉动全省利润增长 9 个百分点。

（四）主要不足

综合比较起来，河南省的战略性新兴产业发展还存在一些不足之处，主要有：

1. 产业结构仍有待优化，战略性新兴产业总体规模小。河南是一个资源大省和农业大省，初级加工产品在全省经济中占有重要地位，在全国有竞争力的高新技术产品少，产业结构优化调整的任务还很重。战略性新兴产业虽然保持高增长率，年均达到 25%，但是由于其总体规模小，在全省经济中的比重还不高，处于产业成长期，需要大量的各类要素投入和一定的发展时期，有国际影响的

① 河南省统计局：《1—5 月份全省规模以上工业企业利润总额增长 0.6%》，载河南统计网，http：//www.ha.stats.gov.cn/hntj/tjfw/tjfx/qsfx/ydfx/webinfo/2015/06/1435138195251199.htm，2015 年 6 月 14 日。

领军企业更是匮乏，发展之路并不平坦。

2. 产业竞争能力不强。近年来河南经济转型升级的步伐不断加快，但全省经济的传统优势产业是处于产业链中低端的原材料加工产业，主要包括农副产品加工、化工、有色、钢铁、纺织，能耗高、污染重，受政策、环境等因素影响较大，抗风险能力弱。在金融危机余波冲击和需求不足的大背景下，河南省产业竞争力不足的问题更加突显，工业经济下行压力大，给战略性新兴产业既带来了崛起机遇，又带来加速发展的困难。

3. 投资意愿不强，资金是瓶颈。多数战略性新兴产业是资本密集、技术密集型产业，与东部地区相比，河南省财政收入不高、财政负担重，民间资本不够充沛，资本市场和金融工具创新相对欠发达，尤其是受部分制造行业经营困难、效益下滑的影响，企业投资能力下降，投资意愿不高，融资难、融资贵是制约战略性新兴产业快速壮大的瓶颈因素。

4. 科研实力较弱，高水平人才匮乏。河南是一个人力资源大省，但是“国字号”的高校和科研机构很少，科技实力相对较弱。按统计口径，河南省科技人员数量只相当于广东省的1/10、江苏省的1/5，科技领军人才、高水平创新团队更是缺少，全省发明专利授权量、全社会研究与试验发展（R&D）投入均低于全国平均水平。

三、湖南省战略性新兴产业发展

湖南省地处长江中游，交通便利，东临江西，北联湖北，南与广东、广西接壤，西与贵州、重庆毗邻，处于长江经济带、珠江经济带和沿海发达区的结合部，具有承东启西、连南接北的枢纽地位。全省有通航河流 373 条，内河航道总里程 1.15 万公里，居全国第三位，京广、湘桂、洛湛等 9 条铁路干线贯穿全省，高速公路通车里程达 5084 公里，居全国各省区市第四位。全省土地面积 21 万平方公里，占全国国土面积的 2.2%，居中部第一位。全省辖 13 个市、1 个自治州，截至 2014 年年底，共有常住人口 6737.2 万。湖南矿产丰富，矿种齐全，是驰名中外的“有色金属之乡”和

"非金属矿产之乡"，世界已知的160多种矿藏中，湖南有143种，其中37种储量居全国前五位，62种储量居全国前十位，钨、锡、铋、锑等储量居全国之首，钒、重晶石、隐晶质石墨、陶粒页岩等矿种储量居全国第二位。湖南是全国重要的粮食生产基地，主要农副产品产量如粮食、棉花、油料、苎麻、烤烟、猪肉等均位居全国前列，其中稻谷产量多年为全国之冠，苎麻、茶叶产量分别居全国第一位和第二位。

2014年湖南省实现地区生产总值27049亿元，较上年增长9.5%，其中第一产业3149亿元，第二产业12482亿元，第三产业11418亿元，三次产业结构比例为11.6∶46.2∶42.2。其中，工业增加值对经济增长的贡献率为41.3%，生产性服务业增加值对经济增长的贡献率为22.8%，高新技术产业增加值占地区生产总值的比重为19.0%，形成了机械、轻工、食品（不含烟草制品）、电子信息、石化、有色、冶金、建材、电力等多个千亿产业。第三产业发展较快，广播影视、文化创意、出版、动漫、旅游等产业发展迅速。对外开放不断扩大，全省实际利用外资总额连续三年居中部地区第一位，134家世界500强企业落户湖南。①

（一）产业规划

在战略性新兴产业发展方面，湖南省的反应非常迅速，其出台的《湖南省加快培育和发展战略性新兴产业总体规划纲要》（湘政发〔2010〕20号）早在2010年9月1日就发布了，比国发〔2010〕32号文件还要早一个月发布。湖南战略性新兴产业发展，重点选择了先进装备制造、新材料、文化创意、生物、新能源、信息、节能环保共7个领域，计划把其中的先进装备制造、新材料、文化创意共3个产业打造成支柱产业，生物、新能源、信息、节能环保共4个产业培育成先导产业。在产业发展规划中提出，"十二

① 湖南省统计局、国家统计局湖南调查总队：《2014年湖南省国民经济和社会发展统计公报》，载湖南统计信息网，http://www.hntj.gov.cn/tjfx/tjgb_3399/hnsgmjjhshfztjgb/201507/t20150718_501843.html，2015年3月17日。

五”期间，湖南省战略性新兴产业增加值年度增长20%以上，到“十二五”末期，产业增加值达到5000亿元；到2020年，全省战略性新兴产业增加值超过1万亿元，占GDP总量的1/4。

（二）主要举措

湖南省培育和发展战略性新兴产业的主要措施有，加大引资、引技、引智力度，做大优势、做强特色、提升水平，大力实施“753”战略，在若干领域跻身国内乃至世界前列。“753”战略，即重点发展七大产业、实施五大基础工程、打造三大支撑平台。五大基础工程，具体包括新兴产业集聚工程、优势企业培育工程、核心技术攻关工程、名牌产品创建工程、人才资源开发工程。三大支撑平台，包括技术创新平台、投融资服务平台、共性技术服务平台。湖南省通过组织实施一批鼓励新兴产业发展壮大的重大工程，建设一批新兴产业服务和技术支撑平台，集中攻克和掌握一批关键核心技术，推动战略性新兴产业又好又快地发展。

（三）主要成效

湖南省战略性新兴产业起步早，敢于突破国务院文件中提出的7大战略性新兴产业领域范围，根据本省的产业实际和资源禀赋，大胆创新，把本省优势明显的文化创意产业列入战略性新兴产业范畴，把本省实力较弱的新能源汽车并入先进装备制造产业，这种调整是合适的、符合实际的，值得提倡。经过几年的发展，湖南在战略性新兴产业方面成效显著，产业规模和经济效益显著提升，发展特色亮点纷呈，以工程机械等产业为龙头，形成了一批“千亿产业”，对经济发展支撑作用日益突出。主要成绩有：

1. 部分战略性新兴产业领域已形成一定规模和特色。湖南的先进装备制造、新材料、文化创意等产业，已取得全国市场领先优势。其中，装备制造业领域的工程机械、轨道交通、输变电设备在国内市场占有率较高；新材料产业销售收入位列全国第三，在先进储能材料、高性能复合材料、高强度硬质材料方面形成了湖南省特色；在文化创意产业领域，原创动漫产量连续5年居全国之首，文化创意产业获多个全国第一。

2. 战略性新兴产业占 GDP 比重进一步提高，工业战略性新兴产业占主导地位。2014 年，湖南省战略性新兴产业增加值达 3088 亿元，增加值占 GDP 的比重为 11.4%。其中工业战略性新兴产业增加值 3004 亿元，占全省战略性新兴产业比重为 97.3%，服务业与农业战略性新兴产业总量偏小，发展空间较大。①

3. 战略性新兴产业基地和产业园区聚集效应凸显，新兴产业成为经济发展最活跃的因素。形成了以长株潭国家高技术产业基地为中心，以周边地市高新区为载体，以优势产业为龙头的集聚式发展态势。2014 年 1—7 月，湖南省规模工业增加值同比增长 10.6%，比全国平均水平高 1.8 个百分点，战略性新兴产业基地和产业园区对增长贡献最大，省级及以上产业园区（含工业集中区）规模工业增加值增长 12.4%，占规模工业的比重为 51.9%，其中，计算机通信和其他电子设备制造业增加值增长 29.2%，比全省规模工业平均水平高 18.6 个百分点，单个产业对全省规模工业的增长贡献率达 17.3%。

4. 自主创新能力逐步提高。湖南省拥有的国家和省级重点实验室、国家和省级工程技术研究中心 200 余个，拥有国家和省级企业技术研究中心 130 多个，在湖南工作和湖南籍两院院士有 157 人，近年来涌现出超级杂交水稻、“天河一号”和“天河二号”超级计算机系统、天拓一号技术实验卫星、中低速磁悬浮列车等一批国际国内领先的重大科技成果。近年来，湖南省加快构建科技创新平台、共性技术服务平台，自主创新能力逐步增强，为战略性新兴产业发展提供了有力支撑。

5. 注重对外开放。湖南省 2014 年全年实际使用外资 102.7 亿美元，完成进出口总额 1906.9 亿美元，其中出口额 1230.4 亿元，机电产品出口 516.2 亿美元，较上年增长 44.3%，占出口总额的比重为 42%；高新技术产品出口 147.5 亿美元，较上年增长 43.4%，

---

① 湖南省加速推进新型工业化领导小组办公室、省统计局、省经信委：《2014 年湖南战略性新兴产业发展报告》，载《湖南日报》2015 年 3 月 17 日，第 10 版。

占出口总额的比重为12%。湖南与近200个国家和地区建立经贸往来关系，超过1/4的世界500强企业在湖南设立了分支机构。①

（四）主要不足

湖南战略性新兴产业发展虽然取得了一些成效，但也存在不少矛盾和困难。发展的主要不足表现在：

1. 产业总体规模小，缺乏具有核心竞争力的大产业和大企业。湖南有10个行业主营业务收入超过千亿元，但是没有一个产业突破4000亿元。湖南的战略性新兴产业增速明显高于传统产业，但是产业规模小，龙头企业与世界500强企业相比差距很大，在国内外市场的核心竞争力不强。

2. 产业链短、配套体系不完善，产业支撑点少，市场风险较大。湖南的战略性新兴产业在先进装备制造业、新材料产业、文化创意产业方面具有相对优势，但工程机械为代表的先进装备制造业、新材料产业的产品通用性差，面向特定客户，市场专业性强，受政策风险、经济风险的影响大。文化创意产业面向普通消费者，但是产业规模小，产业链很短，规模不大，对经济的拉动作用小。

3. 企业创新主体地位没有得到充分发挥，技术和产业领军人才缺乏。多数企业的技术研发和产业化能力较弱，市场开拓意识和能动性不强，真正自主掌握的核心技术少。有利于鼓励战略性新兴产业发展的体制机制还不健全，产学研之间脱钩问题比较突出，科研优势未能有效转化成产业优势。在资源并不充分的条件下，资源配置重复或较分散，各种服务系统有待进一步改善。

4. 地区分布严重不均衡，长株潭地区的示范拉动作用尚未突显。从经济总量来看，长沙是全省经济“龙头”，同样也是战略性新兴产业的“领航者”。2014年，长沙市战略性新兴产业增加值1129亿元，占全省战略性新兴产业增加值的比重达37%。株洲、

① 湖南省统计局、国家统计局湖南调查总队：《2014年湖南省国民经济和社会发展统计公报》，载湖南统计信息网，http：//www.hntj.gov.cn/tjfx/tjgb_3399/hnsgmjjhshfztjgb/201507/t20150718_501843.html，2015年3月17日。

郴州、湘潭、岳阳战略性新兴产业增加值均不到400亿元，4个市州战略性新兴产业增加值占全省比重约为40%。其他9个市州仅占23%。从结构上来看，“龙头”城市本身产业不大，示范拉动力不强，兄弟城市更是弱小，发展空间仍然巨大。

四、安徽省战略性新兴产业发展

安徽省地处江淮中下游，长江三角洲腹地，东连江浙，西靠鄂豫，南邻江西，北接山东，长江、淮河将全省地形天然划分为淮北平原、江淮丘陵、皖南山区三大区域，水域面积800平方公里的巢湖是全国五大淡水湖之一。全省土地面积13.94万平方公里，辖16个地级市，至2014年年底，全省共有常住人口6083万人。安徽资源丰富，全省已探明储量的矿藏有125种，其中煤、铁、铜等矿产储量在全国名列前茅。安徽是重要的农产品、能源、原材料和加工制造业基地，汽车、机械、家电、化工、电子、农产品加工等行业在全国占有重要位置，丰原集团是全国最大的农产品深加工企业，海螺集团是全国最大的水泥和塑料型材生产企业。2014年安徽省实现地区生产总值20849亿元，比上年增长9.2%，第一产业2392亿元，第二产业11204亿元，第三产业7253亿元，三次产业比例为11.5∶53.7∶34.8。① 安徽科教资源丰富，拥有中国科技大学、合肥工业大学、中科院合肥物质科学研究院等一批著名高校和一批重要科研机构，是国家技术创新工程试点省，全省拥有国家实验室2个，国家重点实验室19个，国家级工程（技术）研究中心23家。安徽还是中国旅游资源最丰富的省份之一，拥有10处国家级重点风景名胜区、5座国家级历史文化名城、6个国家级自然保护区，黄山和西递、宏村古民居群等被联合国教科文组织列入世界文化遗产名录。

（一）产业规划

安徽省政府高度重视战略性新兴产业的培育和发展，结合皖江

① 安徽省统计局：《2014年安徽省国民经济和社会发展统计公报》，载安徽统计局网，http://www.ahtjj.gov.cn/tjj/web/info_view.jsp?strId=1425024117431024&_indextow=8,2015年2月26日。

城市带承接产业转移示范区、合芜蚌自主创新综合试验区建设，明确发展战略性新兴产业，是推动安徽经济转型发展、构建现代产业体系、实现可持续快速增长的重要任务。在其制定的《安徽省战略性新兴产业“十二五”发展规划》（皖政〔2012〕17号）中，安徽省选择的重点领域和顺序依次是电子信息、节能环保、新材料、生物、新能源、高端装备制造、新能源汽车和公共安全产业。其规划到“十二五”末期，全省战略性新兴产业产值突破1万亿元，其中电子信息产业、新能源产业、新材料产业的产值均超过千亿元。

（二）主要措施

安徽省确定了“领军企业—重大项目—产业链—产业集群—产业基地”的发展思路，即以领军企业为主体，以重大项目为主抓手，建立健全产业链，发展产业集群，打造战略性新兴产业基地。围绕战略性新兴产业重点领域，组织实施“千百十工程”和“111人才聚集工程”，推动实施1000个左右重大项目、着力培育100个领军企业、重点建设10个左右产业基地，培育引进100个创新团队、1000名领军人才和1万名高技能人才，加大政策支持力度，推进要素集聚，突破一批核心技术，建设一批创新平台，培养一批中介组织，促进企业、研究机构、高等学校之间的人才、知识交流和技术转移，实现战略性新兴产业跨越式发展。

（三）主要成效

安徽省战略性新兴产业发展势头良好，产业规模持续扩张，主要成效如下：

1. 战略性新兴产业保持快速增长，对经济发展的贡献不断增大。2014年，安徽省战略性新兴产业实现产值8379亿元，其中电子信息产业产值2324亿元，高端装备制造产业产值2163亿元，新材料产业产值1725亿元。从增速看，新能源汽车产业保持较快增速，超过 40%；新能源产业增速达到 37%。[①] 生产经营状况良好的重点企业对整个行业发展产生了明显的带动作用。

2. 有力地支持了产业结构调整优化。蓬勃发展的战略性新兴产业为安徽省加快产业转型升级的提供了有力支撑。至 2014 年年末，安徽省战略性新兴产业企业 2745 户，比上年净增 111 户；2014 年战略性新兴产业实现产值比 2013 年增长 22.5%，增幅高出规模以上工业 11 个百分点，占全省规模以上工业产值的比重 22.6%；对全省工业产值增长的贡献率为 40.3%，为全省工业产值增长贡献约 5 个百分点。[②] 电子信息、新能源汽车、新能源、节能环保、生物制药继续保持较快增速，其中电子信息产业成为对全省工业增长贡献最大的行业。

3. 区域特色较为鲜明，部分领域已走在全国前列。安徽的平板显示、节能家电、LED 光电、电子材料和元器件等产业在国内形成了一定的产业优势，铜基、铁基、硅基等新材料技术在国内处于领先地位，生物制造产业处于全国前列，新能源汽车自主品牌发展迅速。各地市产业布局比较合理，形成了一定的特色和优势。

（四）主要不足

安徽省在战略性新兴产业发展方面，存在的不足之处主要有以下四个方面：

1. 战略性新兴产业总规模还不够大，产业链及产业配套还不完善，产业集聚度还不高，在全省产业结构中所在比重较小，高能耗、粗放式的传统产业居支配地位。

2. 与东部发达地区相比较，安徽省带动力强、居行业龙头地位、有世界竞争力的领军企业不多，新兴企业总数少，示范拉动作

---

① 安徽省统计局:《2014 年全省战略性新兴产业产值突破 8000 亿元》，载安徽统计局网，http://www.ahtjj.gov.cn/tjj/web/info_view.jsp?strId=1421824280137954，2015 年 1 月 21 日。

② 安徽省统计局:《2014 年全省战略性新兴产业产值突破 8000 亿元》，载安徽统计局网，http://www.ahtjj.gov.cn/tjj/web/info_view.jsp?strId=1421824280137954，2015 年 1 月 21 日。

用还不够显著。

3. 安徽成功承接东部发达地区产业转移，但是所掌握的关键核心技术不多，企业多数处于战略性新兴产业链的中低端，将本地创新资源和科研优势转化为产业优势的体制机制、政策措施还不完善。

4. 区域发展不平衡，中部和南部沿江城市发展快，西部、北部城市工业基础薄弱、发展相对较慢。个别地区对战略性新兴产业认识模糊，把握不准方向，产业规划没有结合实际，支持力度较弱，加大了与发达地区的发展差距。

五、江西省战略性新兴产业发展

江西省位于长江中下游南岸，东邻浙江、福建，北连湖北、安徽，南倚广东，西靠湖南，区位优越、交通便利，是长江三角洲、珠江三角洲和闽南地区的纵深交汇之地，京九线、浙赣线纵横贯穿全境，航空和水运便捷。全省土地面积 16.7 万平方公里，截至 2014 年年末，共有常住人口 4542 万人，辖 11 个地级市。江西生态良好，自然资源丰富，境内有全国最大的淡水湖鄱阳湖，物产丰厚、产业齐备，农业在全国占有重要地位。江西已探明储量的矿藏有 111 种，其中钽、铷、铀、钍等 12 种矿产储量居全国首位，居前十位的有 66 种。江西铜矿储量大，易采易选，开采时能同时回收多种伴生矿产。江西的稀土矿易开采、易提取、放射比度低，且品种齐全，钇族稀土探明储量占全国第一位。

（一）产业规划

江西省政府早在 2009 年就发布实施 10 大战略性新兴产业发展规划，为适应新形势、新要求，根据国家出台的战略性新兴产业发展规划和重点产品与服务目录，以及经济形势、产业技术、市场需求等的发展变化，2013 年 5 月江西省政府对原 10 大战略性新兴产业发展规划进行了修编，鼓励引导社会各界尤其是民间资本投入战略性新兴产业发展中，促进经济发展升级，这在各省（市、区）又是一个率先之举。目前，江西省确定的 10 大战略性新兴产业分别是：节能环保产业、新能源产业、新材料产业、生物和新医药业、新一代信息技术产业、航空产业、先进装备制造业、锂电及电动汽车产业、文化暨创意产业、绿色食品产业。江西省政府计划到2017年，10大产业实现销售收入22565亿元，年均增长18%，其中节能环保产业达到1800亿元，新能源产业达到1600亿元，新材料产业达到3400亿元，生物和新医药产业达到3000亿元，航空产业达到800亿元，先进装备制造业达到2820亿元，新一代信息技术产业达到1500亿元，锂电及电动汽车产业达到145亿元，文化暨创意产业达到3500亿元，绿色食品产业达到4000亿元。①

（二）主要措施

江西省在全面落实国家政策的同时，紧紧围绕组织领导、资金保障、政策扶持、科技创新等方面，出台了一系列落实规划的重大举措，设立了省战略性新兴产业投资引导资金，资金规模为4亿元，用于扶持省战新产业重大项目建设，还设立了总规模为1个亿的省科技创新体研发扶持引导资金，实施重大项目调度制度，在建设用地等方面，加大对战略性新兴产业重大项目的倾斜力度。江西省重点从四个方面进一步加大保障力度，确保新编制的产业规划顺利实施：

1. 强化衔接细化。要求各地市省战略性新兴产业发展规划，根据本地实际，做好规划的细化工作，制定完善本地产业规划或实施方案，细分目标任务，明确责任和措施。

2. 强化政策支持。各级政府将聚焦重点产业、重点企业、重点项目，创新工作方式、出台针对性的扶持措施，加大财税、金融倾斜支持的力度。

3. 强化项目建设。发挥好重大项目绿色通道、重大项目调度会议等推进机制，着力帮助解决项目建设中遇到的困难与问题，努

① 倪晓锋：《江西修编发布十大战略新兴产业2017年销售收入超2万亿元》，载江西新闻网，http://jiangxi.jxnews.com.cn/system/2014/04/29/013075352.shtml，2014年4月29日。

力推进规划内项目尽早建设、尽快投产见效。要求各地政府瞄准央企、外企、民企，加大招商引资力度，积极引进一批大项目落户江西。

4. 强化科技创新。围绕关键领域、关键技术，以企业为主体，产学研结合，大力推进协同创新，促进战略性新兴产业发展，并以此带动江西省产业转型升级和提高发展。

（三）主要成效

江西省的经济总量在中部六省相对落后，2014 年全年实现地区生产总值 15709 亿元，较上年增长 9.7%，在中部六省排名第五，仅高于山西。江西把战略性新兴产业作为全省加快产业升级、转变发展方式的决定性因素，加以重点扶持培育，取得了积极的成效。

1. 经过两次产业规划，战略性新兴产业的发展更加符合国情、省情和产业实际，特别是 2013 年制定的第二次战略性新兴产业规划，一方面与国家要发展的产业方向保持良好的一致性，另一方面充分体现江西的产业基础和特色。

2. 战略性新兴产业对江西产业结构调整起到了积极的促进作用。江西是一个传统产业比重较大的地区，大力发展战略性新兴产业，推动产业结构升级，转变发展方式起到了有力的推动作用。有色金属产业，如铜、钨、稀土，产业链不断拓展，精深加工能力位居全国首位。陶瓷业在科技进步的推动下，呈恢复性增长，日用陶瓷排全国第三位，建筑陶瓷排第五。中成药工业规模列全国同行业第四位，在中部六省处领先地位。发展新兴产业、升级传统产业、淘汰落后产能，使江西工业结构进一步优化。

3. 通过实施重大项目带动战略，提高产业集中度，培育发展了一批战略性新兴产业基地和有重要影响的骨干企业。南昌、九江、赣州、景德镇、萍乡、宜春等一批新兴产业基地和产业园区发展势头良好。促进各类资源向江铜集团、新钢集团、江盐集团、江中制药等大型优势企业集聚，资源得到优化配置。一批重大项目建成投产，形成了新的经济增长点。以企业为主体的技术创新体系建设初现成效。

4. 促进节能减排、绿色发展。战略性新兴产业的发展，为促进落后产能淘汰、加快传统产业升级提供了有力支撑，近年来，江西省高耗能行业产值占规模以上工业总产值的比重逐步降低，万元 GDP 能耗持续下降。

（四）主要不足

总体上看，虽然近几年江西省经济发展较快，但经济总量仍然偏小，新兴产业层次偏低，属欠发达省份的状况并没有改变，战略性新兴产业始终面临着聚集度不高、产业链不够完整的现实。

1. 江西战略性新兴产业整体规模偏小，缺乏有竞争力的龙头企业。实力雄厚、竞争力强的大企业是战略性新兴产业发展的骨干力量，起拉动和辐射作用。但江西省许多新兴产业缺乏龙头企业，多数是中小企业，抗风险能力差。

2. 产业配套能力较弱，产业分工参与度低，产品科技含量低，产业链有待完善，许多行业缺乏知名品牌。新材料方面，江西与国内先进技术差距明显，产品档次不高，市场需求信息反应滞后，开拓新产品、应用新技术的速度迟缓，除少数产品外，新材料跟踪仿制多，拥有自主知识产权的专利成果少。且大部分产品中间体销往东部沿海一带，本地产业链得不到延伸。

3. 自主创新能力弱，科技领军人才不足，前沿科研力量薄弱，企业管理水平不高，经营者素质亟待提高。江西的科教资源相对落后，除航空、材料领域外，其他领域的国家级科研机构较少，科技领军人才不足，引智工程还有很大的空间。江西是离子型稀土资源大省，但由于尖端人才和技术匮乏，稀土深加工、新材料和应用产品发展后劲不足。江西的光伏等少数战略性产业曾在全国处于领先水平，产能曾经做到全国最大，但现有技术面临淘汰风险，缺乏技术持续创新，后续发展乏力。此外，一些企业经营者，在管理上仍停留在创业初期，凭经验进行技术创新，凭意志和愿望进行经营决策，科技人员少，科技经费投入捉襟见肘，缺乏竞争意识，满足于小富即安，使企业长不大，整体实力不强。

4. 有的产业刚刚起步，尚处研制、试验或小批量生产，新兴企业资金短缺，贷款难的问题比较突出，限制了产业的快速发展。在江西工业经济联合会组织调查的2000多户企业中，有64.5%的企业反映银行贷款困难，融资渠道少，扩大经营规模缓慢而艰难。

六、山西省战略性新兴产业发展

山西省地处黄河流域中部，东连河北，西倚陕西，北邻内蒙，南接河南，全省总面积15.67万平方公里，截至2014年年末，共有常住人口3648万，辖11个地级市。山西地形多为山地丘陵，东有太行山，西有吕梁山，山区面积约占全省总面积的80%以上。山西省矿产资源丰富，已发现的矿种达120多种，探明储量的有70种，其中煤、煤层气、铝土矿、铁、铜、金红石、白云岩、耐火粘土、灰岩、芒硝、石膏、硫铁矿等储量居全国前列，煤炭储量2770亿吨，占全国储量的1/5；煤层气储量1825亿立方米，占全国储量的88%；铝土矿储量14亿吨，占全国储量的37%。山西旅游资源丰富，拥有云冈石窟、平遥古城、五台山等3处世界文化遗产，有国家重点文物保护单位271处，享有“中国古代建筑艺术博物馆”的美誉，2014年接待游客3亿人次，旅游总收入超2800亿元。近年来，山西省坚持把促进转型发展作为事关经济社会发展全局的重点来抓，持续淘汰落后产能，积极推进节能减排和生态建设，实施创新驱动发展战略，加快培育新兴产业，先进装备制造业、现代煤化工等产业快速发展，2014年山西省实现地区生产总值12759亿元①。2010年年底，国务院同意设立“山西省国家资源型经济转型综合配套改革试验区”，这是首个全省域的国家级综合配套改革试验区，为山西省全方位推进体制机制创新、提升区域发展环境、广泛吸引国内外资本和人才、承接高新技术产业重大项目转移、加快培育和发展战略性新兴产业提供了有利的发展环境。

---

① 山西省统计局、国家统计局山西调查总队：《山西省2014年国民经济和社会发展统计公报》，载山西统计信息网，http：//www.stats-sx.gov.cn/html/2015-3/201533172356368812626.html，2015年3月3日。

（一）产业规划

2013年6月，山西发布了《战略性新兴产业发展“十二五”规划》（晋发改规划发〔2013〕1153号），把加快培育和发展战略性新兴产业作为引导和带动产业结构调整、建设“全国重要的现代制造业基地”和“中部地区经济强省”、推动“山西省国家资源型经济转型综合配套改革试验区”建设的重要途径，选择了新能源产业、节能环保产业、生物产业、高端装备制造业、新材料产业、新一代信息技术产业、新能源汽车产业、煤层气产业、现代煤化工等9个重点领域，并制定了这9个领域的战略性新兴产业发展规划和“十二五”期间的主要任务①。

（二）保障措施

山西省把加快培育和发展战略性新兴产业放在推进转型跨越发展的突出位置，以推进产业结构调整升级、构筑现代产业体系为目标，以“512”战略性新兴产业专项为重点，培育一批龙头企业和特色产业园区，抢占市场竞争制高点，推动战略性新兴产业快速健康发展。“512”战略性新兴产业专项，即围绕战略性新兴产业重点领域，“十二五”期间，山西省组织实施50个规模效益显著的重大项目；支持100个技术先进、市场需求大、综合优势明显、高成长性的重点项目；培育200个发展潜力大的项目。培育50个战略性新兴产业龙头企业。在每个产业各选择5~6个骨干企业，整合政府科技、产业计划，倾斜安排一批攻关项目、试点示范项目和重大产业创新发展工程。建成10个特色鲜明的战略性新兴产业园区。支持龙头企业、高等院校和科研院所，建立自主创新联盟。鼓励科研人员利用自主创新科研成果创办企业或以技术入股等方式发展战略性新兴产业。实施“百千万”人才计划，公开招聘“百名”

---

① 山西省发展和改革委员会：《关于印发〈山西省战略性新兴产业“十二五”规划〉的通知》，载山西省发展和改革委员会网站，http://www.sxdrc.gov.cn/xxlm/fzgh2/zxgh/201309/t20130927_69871.htm，2013年9月27日。

学有专长、素质优秀的创新创业领军人才和高技能领军人才，实施吸引“千名”潜力人才的储备计划和“万名”后备人才培养工程。全面部署“自主研发、引进消化和科技成果商品化”创新工程。进一步扩大开放，深化合作发展，提升国际化发展水平。创新政策机制，加大政府投入，吸引社会资金参与战略性新兴产业发展，营造良好发展环境。

（三）主要成效

2010 年 12 月，山西省获批资源型经济转型综合配套改革试验区，这是中国第一个全省域范围的综合配套改革试验区，任务艰巨，责任重大。山西省结合“综合配套改革试验区”建设，发展壮大战略性新兴产业，在部分领域形成了具有一定规模的特色产业，为进一步加快发展战略性新兴产业奠定了基础。主要成效有：

1. 战略性新兴产业规模逐渐壮大，产业发展速度不断加快。高端装备制造、新材料、节能环保、现代煤化工、生物等产业形成了规模发展态势，增加值占全省工业增加值的 14%左右；煤层气、新一代信息技术和新能源汽车产业等产业规模稳步壮大。

2. 战略性新兴产业发展活力稳步提升，部分领域已形成一定规模和特色。煤机装备方面形成了集掘进、开采、提升、运输、洗选为一体的成套设备生产供应体系；轨道交通装备方面形成了高速动车组轮对总成等生产能力；农作物育种规模位居全国前三，中药材核心品种占全国 1/4 强；特种耐火、煤系高岭土生产技术处于国内领先地位；煤制油试验项目取得成功，产业化技术取得了突破性进展；建成一批特色鲜明的战略性新兴产业园区和产业集聚区。

3. 自主创新能力逐步增强。政策机制不断健全，社会支撑体系不断完善，产学研活动得到深化，合作发展取得进展，组建了若干产学研紧密结合的产业技术创新联盟，掌握了一批自主创新先进技术，部分优势领域核心技术已达到世界领先水平。

（四）主要不足

山西的战略性新兴产业发展中问题主要表现在以下几个方面：

1. 传统资源经济特征明显，企业创新发展的意愿不强。

2. 战略性新兴产业总体规模小，产业链不完整，现有新兴产业多数居于产业链的中低端，掌握的关键新技术少，产品市场竞争力不强。

3. 科教实力相对较弱，高层次人才匮乏，自主创新能力较低。

4. 存在着一些体制机制不完善、财税支持力度不足和缺乏知识产权激励、金融支持政策等困难和障碍。

第二节　东部地区战略性新兴产业发展

东部地区主要是指东部沿海的北京、天津、上海、河北、山东、江苏、浙江、福建、广东、海南等 10 个省市（不含香港、澳门、台湾地区），土地面积约 95 万平方公里，人口总量近 6 亿人，这是中国经济发展最快、社会最富饶、人口最多、密度最大、城市和港口密集、交通物流便捷、社会事业最发达的区域，2014 年东部地区 GDP 共计达到 35 万亿元，占全国 GDP 的 55%。自中国改革开放以来，东部地区经济社会发展一直走在全国各地前列，东部地区产业基础良好，汇集了中国工业化程度最高、高新技术产业最为聚集的三大区域——长三角地区、珠三角地区、环渤海区域，拥有其他地区无法比拟的资金、技术、人才、市场等方面的优势。

在战略性新兴产业发展方面，东部地区也走在全国的前列，产业分布范围广、涉及产业领域多、经济总量大。东部地区拥有知识密集、产业基础好、资金充裕和投资成熟等优势，近年来，东部地区紧紧抓住战略性新兴产业的技术源头、人才源头和市场源头，增强自主创新能力和市场开拓能力，鼓励企业通过技术辐射、生产协作和资产重组，实现核心技术与产品的专业化协作和集成化生产，持续保持战略性新兴产业发展的领先优势和龙头地位。据不完全统计，2012 年全国战略性新兴产业增加值在国内生产总值的比重已经超过 7%，其中东部地区战略性新兴产业增加值占全国的 65%，其他地区仅占 35%左右，平均到单个省份，东部地区单个省份的战略性新兴产业增加值是其他地区单个省份的 2~3 倍。战略性新兴产业增加值的全国前6名省市全部在东部地区，包括北京、广东、江苏、山东、浙江、上海。以下对东部地区具有代表性的北京、上海、广东三省市的战略性新兴产业发展情况作一些具体分析。

一、北京市战略性新兴产业发展

北京是中国的首都，是一座世界著名的大都市，是中国的政治、文化、科技、教育、国际交流与合作的中心，同时也是全国最重要的经济、金融和高科技产业中心之一。截至2014年年底，北京全市辖区面积1.6万余平方公里，常住人口2151.6万人，其中常住外来人口818.7万人，人口密度超过每平方公里1300人。2014年全市实现地区生产总值21330亿元，人均地区生产总值达到99995元（折合1.6万美元），第一二三次产业的份额分别为0.7%、21.4%、77.9%。①

（一）产业规划

北京是中国科教资源最丰富的城市，全市共有上100所高等院校和数百个各类科研机构，集中了中国水平最高、分量最重的高等院校和科研机构，这种科技智力资源密集的特征，为战略性新兴产业的发展打下了良好基础。北京市充分发挥科技创新对产业的引领和支撑作用，积极培育和发展知识技术密集的战略性新兴产业，以“创新驱动、高端发展、重点跨越、引领示范”为发展思路，进一步提升战略性新兴产业在产业结构中的支柱地位，提出了把北京建设成为“具有全球影响力的科技创新中心和国家战略性新兴产业策源地”，着重在以下8个领域培育和发展战略性新兴产业：新一代信息技术、生物、新材料、新能源、节能环保、航空航天、新能源汽车、高端装备制造。其中，新一代信息技术是优先发展的重点产业。

---

① 北京市统计局、国家统计局北京调查总队：《北京市2014年国民经济和社会发展统计公报》，载北京统计信息网，http：//www.bjstats.gov.cn/xwgb/tjgb/ndgb/201502/t20150211_288370.htm，2015年2月12日。

（二）主要举措

北京市统筹城市空间战略调整和功能优化配置，以建设中关村国家自主创新示范区为契机，整合首都创新资源，提升开放合作水平，推进产业结构升级和空间布局优化，以重大创新项目和科技成果产业化为抓手，用足国家赋予的各项先行先试政策，完善财税金融政策配套和人才特区建设，加快人才、资金等创新要素向重点领域倾斜，促进新兴产业集聚发展，不断完善产业链，打造数字电视产业基地、移动通信产业基地、软件产业基地、生物医药产业基地等若干个规模效应显著、特色鲜明的千亿级产业基地，培育一批示范带动作用强的百千亿级领军企业。

（三）主要成效

由于北京市自身拥有的资源环境优势，加上北京市政府对战略性新兴产业的重要性认识充分、政策把握准确、发展思路清晰，采取优先发展策略，营造良好发展环境，北京市的战略性新兴产业整体发展态势良好，创新创业成果不断涌现，经济带动作用日益显现，对北京市的产业结构优化升级、城市文明与现代化进程、生态环境改善与民生服务等的引领和支撑作用日益突出。

1. 战略性新兴产业在北京市经济发展和产业结构调整转型中的带动作用明显。据 2015 年 8 月北京市统计局、国家统计局北京调查总队发布的统计情况表明，2015 年 1—7 月，全市规模以上工业增加值同比增长 1.2%，增速明显放缓，但产业结构逐步调整，经济运行质量有所提高。2015 年上半年北京市的经济增长有三个重要特征：一是战略性新兴产业引领工业的增长，2015 年 1—7 月北京市战略性新兴产业增加值同比增长 4.5%，是同期工业工业增加值增长率的 3.7 倍，对全市工业增长的贡献率为 83.3%。二是北京市经济发展的创新驱动特征更加突出，2015 年 1—7 月北京市电子信息制造业增长约 17%，汽车制造业增长约 5%，医药制造业增长约 5%。其中新能源汽车增长 55.6%，比上年同期提高 45 个百分点。三是更加突出了绿色发展。近两年北京市一方面加大对

"三高"（高耗能、高耗水、高污染）企业的调整退出力度，另一方面积极引导存量企业进行节能改造，在节能降耗上取得了明显的成效。高耗能行业在全市工业中的比重逐年降低，比较1—7月同期数据，高耗能行业增加值占全市规模以上工业的比重，由2011年的28.5%降到2015年的25.4%。

2. 已经形成确立一部分战略性新兴产业优势领域，一批龙头企业、骨干企业迅速发展壮大。如新一代信息技术领域，北京市软件、集成电路设计销售收入分别占全国的20%和33%，连续多年位居全国前列，计算机国内市场占有率、手机和液晶面板产量居全国第一。生物领域，疫苗、诊断试剂销售额分别占国内市场份额的1/7和1/3。航空航天领域，载人航天、卫星应用、空间科学与技术等领域达到国际领先水平。在政策扶持下，北京战略性新兴产业的龙头企业、骨干企业不断发展壮大，联想集团已进入千亿元级企业集团，中国普天、北大方正、同方股份、大唐电信、航天信息、百度、搜狐、新浪、京东方、双鹤药业、京东世纪、华胜天成、用友等一大批创新型企业享誉国内外，发展态势良好。

3. 战略性新兴产业区域内布局较好，既有一定的集中，又在不同地域进行了比较合理的分工，尤其是以中关村示范区为代表的一批战略性新兴产业示范区快速发展，发挥了重要的引领带动作用。以中关村示范区为核心，昌平、丰台、大兴等多点支撑的战略性新兴产业区域格局初步形成。并且通过整合产学研的创新资源，使北京市成为中国规模最大、实力最强、结构最完善的区域创新体系。中关村地区拥有以北京大学、清华大学为代表的高等院校39所，以中国科学院、中国工程院、北京生命科学研究所为代表的科研院所140多家；以联想、方正、百度为代表的高新技术企业近2万家；大学科技园、各类科技企业孵化器、留学人员创业园等102家。随着产学研协同创新模式的不断发展，一批企业与大学院所成立联合实验室、产业技术研究院；由企业牵头、围绕核心技术和标准成立了软件、云计算、物联网、生物CRO外包、新能源汽车等一批产业技术联盟；形成了星网工业园、中关村软件园、中关村生命科学园、国家工程技术创新基地等10多个产业特色明显、集聚效应突出、创新活跃的国家级专业园和产业基地。

（四）主要经验

北京市战略性新兴产业发展成效明显，主要经验有以下几点值得各地借鉴：

1. 不断完善产业发展规划，积极推进试点政策落实到位和顺利实施。为全面贯彻国务院《关于加快培育和发展战略性新兴产业的决定》，北京市迅速制定出台了《北京市关于加快培育和发展战略性新兴产业的实施意见》，编制了北京市战略性新兴产业 8 大专项规划，积极推进“1+6”试点政策落地实施，借助中关村创新平台的集中统筹工作机制，各项先行先试政策取得了突破性进展。

2. 以政府采购推动新产品、新技术推广，通过示范应用支持产业发展。北京市通过示范应用、政府采购等方式有效支持了战略新兴产业新业态、新市场的发展，研究制定了《关于在中关村国家自主创新示范区深入开展新技术新产品政府采购和应用推广工作的意见》、《中关村国家自主创新示范区新技术新产品（服务）应用推广专项资金管理办法》等政策措施。同时积极推进城市应急管理物联网应用示范工程等；在新能源汽车领域，积极参与“十城千辆”示范应用工程，重点推动充电基础设施建设，完成 50 余座充电站建设，发布私人购买新能源汽车补贴办法。

3. 创新政府支持模式，发挥财政资金引导和杠杆作用，提高政府支持效率。北京市结合战略性新兴产业的特点，通过政府支持模式创新，更有效地支持了产业发展。一是创新政府采购方式，由采购新技术、新产品向采购服务延伸。如，北京市通过集中购买遥感卫星服务的方式支持北京二号遥感小卫星项目发展，在支持新型产业发展的同时满足了政府城市管理和公共服务的需求。二是创新重大产业项目财政资金支持模式，支持环节从研发为主向研发与市场并重转变，支持方式由补贴、贴息向股权投资、共享知识产权、创投基金、政府采购等多种方式转变，支持主体也由高校、科研院所向以企业为主体转变，有效保证了财政资金的使用效果。北京市在电子信息、生物医药、云计算、物联网、高技术服务业等领域参股设立十余支新兴产业创投基金，累计投资项目近百个，投资金额超过 30 亿元。

4. 建立重大科技成果转化和产业项目统筹工作机制，形成促进创新和产业发展的合力。北京市在全国率先建立了重大科技成果转化和产业项目统筹工作机制，明确了“十二五”期间统筹 500 亿元财政资金用于支持重大科技成果转化和产业化，通过资金统筹，形成促进创新和产业发展的合力。一是建立了央地联动的联席会议统筹机制，依托中关村创新平台，统筹联席会议由 12 个中央单位和 16 个市属单位成员单位组成，统筹协调和总体指导全市重大科技成果转化和产业项目发展。二是创新了统筹资金投入机制，统筹资金 40%以上采用股权投资、资本金注入或基金投资方式。三是形成了重大项目的筛选、发现、评价和管理机制，重点聚焦了以企业为主体的产业化项目和面向重大社会需求的示范应用两大类项目，自 2010 年以来，北京市已统筹安排超过 350 亿元财政资金，支持了全市 750 多个重大项目，取得了显著的经济和社会效益。

（五）主要不足

北京市战略性新兴产业在发展中也遇到的一些问题和挑战，具体如下：

1. 政策体系有待进一步完善，政策制度协同有待加强。战略性新兴产业得到政府和社会各界的重视，各类鼓励支持政策制度不断出台，但是整体政策体系尚有完善空间，特别是各个产业细分领域、不同发展阶段的分类指导性政策存在数量不足；政策制度协同性有待改善，配套政策制度缺乏，导致政策制度系统缺零件，无法高效率、高质量策动运转。

2. 部分领域体制机制问题对产业发展阻力较大。个别地方或主管单位仍有地方保护主义思想或短期行为，缺乏经济全局观念，在政策扶持方面对民营企业信任度不高，部分监管审批制度和法规落后于发展实际，在一定程度上抑制了创新，降低了企业创新的投入意愿。

3. 市场秩序有待进一步规范。由于创新环境、创新能力等方面的问题，创新对整体产业的引领存在不足，企业不愿意在研发方面加大投入，转而集中在产品生产和销售阶段的竞争，产品同质化严重，常常陷入低质低价的恶性竞争。

4. 新兴产业发展面临的资本市场支撑力度不足，新兴产业企业一般都处于高速成长期，资金需求量大，融资难、融资成本高，增添了企业生产经营困难，遏制了企业快速发展的势头。其中融资难主要由于融资渠道少、审批环节不方便快捷导致，融资贵主要是贷款利率高，企业争取到的贷款利率一般在银行基准利率的基础上上浮 10%~30%。

5. 产业链不完善，相关环节缺失，阻碍产业整体发展。战略性新兴产业的发展需要技术、资金、人才、市场的聚集和整体支撑，需要发挥完整产业链的上下游协同效应，就像木桶原理，整个产业的发展速度决定于“短板”，而不是长项，所以一些关键环节和核心技术的缺失，或掌握在外国企业手中，无疑会给整个产业的发展带来阻滞。

二、上海市战略性新兴产业发展

上海市是中国国家中心城市，是全国的经济、科技、工业、金融、贸易、航运和会展中心，是中国最大经济区“长三角经济圈”的龙头城市，拥有中国大陆首个自贸区“中国（上海）自由贸易试验区”。至 2014 年年底，上海市共有常住人口约 2500 万人，其中外来常住人口近 1000 万人。2014 年上海市实现 GDP 达 23561 亿元，比上年增长 7.0%。其中，第一产业增加值 124 亿元，第二产业增加值 8165 亿元，第三产业增加值 15272 亿元，第三产业增加值占上海市生产总值的比重达到 64.8%，按常住人口计算的上海市人均生产总值为 9.7 万元。①

---

① 上海市统计局、国家统计局上海调查总队：《上海市 2014 年国民经济和社会发展统计公报》，载上海统计网，http://www.stats-sh.gov.cn/sjfb/201502/277392.html，2015 年 2 月 28 日。

（一）产业规划

上海产业基础好，自主创新能力强，高技术产业自主知识产权拥有率近 30%，国际化水平高，金融市场和投资机构体系发达，有利于发展战略性新兴产业。

在上海市制定的战略性新兴产业发展“十二五”规划中，确立了“高端化、集约化、服务化，聚焦重点领域，打造技术创新引擎，推动三二一产业融合发展，加快构建以现代服务业为主、战略性新兴产业引领、先进制造业支撑的新型产业体系”的发展思路。在战略性新兴产业领域，上海市决定重点发展五大主导产业：新一代信息技术产业、高端装备制造产业、生物产业、新能源产业、新材料产业，积极培育两大先导产业：节能环保产业和新能源汽车产业。

（二）主要举措

上海市通过组织实施大规模集成电路专项、高技术服务业专项等 15 个重大专项工程，来培育和发展战略性新兴产业。上海市从六个方面提供了有力的政策制度保障措施，营造有利于战略性新兴产业发展的良好环境：（1）积极培育企业主体，提供财税支持和针对性、个性化服务。（2）推进科研成果转化，着力解决产学研合作的权益分属问题。（3）强化人才激励，创新人才培养。（4）创新科技金融产品，健全金融服务机制。（5）创新政府支持方式，改善政府服务和管理。（6）深化国际合作，汇聚全球创新资源，培育国际化品牌。

（三）主要成效

加快培育和发展战略性新兴产业，对上海提高自主创新能力，转变发展方式，调整产业结构，构建新兴产业体系，增强国际竞争力，建设资源节约型和环境友好型社会，做出了积极贡献。

1. 战略性新兴产业成为上海市产业结构优化升级的重要支撑。据上海市统计局公布的信息，2014 年上海市战略性新兴产业增加值3453亿元，比上年增长7.4%，占上海市生产总值的比重为14.7%。新技术、新产业、新模式、新业态发展亮点不断涌现，以互联网为基础的互联网金融、移动互联网、平台经济蓬勃发展。

2. 自主创新能力进一步提高，战略性新兴产业研发投入进一步提高。上海市通过组织实施科技惠民计划、产业技术创新工程，加快产业技术研究院建设，深化与中科院、中电、中船等国家级研发机构的合作，引导和鼓励民办科研机构发展，促进军民科技融合发展，全面落实“科技文化融合三年行动计划”等举措，围绕重点领域和方向，健全完善应用技术体系，对接产业需求，引导企业和科研机构开展协同创新，加快推动关键技术研发和创新成果的转化应用，加快新兴产业培育和发展，自主创新能力有显著提升。

3. 培育和引进并举，发展壮大一批龙头骨干企业，注重打造完整的产业链。上海作为长三角经济区的龙头，在改革开放进程中，通过承接国际产业转移，率先完成工业化，并顺利进入后工业化阶段。在后工业化阶段，上海在城区范围内集中打造总部经济、做强高端研发和营销拓展，而将生产加工基地向苏浙皖转移。在发展战略性新兴产业方面，上海延续了这种发展思路，一方面吸引国际著名大企业落户上海，主动引进先进技术，另一方面努力培育和壮大本土企业，并在长三角经济区范围打造完成的产业链，以整体优势提升产业竞争力。如在射频识别芯片和智能卡领域，上海培育发展聚集了华虹集成电路、复旦微电子等一批领军企业和一批电子元器件加工企业，形成了从芯片设计、生产到应用系统开发的国内技术最先进、规模最大、产业体系最完整的产业链。此外，随着上海自贸区的设立，一大批技术先进、机制灵活的创新型中小企业发展迅猛。上海还计划在“十二五”期间培育产值超100亿元的龙头企业10家，培育上市企业50家。

4. 上海的战略性新兴产业空间布局比较科学合理，嘉定等沿边产业带、宝山等沿海产业带，闵行等中部产业轴，以及“中环”高新技术服务产业带基本成型，建立起若干创新能力强、特色鲜明的战略性新兴产业示范基地。

5. 上海充分发挥龙头带动和辐射示范作用，积极与周边省市的产业互动和共同发展，有力地带动长江三角洲经济区的战略性新兴产业发展，产业创新成果向长江经济带乃至全国转移扩散。

（四）主要不足

1. 上海市较早进入后工业化阶段，其传统工贸观念对科技迅猛发展带来的挑战和冲击还不适应，而这也对战略性新兴产业的发展有一定影响，特别是上海自贸区获批设立后，上海市将更多的精力投入到自贸区的发展建设之中。仅2014年前5个月上海自贸区税收、经营总收入、进出口总额同比增幅均超过10%，合同外资同比更是增加近9倍。自贸区的改革红利凸显并扩散，如率先实施的企业注册认缴制已在全国推广；小额外币存款利率放开已在上海全市推行，等等。但将上海自贸区建设与战略性新兴产业全面有机地结合起来，尚需要进一步研究和实践。

2. 产学研结合不紧，自主创新能力有待加强。上海的科教优势显著，但是科技成果本地转化率不高，科研优势尚未充分发挥，成果产业化中介机构少。国有企业创新动力不足，技术研发投入不足。创新水平较高的跨国公司研发中心垄断技术，与本土自主创新体系关联度不高。民营企业实力还不强，缺少行业领先的龙头企业。

3. 高端人才队伍建设还不强，人才激励机制尚需完善。上海战略性新兴产业高端人才总体上还偏少，在企业一线工作的高端人才更是缺乏，超过一半科研力量集中在高校和科研院所，这些科技人才一般不愿向企业流动。人才激励机制需要进一步完善，要使科技人员的创新成果更多地参与产业化收益的分配，要提供有竞争力的薪酬制度和激励政策，吸引世界科技和产业一流人才来上海工作。

4. 需要进一步深化综合改革，创新管理体制和运行机制，形成有利于新技术、新产品进入市场的制度保障；要加大先行先试的力度，更好地发挥上海金融优势、科教优势，提供完善的金融和科技服务。

三、广东省战略性新兴产业发展

广东省是中国排名第一的经济大省，国内生产总值连续多年领先大陆各省市区，经济总量占到全国的10%以上。据《2014年广东省国民经济和社会发展统计公报》发布的内容，2014年广东省实现地区生产总值67792亿元，占当年全国国内生产总值636463亿元的10.7%，其中第一产业增加值3167亿元，第二产业增加值31345亿元，第三产业增加值33280亿元；在现代产业中，高技术制造业增加值7564亿元，同比增长11.4%；先进制造业增加值14104亿元，增长9.2%；现代服务业增加值19438亿元，增长9%。2014年广东人均GDP达到63452元，超过1万美元。[①]

（一）产业规划

广东省的战略性新兴产业起步早、行动快、力度大、成效显著，与京津地区、长三角地区相互呼应，对全国战略性新兴产业发展有较好的示范带动作用。在战略性新兴产业发展"十二五"规划中，广东省选择了8个领域作为战略性新兴产业发展重点，顺序依次如下：高端新型电子信息、新能源汽车、半导体照明（LED）、生物、高端装备制造、节能环保、新能源、新材料，计划到"十二五"末期，全省的战略性新兴产业总产值超过2.5万亿元。

（二）主要举措

广东省根据战略性新兴产业发展的现实基础、资源条件、未来发展趋势，结合区域产业发展阶段特征，以打造"一轴两带"和实施"六大工程"为抓手，推进战略性新兴产业发展。"一轴两带"，即广深研发创新轴、珠三角主体产业带、东西北特色产业带。"六大工程"包括：（1）产业发展创新工程。集中力量突破一

---

① 广东省统计局、国家统计局广东调查总队：《2014年广东国民经济和社会发展统计公报》，载广东统计信息网，http：//www.gdstats.gov.cn/tjzl/tjgb/201507/t20150722_310084.html，2015年2月28日。

批支撑战略性新兴产业发展的关键共性技术，抢占产业技术制高点。(2) 骨干企业培育工程。包括骨干企业培育计划和骨干企业重大项目，发展一批骨干企业，引进一批龙头企业，做强一批优势企业，扶持一批创新型企业。(3) 产业集聚发展工程。通过建设产业核心区、打造重大产业基地、推进重大项目建设、完善配套体系，引导产业集聚发展。(4) 市场应用示范工程。以应用促发展，创新商业模式，重点围绕新能源汽车、LED、新能源产业等培育市场，引导消费模式转变。(5) 产业国际合作工程。深化国际合作，加强粤港澳台交流，拓展国际市场，提升承接国际产业转移的能力，吸引境外资本、技术和人才向广东转移。(6) 人才引进培养工程。引进和培育相结合，积极引进高端人才和创新团队，培养优秀科技人才和职业技能人才。

(三) 主要成效

1. 战略性新兴产业规模位于全国前列，正逐步成长为新的经济增长点，为广东省实现“稳增长、调结构”提供了有力的支持。据广东省统计局公布的数据，2015 年 1—7 月，广东规模以上工业实现增加值 16229 亿元，同比增长 7.4%；实现利润总额 3021 亿元，同比增长 7.5%。工业企业利润增长主要受计算机、通信和其他电子设备制造业的大企业拉动，计算机通信和其他电子设备制造业实现利润 689 亿元，增长 17.3%，占规模以上工业利润总额的 22.8%。① 广东的 LED 封装产量占全球近一半，新能源汽车动力电池产量约占全国的 40%，居全国首位。

2. 掌握了一批关键核心技术。2014 年广东省全年专利申请总量 278351 件，增长 5.3%；其中，发明专利 75148 件，增长 8.9%；专利授权量 179953 件，增长 5.6%。②

---

① 广东省统计局：《2015 年 1—7 月广东经济运行简况》，载广东统计信息网，http：//www.gdstats.gov.cn/tjzl/tjkx/201508/t20150817_312261.html，2015 年 8 月 17 日。

② 广东省统计局、国家统计局广东调查总队：《2014 年广东国民经济和社会发展统计公报》，载广东统计信息网，http：//www.gdstats.gov.cn/tjzl/tjgb/201507/t20150722_310084.html，2015 年 2 月 28 日。

3. 培育壮大骨干企业。广东省在高端新型电子信息产业、新能源汽车、高端装备制造、生物医药产业培育了一批优势企业，其中包括华为、中兴、广晟、金发科技、广药集团、华大基因等一大批科技含量高、有核心优势的行业龙头企业。

4. 产业集聚发展态势良好。珠江三角洲地区已形成了若干规模超千亿元的新兴产业，成为全国电子信息、新型显示、半导体照明、太阳能光伏、生物医药、新材料、电动汽车等产业的重要集聚地。

5. 充分调动民营企业活力，企业创新意识增强。在政策的推动下，随着战略性新兴产业的发展和壮大，以加工贸易为主的广东民营企业意识到这是难得的产业转型机遇，从密切关注到主动投入，并成为新兴产业生力军。民营企业有丰富的市场经验，市场反应灵敏，投入产出意识强，更加注重创新的实用性、市场性，以新能源产业为例，珠三角地区有不少民营企业成功转型成为新能源领域的参与者，广东晶科电子等一批民营企业通过技术创新提升了国际竞争力，实现了企业快速发展。

（四）主要不足

广东省的战略性新兴产业发展还处于培育阶段，仍存在以下不足的方面：

1. 部分产业链不完整，上下游不配套。虽然广东注意打造完整产业链和产业聚集区，以解决产业链的结构完整性和地域空间的集中问题，但是广东重加工贸易的产业传统使企业习惯于聚集到产业链的中下游，即组装加工环节，对于上游研发、试产和关键部件研制、关键技术创新等环节，许多企业都不敢冒风险，或本身就缺乏充足的技术、资金、人才资源而无力涉足。在此种情况下，广东省需要加大对上下游政策支持力度，集中力量突破瓶颈环节，推动总装企业与关键零部件企业之间建立更加有效的合作模式，全面提升产业链各环节协同能效。

2. 产业自主创新能力不强。缺乏自主创新能力，产品附加值较低，产业同构化明显，容易丧失新兴产业的战略意义和战略价值，需要进一步加强自主创新能力，加强创新引领，加强政府统筹规划，引导社会创新主体积极参与，加强科技资源整合共享和高效利用，加快推进重点产业关键核心技术研发和工程化能力建设，强化知识产权创造、运用、保护和管理能力，提高创新效益。

3. 创新金融支持模式，强化财税政策支持。鼓励金融机构加大对战略性新兴产业的信贷支持。支持战略性新兴产业企业充分利用新型金融工具融资。开展新型贷款抵押和担保方式试点。发挥政府资金的引导作用，带动社会资金投向处于创业早中期阶段的战略性新兴产业创新型企业。可适当采用政策贴息、风险补偿等财税政策手段，加大金融体系对战略性新兴产业发展的支持力度。调整部分领域财政政策支持范围，完善补贴发放范围。

4. 政策协同度不够，不同程度地存在地方和行业保护主义思想，政策支持体系有待完善和体制机制改革有待进一步推进。要根据产业发展实际情况，继续完善针对不同领域、不同阶段的产业支持政策，给予尚处在市场启动期的战略性新兴产业更多支持。要加强政策延续性，破除地方和行业保护主义，进一步放宽政策，改进审批环节，提升审批效率，从全国全省全产业的大局出发，支持战略性新兴产业的整体发展。

四、江苏省、山东省、浙江省战略性新兴产业发展

除了北京、上海、广东外，东部地区其他各省（市），包括天津、河北、山东、江苏、浙江、福建、海南等在内，在战略性新兴产业发展方面均得显著成效，尤其是江苏、山东、浙江的工业基础好，区域创新能力强，新兴企业发展快，产业集聚程度较高，培育了一大批优势企业群，产业规模居全国前列，发展经验值得学习研究。

（一）产业规划

国务院颁布加快发展战略性新兴产业的指导意见和相关产业规划以来，东部地区各省份反应快，行动迅速，抢抓机遇，江苏、山东、浙江等工业发达省份，更是围绕战略需求，瞄准世界科技和产

业发展前沿制订方案（见表5-1），精心规划战略性新兴产业，产业发展走在东部地区和全国的前列。

表5-1 江苏、山东、浙江三省的战略性新兴产业重点领域一览

省份	产业数	重点领域
江苏	10个	新能源、新材料、生物技术和新医药、节能环保、物联网和云计算、新一代信息技术和软件、高端装备制造、新能源汽车、智能电网、海洋工程装备
山东	8个	新材料、新一代信息技术、新能源、新能源汽车、节能环保、新医药和生物、海洋开发、高端装备制造
浙江	9个	物联网、高端装备制造、新能源、新材料、节能环保、生物、新能源汽车、海洋新兴产业、核电关联产业

资料来源：江苏、山东、浙江省人民政府网站公布的“十二五”战略性新兴产业规划。

（二）主要经验和发展成效

江苏省高度重视战略性新兴产业发展，省委、省政府主要领导多次主持召开领导小组会议，研究和推进战略性新兴产业发展工作，其发展经验主要有：一是科学定位区域产业发展，构建功能互补、资源适配的产业格局。苏南地区突出高端化发展，注重原始创新，提升国际竞争力，吸纳国际高端创新人才和产业资源，推进高端产业快速发展。苏中地区重点发展高附加值产业链，加强与苏南融合发展，加快战略性新兴产业集聚区建设。苏北地区突出引进合作发展，注重引进消化吸收再创新，培育战略性新兴产业发展的新亮点，加快规模化发展。二是支持区域特色产业发展。以“突出优势、差别竞争、错位发展”为思路，对南京、苏州、无锡、常州、徐州、泰州、扬州、连云港等城市的产业选择，各有侧重，相互支撑，形成特色鲜明、结构合理、实力强盛的新兴产业系统。三

是建设数量众多的特色产业基地。2010年以来，江苏省先后确定了100家省级特色产业基地，共集聚了超过2万家企业，省级以上研发机构近900个，主要涉及电子信息、新材料、生物技术和新医药、光伏、风电装备、环保装备、工程机械、轨道交通、船舶及海工装备、精细化工、精品钢材等。至2013年，这100家基地实现工业总产值3.24万亿元，同比增长近25%。经过近几年的快速发展，江苏省战略性新兴产业规模不断扩大，产业层次持续提升，成功引领和带动了产业结构优化升级，成为了新的经济增长点和动力源，有效促进了发展方式转变。江苏的战略性产业规模领先全国，产业集聚发展态势良好，多个产业规模居全国第一，据《第三次全国经济普查主要数据公报》，截至2013年年底，全国共有战略性新兴产业法人企业16.6万个，江苏有6.7万个，占比重高达四成。

山东省通过发挥半岛蓝色经济区、黄河三角洲、省会城市群、鲁南经济带等重点经济区域的带动作用，实施创新能力建设、产业集聚发展、人才队伍建设、新兴市场培育等四大工程，推进综合配套改革，强化国际技术合作，加大资金和政策支持，引导金融服务，建立了若干带动作用大、配套齐全的产业链，打造了若干国内一流的战略性新兴产业聚集区，培育了一批创新能力强、经济效益好、特色鲜明的产业集群。省财政每年提供不少于10亿元的资金支持战略性新兴产业，鼓励山东半岛蓝色经济发展投资基金、黄河三角洲产业投资基金向战略性新兴产业倾斜投资，吸引中央企业、外资企业、民营企业设立创业投资基金，要求在建设用地方面向战略性新兴产业提供优惠。目前，山东省战略性新兴产业规模不断扩大，自主创新能力逐步提高，带动能力明显增强，呈现出快速发展的良好态势。其中，新医药和生物产业总体规模居全国第一位，海洋生物育种、海洋药物等海洋新兴产业亦走在全国前列。

浙江省实施“百项工程”产业推进计划，每年重点推进100项左右新兴产业重点项目，力求在重大关键技术有所突破的基础上，形成若干产业化项目，建设一批战略性新兴产业创新示范基地。要求各地落实“百项工程”重点项目，在提供土地、用水用电、环境容量等的方面优先安排。浙江还很注重强化标准，支持示范企业的发明专利转化为产业标准，引领技术创新。此外，浙江加强行业协会体系建设，加快发展一批适应战略性新兴产业发展需要的行业协会；以及广泛组织开展培育发展战略性新兴产业发展论坛和专题宣传、科普活动。浙江省的战略性新兴产业发展势头良好，增长速度逐步加快，质量平稳提升。2014 年浙江省战略性新兴产业增加值达 3075 亿元，占规模以上工业 24.5%，同比增长 8.6%，增速比规模以上工业平均水平高 1.7 个百分点，其中新一代信息技术和物联网、新能源、生物产业增长强劲。

第三节 西部地区和东北地区战略性新兴产业发展

一、西部地区战略性新兴产业发展

中国西部地区是指四川、重庆、贵州、云南、广西、陕西、甘肃、青海、宁夏、西藏、新疆、内蒙古 12 个省（自治区、直辖市）在内的广大地区，共有土地面积 681 万平方公里，约占全国总面积的 71%；人口 3.5 亿，约占全国总人口的 26%。西部地区地域广阔，自然资源丰富，是中国重要的能源和原材料基地，已探明储量的矿产多达 161 种，一些稀有金属的储量居全国前列，水力资源蕴藏量占全国的 82.5%，天然气储量占全国总储量的 64.5%，煤炭占全国的 36%，石油占全国的 12%。

由于自然条件和历史的原因，相对东、中部地区，西部地区经济发展水平较低，多数地区产业基础薄弱，科技、教育、文化、卫生等社会事业欠发达。根据国家统计局公布的数据，2014 年西部地区各省（市、区）地区生产总值合计为 13.8 万亿元，约占全国 GDP 总量的 21.7%，其中四川实现地区生产总值 2.85 万亿，为西部最高省份，居全国第八位，多数省（市、区）地区生产总值位于全国前 20 名以后（见表 5-2）。但是，西部地区 GDP 的增长率普遍高于全国平局水平 2~4 个百分点，说明西部地区经济发展正在加速，且已进入一个快速发展通道。

表 5-2 **2014 年西部各省（市、区）地区生产总值及增长率**

省市	GDP（亿元）	GDP 总量在全国各省市区的排序	较上年增长率
全国	636462.7	—	7.4%
四川	28536.66	第 8	8.5%
内蒙	17769.51	第 15	7.8%
陕西	17689.94	第 16	9.7%
广西	15672.97	第 19	8.5%
重庆	14265.40	第 21	10.9%
云南	12814.59	第 23	8.1%
新疆	9264.10	第 25	10.0%
贵州	9251.01	第 26	10.8%
甘肃	6835.27	第 27	8.9%
宁夏	2752.10	第 29	8.0%
青海	2301.12	第 30	9.2%
西藏	920.83	第 31	10.8%
2014 年西部地区 12 省（市、区）GDP 总量（亿元）			138073.5
2014 年西部地区经济占全国的比重			21.7%

资料来源：国家统计局网站地区数据，http：//data.stats.gov.cn/。

由于经济社会发展的历史原因，西部地区传统的产业结构不合理，第一产业、第二产业比重大，第二产业中的原材料工业和粗加工工业比重大，多采用粗放式资源开采与加工方式，企业技术、设备、生产方式相对落后，人才流失严重，单位 GDP 的能耗和污染都比东、中部地区高很多，是典型的过度依赖资源消耗型发展方式，可以说，西部地区传统的发展方式、产业模式对自然资源的浪费巨大，对生态环境的破坏严重，据统计，全国有一半的生态脆弱县和60%的贫困县在西部。发展战略性新兴产业是缓解资源环境瓶颈制约、促进产业结构升级和经济发展方式转变、增强区域竞争力的重要途径，西部地区省份对培育和发展战略性新兴产业高度重视，均出台了促进产业发展优惠政策和相关产业规划，结合本区域产业基础和优质资源，加大新兴产业扶持力度，鼓励自主创新，积极引进和培养人才，部分区域特色产业链已经出现雏形，并产生了良好的示范效应。由于西部地区包括的省份较多，本书选取战略性新兴产业发展情况好、特色鲜明的四川、重庆、陕西、内蒙古4个省（区、市）作为代表，对西部地区的战略性新兴产业发展情况作一定分析。

（一）产业规划

西部地区的资源禀赋和产业基础与东、中部地区差别较大，12个省（区、市）之间的经济和社会发展水平差别也较大，各省（区、市）战略性新兴产业的发展基础、条件和发展方向、重点也不尽相同，其中四川、重庆、陕西、内蒙古的战略性新兴产业发展水平相对较高，自主创新能力较强，产值较大，因此以下选取四川、重庆、陕西、内蒙古为代表，分析西部地区战略性新兴产业发展情况，首先是产业规划，具体见表5-3。

表5-3　**西部地区代表性省（区、市）战略性新兴产业规划情况**

省（区、市）	领域个数	重点发展领域及顺序
四川	6个	新一代信息技术、新能源、高端装备制造、新材料、生物、节能环保
重庆	7个	新一代信息产业、高端装备制造、新能源汽车、节能环保、新材料、生物、新能源
陕西	7个	高端装备制造、新一代信息技术、新能源、新材料、生物、节能环保、新能源汽车
内蒙古	8个	新材料、先进装备制造、生物、新能源、煤炭清洁高效利用、电子信息、节能环保、高技术服务业

资料来源：四川省、重庆市、陕西省、内蒙古自治区等省（区、市）人民政府网站公布的“十二五”战略性新兴产业规划。

（二）主要举措

四川省组织实施18项产业创新发展重大工程和应用示范重大工程，强化科技创新和资源共享，打破部门壁垒和条块分割，推进核心技术成果产业化和推广市场应用，扶持骨干企业，促进产业聚集，深化体制机制改革等举措，加快战略性新兴产业发展。

重庆市通过集中优势资源，积极开放引进，培植龙头企业，促进集群发展，全力推动“2+10”产业链集群建设，即打造“亚洲最大笔记本电脑研发生产基地”和“国内最大离岸数据开发处理中心”2个全球性产业基地，着力培育“通信设备、集成电路、轨道交通装备、新能源汽车、环保装备、风电装备、光源设备、新材料、仪器仪表、生物医药”等10个“千百亿级”产业集群，加快培育和发展战略性新兴产业。

陕西省凝练出“产业发展集群化，集群发展园区化”的发展思路，打造航空、卫星应用、物联网、集成电路等11个特色产业链，配套实施知识创新工程等6大创新工程，构建完整的创新体系，支撑战略性新兴产业发展。

内蒙古自治区政府制定了《战略性新兴产业发展规划(2013—2020年)》，明确了战略性新兴产业中长期发展重点方向和主要任务，提出了10项重大工程和相关政策扶持、财税金融支持、市场环境、人才引进培育、经济技术合作5个方面的保障措施，将对加快发展战略性新兴产业和转变发展方式产生强大推动作用。

其他省份也对战略性新兴产业的发展给予了高度重视，纷纷发布了战略性新兴产业发展规划，并针对不同产业提出了相应的产业发展计划或重点建设项目，从省级政府到省发改委、经信委等部门，再到地市州县，到产业基地或产业园区，都提出了一系列优惠政策、扶持措施和考核制度。

（三）主要成效

西部地区战略性新兴产业的发展成效相对东中部地区，在产业范围覆盖、产业链、技术水平、产值、产业增加值方面不占优势，但是在西部地区各省（市、区）的努力推动下，西部地区的战略性新兴产业规模不断扩大，发展速度高于传统产业，技术水平不断提升，并结合自然禀赋和产业基础，形成了一些特色产业链，在新能源、新材料、节能环保等领域形成了一定的竞争优势。主要成效如下：

1. 战略性新兴产业为西部地区经济转型升级提供了发展方向和有力支撑。在新时期、新形势下，战略性新兴产业经济效益好，主营业务收入增长率和盈利能力普遍高于工业平均水平，战略性新兴产业在西部地区国民经济中所占比重持续提升，对规模以上工业增长的贡献明显，有力地支撑了西部地区经济社会发展。在全球经济低迷、全国经济下行压力加大和中央决定坚决淘汰过剩落后产能的形势下，西部地区经济持续保持高于全国平均水平的高增长率，战略性新兴产业做出了重要贡献，形成了新的经济增长点和投资热点，为产业转型提供了有力支撑。

2. 自主创新能力有所提升，围绕产业技术创新，集中力量突破了一批关键核心技术。如，在新材料领域，四川的芳纶和玄武岩纤维研发水平已进入国际先进行列，聚苯硫醚树脂和纤维技术处于全国领先水平，碲化镉/硫化镉等材料技术填补国内空白。重庆在抗癌新药（HC-1 康布瑞汀磷酸二钠）、胃病疫苗、超声医疗设备、微系统医疗器械等方面突破并掌握了一批核心技术，数十种原料药获得美国 FDA 认证并大规模出口。内蒙古在稀土核磁共振影像、大型电动轮矿用车、蒙药开发、动植物育种、通信级塑料光纤、高强有机纤维、高容量热储能复合新材料等方面自主创新能力显著增强。此外，西部地区以发展战略性新兴产业为契机，积极筹备建设了一批国家重点实验室、国家级工程研究中心、企业技术中心，吸引和培养了一批高水平人才，为提升自主创新能力打下了良好基础。

3. 通过产业集聚发展，逐渐形成了一些特色优势产业，产业链不断延伸，辐射带动效应显现。西部地区是全国重要的能源基地，经过培育和发展，西部地区在新能源产业方面形成了领先于全国各区域的比较优势。李应博、李燕在研究战略性新兴产业在不同地区的区位熵时，认为新能源产业在西部地区具有较强优势，在具有强比较优势的7个省中，6个在西部地区。从资源分布来看，包括西藏、青海、新疆、甘肃、宁夏、内蒙古在内广大地区的日照时数和总辐射量为全国最高，太阳能资源富集；除沿海地区外，新疆、甘肃、内蒙古等地是中国风能资源最丰富的地区；西部地区的水力资源蕴藏量占全国的82.5%，天然气储量占全国总储量的64.5%，等等。西部地区也非常注重新能源产业的发展，新能源产业被全部省份列为发展重点领域，内蒙古更是在新能源产业之外，单独增列了煤炭清洁高效利用产业，持续快速增长。

（四）主要不足

1. 产业竞争力弱。西部地区战略性新兴产业基础薄，总体规模小，发展层次较低，产业规模、技术水平与实力、产值与增加值等指标和东部地区相比较差距显著，东部地区不少战略性新兴产业的产值已达万亿级规模，西部地区多数省份的战略性新兴产业尚停留在百亿规模，千亿级规模的新兴产业寥寥可数。由于产业规模小，技术水平不突出，加之地理条件差、交通困难、气候恶劣、文化教育卫生欠发达等因素，西部地区战略性新兴产业的发展受到较大的制约，竞争能力相对较弱。

2. 创新能力不强。西部地区研究机构总量少，国家级科研平台匮乏，科研力量弱，高水平人才严重缺乏，有的人才引进后也很难长久留下，企业研发投入不足，研发经费低于全国平均水平，自主创新能力和产业创新技术体系建设有待进一步加强。

3. 政策体制环境有待进一步优化。需进一步改善财政、税收、融资及其他配套优惠政策，加大对新兴企业的支持力度。还要注重对战略性新兴产业市场环境的改善和市场需求的引导，除少数大城市外，西部广大地区居民收入消费水平较低，对新兴产业的产品需求不旺，仅靠政府采购渠道或者强制摊牌消费，都是不利于营造良好市场环境的手段，要出台对企业、对消费者使用高科技、高性能、节能绿色新兴产品和技术的普惠性鼓励政策，只能减少而不能变相增加他们的负担，同时加大宣传教育，加强市场引导，改善市场环境，调动投资者、研发者、生产者和消费者多方面的积极性。

4. 民营企业和中小企业的活力有待进一步激发。国有大中型企业是体制内生产经营单位，政策调动性较好。民营企业和中小企业往往不愿意承担新技术研发风险，习惯于传统产业的技术和市场，但是它们有资金、设备、厂房、人力资源的基础，将它们的这些基础条件转化为发展战略性新兴产业的要素，是加快战略性新兴产业发展的重要潜力，因此，要发动广大民营企业和中小企业，调动它们的积极性，激发它们的投资热情和参与度。

二、东北地区战略性新兴产业发展

中国东北地区，一般指包括辽宁省、吉林省、黑龙江省在内的东北三省（有的时候，也将内蒙古自治区的呼伦贝尔市、兴安盟、通辽市、赤峰市和锡林郭勒盟等内蒙古东部地市划入中国东北地区范围，但在国家统计局关于东北地区的经济社会事业统计中没有计入，本书为了避免重复，也没有将蒙东地市计入东北地区），土地面积 79 万平方公里，约占全国总面积的 8%；总人口 1.1 亿，约占全国总人口的 8%，2014 年东北三省 GDP 总量为 57469.79 亿元（其中辽宁 28626.58 亿元、吉林 13803.81 亿元、黑龙江 15039.40 亿元），约占全国 9%。东北地区土地肥沃，动植物和矿产资源丰富，森林面积达 3900 万公顷，森林覆盖率近 40%，铁、硼、菱镁石、金刚石、滑石、玉石、油母页岩、溶剂灰岩等矿产的储量均居中国首位，石油、天然气储量分别占全国的 15% 和 10%，是中国重要的粮食、林业、矿产、能源供应基地。东北地区是中国传统工业尤其是重化工业的重要基地，拥有钢铁、石油、化工、煤炭、汽车、飞机、造船、机械、军工等为主的比较完整的工业体系，拥有大庆油田、吉林油田、辽河油田，抚顺、鸡西、鹤岗等大煤矿，鞍山钢铁、本溪钢铁等重要的钢铁企业，还有一汽集团这一连续多年汽车产销量居全国前列，2014 年位列世界 500 强企业第 111 位的老牌汽车企业。东北老工业基地曾被誉为国家工业摇篮，为新中国重工业的发展建设作出了历史性贡献。改革开放以来，由于体制性约束和结构性矛盾，资源逐渐枯竭，企业研发能力、生产设备、工艺技术日益落伍，产品竞争力下降，非生产性社会负担沉重，东北地区的经济社会发展逐步变慢，与东、中部地区的发展差距不断拉大。

2003 年 10 月，中共中央、国务院发布《关于实施东北地区等老工业基地振兴战略的若干意见》（中发〔2003〕11 号），启动了振兴东北战略。东北地区等老工业基地振兴战略实施以来，东北地区经济社会发展不断加快，地区生产总值增长率明显高于全国平均水平，逐步缩小与全国的发展差距。东北地区率先实行了免除农业税等惠农政策，国有企业改组改制进展顺利，资源型城市转型试点逐步推进，产业结构调整步伐加快，企业技术进步成效明显，基础设施建设不断改善，环境保护取得积极成效。2009 年 9 月，国务院发布了《关于振兴东北老工业基地的措施》（国发〔2009〕33 号），进一步充实振兴战略的内涵，总结振兴工作经验，巩固已经取得的成果，妥善应对国际金融危机，激发东北地区的发展潜力。2014 年 8 月，国务院发布了《关于近期支持东北振兴若干重大政策举措的意见》（国发〔2014〕28 号），针对体制性、结构性等深层次矛盾有待进一步解决，节能减排、结构调整任务艰巨，给经济下行带来的压力巨大，经济增速持续回落，部分行业生产经营困难，巩固扩大东北地区振兴发展成果、努力破解发展难题、依靠内生发展推动东北经济提质增效升级，提出了 11 个方面，共计 35 条指导性意见，支持东北地区全面深化改革、创新体制机制、实现经济社会持续健康发展。其中，第 10 条明确指出："支持战略性新兴产业加快发展，对东北地区具有发展条件和比较优势的领域，国家优先布局安排。积极推动设立战略性新兴产业创业投资基金。国家集中力量扶持东北地区做大做强智能机器人、燃气轮机、高端海洋工程装备、集成电路装备等新兴产业，形成特色新兴产业集群。"

（一）产业规划

东北三省均把发展战略性新兴产业作为加快经济社会发展、实现发展方式转变的重要支撑，制定了战略性新兴产业发展规划，确定了重点领域和发展方向，具体见表5-4：

表5-4 东北三省战略性新兴产业规划情况

省份	领域个数	重点发展领域和顺序
辽宁	5个	新一代信息技术、新能源、新材料、生物、节能环保
吉林	10个	生物化工、新能源汽车、生物医药、电子信息、新材料、新能源、先进装备制造、节能环保、旅游产业、文化产业
黑龙江	6个	新能源、新材料、高端装备制造、生物产业、新一代信息技术、节能环保

资料来源：辽宁、吉林、黑龙江等省人民政府网站公布的“十二五”战略性新兴产业规划。

（二）保障措施

辽宁、吉林、黑龙江三省高度重视战略性新兴产业的发展，牢牢把握住国家振兴东北老工业基地的历史机遇，积极争取中央政府支持，大胆改革体制机制中的弊端，集中各类资源，鼓励战略性新兴产业快速发展，主要措施如下：

1. 建立健全统筹协调机制，强化政府对战略性新兴产业发展的宏观指导，充分研究和广泛征求意见的基础上制定出台产业发展规划，加强相关部门在重大项目审批、政府资金投放等方面的协调配合，加强行业协作，形成推进战略性新兴产业发展的合力。

2. 完善相应科技及产业政策，制定包括财政、金融、土地、环保、政府采购、人才等在内的系列优惠政策，为战略性新兴产业发展提供有力的政策保障。

3. 以重大产业工程为依托，以产业基地和产业园区为载体，促进生产要素向最适宜区域的战略新兴产业集中，实现资源的优化配置，强化产业集聚，推动产业快速发展。

4. 鼓励企业加大研发投入，发挥专项资金的引导作用，支持符合条件的新兴企业在境内外上市融资或通过发行公司债券融资，建立和健全投融资担保体系和风险投资机制，多渠道筹集资金，建立面向战略性新兴产业发展的多元化投融资体系。

5. 发挥各类开发区特别是高新技术园区和产业基地的功能，聚集创业投资机构、技术转移机构和科技中介服务机构，培育战略性新兴产业。大力发展研发、设计、信息、创业、风险投资、技术交易、知识产权和科技成果转化等高技术服务业，为产业创新提供有力支撑。

6. 扶持中小企业，大力发展民营企业，出台促进科技型中小企业发展的相关鼓励政策，调动中小企业在发展战略性新兴产业中的积极性。

7. 通过教育培养，支持组建研发团队，吸引省外、国（境）外优秀人才等措施，加强人才队伍建设，为战略性新兴产业发展提供长期智力支撑。

8. 完善合作机制，强化国际合作与交流，探索合作新模式，提高国际化发展水平，积极推进战略性新兴产业发展。

（三）主要成效

东北地区各省抢抓机遇，深化改革，以创新为动力，大力培育和发展战略性新兴产业，经济社会发展取得了前所未有的好成绩。

1. 战略性新兴产业成为东北地区经济增长的生力军。以辽宁省为例，2004 年辽宁省 GDP 仅有 6672 亿元，到 2009 年增长到 15200 亿元，到 2014 年增长到 28627 亿元，不到 10 年时间，GDP 增长了 4 倍多。吉林和黑龙江也同样翻了两番。其中，对 GDP 贡献最大的是工业增加值，以高新技术、高增长为特征的战略性新兴产业为地区工业增加值的增长做出了重要贡献。据辽宁省统计局发布的数据，2013 年辽宁省规模以上工业企业高新技术产业增加值接近 6000 亿元，较上年增长 26%，占全省地区生产总值的比重达到 22%；2014 年辽宁省规模以上工业企业高新技术产品增加值比上年增长 7.8%，占规模以上工业增加值的比重由上年的 43.9% 提高到47.2%。

2. 促进地区产业结构优化升级。要振兴东北老工业基地，促进产业结构转型升级是必由之路。产业结构优化升级必须依靠创新，一方面用先进技术改造提升传统产业，另一方面大力发展先进新兴产业。东北地区通过鼓励发展战略性新兴产业，较好地促进了经济转型，其发展逐步加快。例如，促进传统钢铁产业向新材料产业靠拢，传统汽车产业向新能源汽车产业进军，用信息化、绿色化改造装备制造产业等，有效提高了冶金、汽车、石化、装备制造产业的市场竞争力。

3. 战略性新兴产业在全国范围形成了一定的特色和优势。辽宁在高端装备制造领域、节能环保领域确立了全国领先的优势。沈阳机床集团成功研发了世界首台智能化数控机床，i5系列智能机床的销售情况不断超越预期。辽宁通过建立示范性的节能环保产业园，全省节能环保产业以年均30%的高增长率持续数年增长，形成了沈阳再生资源综合利用和环境服务业集聚区，辽东半岛沿海经济带环保装备业集聚区，成为环渤海节能环保产业聚集区的重要组成部分。

4. 自出创新能力有明显提升。依靠创新驱动发展的思想逐渐深入人心，科技人才和知识产权被日益尊重，研发投入逐步加大，企业创新能力持续提升，创新创业服务体系逐步完善，企业研发机构、科技孵化器纷纷设立并发展重要作用。朝阳立塬开发的“电容型锂离子电池”达国际先进水平，以其为动力系统的纯电动长途客车最高时速可达110公里/小时，并已应用到国内首批投入高速公路运营的纯电动客车上；辽河石油装备公司自主研发建造的CP-300自升式钻井平台、5000米深液压钻机填补了国内空白，并已应用到海洋石油开采领域；昌图远大公司自主研发的可拆螺旋板式换热器、智能换热机组达国内领先水平，已在九泉钢铁公司、山西焦化等地使用。

5. 产业聚集发展成效显著。辽宁省着力发展13个高新技术特色产业基地，基地主导的战略性新兴产业集群发展迅速，2013年实现销售收入超过2500亿元，年均增长40%，特色产业基地已成为区域经济发展、结构调整、资源型城市转型的重要推动力量。吉林的生物医药产业产值规模超过500亿元，其中现代中药生产规模居全国首位。黑龙江依托中国一重集团、齐重数控机床集团、齐二机床集团等企业发展重型数控机床，部分产品达到世界领先水平，主导产品产量居世界第一。

（四）主要不足

东北地区战略性新兴产业发展的不足之处主要有：

1. 由于传统产业比重大，产业经济对传统工业的依赖性强，淘汰落后产能和调整产业结构的任务重，宏观经济下行压力大，政府和投资方对发展新兴企业存有担忧，担心发展新兴企业会进一步加剧产能过剩，对东北地区战略性新兴产业快速发展和规模形成一定的制约。东北地区对传统产业技术改造更积极主动，对需要投入大量研发资源的新领域相对不敏感，使技术高、潜力大的一些新兴产业发展不够快，如东北三省计算机及信息产业发展速度都明显落后于东、中部地区。

2. 战略性新兴产业的产业结构和产品结构不尽合理，自主核心技术少，战略性新兴产业的产品结构中高技术比重偏低，高新技术生产依靠传统行业支撑，如辽宁省统计的战略性新兴产业产值中属于新产品的不到20%，出现所谓的“新技术不高，高技术不新”的格局。这样的结构，造成了战略性新兴产业的产品销售收入不稳定，增长乏力，部分企业的生产持续下降。

3. 自主创新能力有待加强，以企业为主体的技术创新体系尚未完全形成。多数企业研发水平较低，高端研发人员少，自主创新能力相对薄弱，高水平重大成果不多，无法支撑产业升级发展。企业、科研院所、高校等研发资源整合不够，致使一些重点领域的研发难以突破。

4. 体制机制问题仍然存在，发展环境有待优化。体制中还有一些不顺畅的方面、机制也有失效失能的环节，导致科研与生产、科技与经济、技术研究与应用研究、新产品与推广应用、区域和部门统筹等还存在种种不协调的地方。在财税金融、知识产权等方面鼓励政策还有待加强。人才总量、结构和素质还不能适应新兴产业快速发展的需要。

5. 战略性新兴产业投资不足。发展战略性新兴产业投资大、风险高，社会资本对新兴产业投资热情不高，风险投资少，政府资金支持有限，企业研发投入和技术改造资金严重不足，导致一些优秀项目融资困难，资金瓶颈制约明显。

第四节　中部地区与国内其他地区战略性新兴产业发展比较

中国是一个历史悠久、地广物博、人口与民族众多的大国，由于历史进程、社会阶段、自然条件、地理交通等因素，中国各地的经济和社会发展程度很不均衡。新中国成立以来的60多年，由于政治、经济、社会、文化等的原因，产业和技术进行了多次的集中或转移，使不同区域的产业发生历史性的变化，或兴旺，或衰落。东、中、西和东北地区四大经济板块的战略性新兴产业既有各自不同的发展特点，又因为产业领域的部分同质重复而相互竞争；既有合作发展，又有优胜劣汰，呈现一种新的竞争态势。战略性新兴产业是以重大技术突破为基础、面向重大发展需求的产业，以知识技术密集、物质资源消耗少、成长潜力大、综合效益好为重要特征，战略性新兴产业的竞争不同于传统产业的竞争，是新领域、新技术、新市场、新起点的竞争，各个地区如果把握好发展契机、利用好资源环境、规划好发展方向、齐聚有效资源、大胆创新体制机制，就可以在新一轮产业竞争中强化竞争力和夯实发展实力，形成发展特色和竞争优势。

为了研究分析产业竞争力，迈克尔·波特提出钻石理论分析模型①，此理论主要用于分析不同国家或地区的特定产业在国际市场上的竞争力。钻石理论认为，生产要素、需求条件、关联产业、企

① 迈克尔·波特：《国家竞争优势》，李明轩、邱如美译，中信出版社2012年版，第59页。

业的发展战略和竞争对手的表现，是衡量一个国家或地区某种产业的现实竞争力或者发展潜力的四大主要因素，此外还有政府和机遇两个外部影响因子。四个主要因素之间相互作用、相互牵制，形成“钻石模型”，政府和机遇在外部发挥重要的影响作用。

一、中部地区与东部地区战略性新兴产业发展比较

新中国成立初期，为了加强国防建设、加快经济复苏和社会发展，中央政府通过行政手段，将大量生产资源，如技术人员、先进设备、劳动力生力军、原材料等集中到一些工业基础较好的区域，如东北重工业区以及华东、华北、中南工业区，大力发展钢铁、石油、煤炭、军工、铁路、桥梁、汽车等重工业。

20 世纪 60 年代中期，面对紧张复杂的国际局势，中央政府提出“三线建设”，让一批与国防相关的工业、科技、人才从东北地区和东部地区向西部地区和中部部分地区进行战略转移，在中西部 13 个省（区）进行大规模国防、科技、工业和交通基本设施建设，建立战略大后方。“三线建设”使中西部地区的工业和科研能力迅速提高。

十一届三中全会以后，国家批准在沿海地区建立经济特区，开放沿海港口城市，使沿海地区成为吸引外资和国际产业转移的聚集地，沿海地区自古就有重商传统，为外资企业、乡镇企业、私营企业的发展提供了空间，东部沿海地区逐步发展成为经济最活跃、资本密集、技术密集的区域。随后的社会主义市场经济建设不断推进，东北地区、中西部地区的国有工矿企业很快就丧失了计划经济时期占有的大部分国内市场，产能迅速萎缩，甚至停产倒闭，产业急遽衰落。

20 世纪 80 年代，为了加快经济社会发展，由于沿海地区开放基础较好，中国首先实施了鼓励沿海地区率先发展战略，鼓励珠江三角洲和长江三角洲地区加快对外开放和率先发展，东部沿海地区迅速成为中国经济高地，有效地拉动了中国经济快速增长，并对中西部地区起到了一定的示范和带动作用。随后，从国民经济发展全局出发，按照效率优先、兼顾公平的原则，为了提高宏观经济效

益，促进地区经济协调发展，中央政府对区域经济发展布局做出重大调整，进一步提出和实施了西部大开发战略、振兴东北地区等老工业基地战略、中部崛起战略。这些战略逻辑清晰、层层递进、相互衔接、相互支撑，取得了重要的阶段性成果。

在战略性新兴产业发展方面，东部地区把改革开放取得的先发优势转为战略性新兴产业的发展优势，产业发展速度和发展规模领先全国其他地区，并培育出一批有区域特点的产业集群。虽然中部地区经济总量和人均 GDP 等都难与东部地区匹敌，但是战略性新产业发展迅速，正在逐渐形成自己的优势领域和特色发展方向。

中部地区与东部地区战略性新兴产业培育和发展，既有相似之处，又有显著差别。

（一）相似之处

1. 产业发展领域选择有一定的相似性和重复性。虽然有一些省（市）的战略性新兴产业重点领域有自己的特色，但是东部地区和中部地区在战略性新兴产业方面所选择的重点领域大部分相同或者近似，尽管国务院文件中确定的国家重点发展的 7 大产业领域对各省的产业选择有显著影响，可是东部地区和中部地区的不同省份，在自然禀赋和产业基础上的差别应该是比较明显的，可惜的是两个区域内的绝大多数省份，在战略性新兴产业重点领域的选择方面有明显的同质化倾向，所选择的产业重叠率高，容易形成重复建设、恶性竞争的势态。

2. 发展政策和产业规划相似。比较东部地区和中部地区各省的战略性新兴产业发展政策，具有很大的相似性，各省市区都表示要对战略性新兴产业的发展给予财税、金融支持等方面的政策扶持，并采取措施进行体制创新和制度创新，发展政策和制度高度相似。除此之外，东、中部地区的产业发展规划亦相近。东部地区和中部地区各省在发展战略性新兴产业方面所制定的产业发展规划基本上大同小异，不排除产业规划的制定机构互相学习借鉴，求同的多，求异的少，特别是中部地区省份的规划，与本地产业基础、技术和人才优势、市场条件的实际情况结合不紧密，若过于追求与东部地区相同的发展思路，容易在新一轮区域竞争中处于劣势地位。

3. 战略性新兴产业在区域国民经济结构中的作用和地位相似。无论是东部地区，还是中部地区，战略性新兴产业均是国民经济结构中最活跃的产业，技术含量高，产业增长速度和利润率均明显高于一般工业平均水平，对产业结构调整优化起到了重要的支撑作用。但是战略性新兴产业与传统优势产业的规模还不能相提并论，在经济结构中还没有占主导地位，受市场占有率不稳定、投资不足、投资与技术风险高等因素的影响，产业规模扩张缓慢，或因推广难度大、市场竞争压力强而出现产能过剩，这样导致多数战略性新兴产业是“游击队”，而非“正规军”，居辅助和策应地位。

（二）显著差别

1. 在全国所占比重差别明显。国务院在发展战略性新兴产业的决定中明确要求，到2015年战略性新兴产业增加值要达到国内生产总值的8%，到2020年战略性新兴产业增加值达到国内生产总值的15%左右。据国家统计局公布的数据，2012年全国战略性新兴产业增加值在国内生产总值的比重已经超过7%，其中东部地区战略性新兴产业增加值占全国的65%强，中部地区仅占14%左右，平均到单个省份，东部地区单个省份的战略性新兴产业增加值是中部地区省份的2~3倍。战略性新兴产业增加值的全国前6名省市全部在东部地区，即广东、江苏、北京、山东、浙江和上海，均超过1000亿元的规模。中部地区暂时还没有任何一个省份可以和这六个省（市）之一抗衡。以2012年战略性新兴产业增加值在全国的分布来看（见表5-5，新材料和新能源汽车的统计口径难以确定，数据欠缺），除了新能源产业外，东部地区在新一代信息技术产业、高端装备制造业、生物产业、节能环保产业均超过50%的比重，其中新一代信息技术的比重高达80.44%。中部地区虽然在多个领域的产业增加值比重名义上居全国第二，但与东部地区的产业规模和增加值相差巨大。

表 5-5　**2012 年部分战略性新兴产业增加值在全国的分布（单位：%）**

地　区	节能环保产业增加值分布	新一代信息技术产业增加值分布	生物产业增加值分布	高端装备制造产业增加值分布	新能源产业增加值分布
东部地区	54. 91	80. 44	59. 37	77. 89	25. 59
中部地区	17. 48	9. 40	24. 15	6. 96	22. 43
西部地区	13. 47	5. 93	8. 17	10. 99	48. 87
东北地区	14. 14	4. 23	8. 31	4. 16	3. 11

资料来源：中国工程科技发展战略研究院，《2014 中国战略性新兴产业发展报告》，科学出版社 2014 年版，第 385 页。

2. 产业基础、产业聚集区发展差别明显。2014 年中国企业 500 强中，东部地区拥有 371 家（含总部在香港的企业），占全部企业的 74. 2%；中部地区只有 58 家，仅占 11. 6%。东部地区不仅企业数量和质量远胜于中部地区，并且汇集了中国工业化程度最高、高新技术产业最为聚集的三大区域——长三角地区、珠三角地区、环渤海区域。中部地区的武汉城市圈、长株潭地区、皖江经济带、中原城市群等的产业规模、发达程度远不能与上述三大区域相提并论，其他省更是缺乏这样的产业集群区域。

3. 国内外市场占有率差别明显。东部地区多数战略性新兴产业在国内市场的占有率超过一半，并且主导中国产品向国际市场的出口。中部地区能与东部地区在市场抗衡的产业很少，出口更是中部地区的普遍弱项。2014 年江苏省出口突破 3418. 7 亿美元，其中机电产品出口 2214. 5 亿美元、高新技术产品出口 1293. 6 亿美元，分别占出口总额比重为 64. 8%、37. 8%（机电产品和高新技术产品统计有重叠部分）。而 2014 年河南省完成出口 378. 6 亿美元，排名中部地区第一，但与江苏的差距很大。中部六省 2014 年的出口额之和，都少于江苏一个省的出口额。

根据波特钻石理论的原理，对东部地区和中部地区在战略性新兴产业发展方面的竞争优势进行比较可以发现，东部地区具有很多中部地区缺乏的竞争优势，同时也有限制性的劣势。

（三）东部地区的比较优势

1. 在生产要素方面，东部地区的生产要素大多数比中部地区要优越。

（1）东部地区的资本资源相对丰富。根据金融业的产业绩效、机构实力、市场规模、企业生态等指标进行排名，全国金融综合竞争力前十名的城市包括上海、北京、深圳、广州、杭州、大连、宁波、南京、天津、沈阳，除大连和沈阳外，其余 8 个都在东部地区。境内的两大证券交易所，分别设立在上海和深圳。由于经济发展的原因，东部地区的民间资本普遍也比中西部地区要富裕得多。

（2）东部地区的基础设施和产业基础条件相对较好。东部地区的城镇化率高，国际性大都市多，港口、机场、公路、铁路密集，社会事业发达，引进外资多，引进国际先进生产设备和技术普遍，尤其是制造业、电子信息技术等产业基础条件远超中部地区。

（3）东部地区的技术水平和工艺水平高。制造业发达，设备设施高端精密，生产工艺先进，产业工人群体大，有高级职称和技能水平高的技术工人多。

（4）东部地区的知识资源相对丰富、区域创新能力强。中国的知识资源最丰富的城市大多数分布在东部地区，国家最重要的研究机构、排名最前的高等学校、最大的信息资源库、最大的图书馆和档案馆等均坐落在东部地区，北京、上海是知识资源最富集的代表性城市。据中国科技发展战略研究小组研究编制的《中国区域创新能力报告 2013》，全国区域创新能力最强的前 7 名省（市、区）分别是江苏、广东、北京、上海、浙江、山东和天津，全部在东部地区。丰富的科技资源、大量的科技企业、良好的商业氛围和创业环境、高于全国平均水平的研发投入是东部地区创新能力的最大优势。

（5）东部地区吸引大量的人才和劳动力，人力资源较充沛。大学毕业生就业首选是北京、上海、广东等东部发达地区。中西部地区既有的优秀人才，如果想调离，绝大多数也是去了北京、上海，或者“孔雀东南飞”去了广州、深圳，他们普遍认为这些城市待遇高、发展前景好。中西部地区的农民工外出打工，在本省的要远远少于在东部地区的，主要原因是东部地区工资高、可选择的岗位多、发展机会多。

2. 在市场需求条件方面，东部地区的市场经济发展领先与国内其他地区，市场相对成熟，产业链更完整，市场容量大，进入国际市场更容易。

（1）东部地区人口密集，人均收入水平高。东部地区户籍人口将近 6 亿人，加上进城务工的农民工，常住人口更多，可能超过 6.5 亿，将近一半的全国人口在东部地区生活、工作，加之经济、文化、城市的吸引力大，交通便捷，流动人口总数也很大，形成一个巨大的市场。东部地区的人均收入水平高于全国其他地区，据国家统计局公布的数据，2014 年城镇居民人均可支配收入，东部有 3 个省（市）超过 4 万元，4 个省（市）超过 3 万元；而中部地区没有一个省的城镇居民人均可支配收入达到 2.7 万元。

（2）东部地区城镇化发达，城镇人口比例大。东部地区城镇化进程领先于中部地区，主要大城市完成 80%左右，中小城市也达到了 65%以上。中部地区城镇人口总数还不到人口总数的 50%，城镇化的任务还很重。

（3）产业链上下游配套需求。东部地区产业链相对完整，上下游产业需求结合较紧密。如长三角地区逐步形成了比较明确的分工，上海主要是产业链上游的研发设计、总部经济、出口市场拓展，周边地区进行集约化生产，原材料供应、零部件生产、总装、检测、物流等服务配套齐全。中部地区虽然有个别产业突出，但是多数产业的完整产业链建设相对滞后。

（4）沿海港口、特区、自贸区建设，出口市场拓展能力强。中国最重要的出海港口和吞吐量最大的内河港口集中在东部地区。按世界自由港区模式建立的经济特区设立在东部地区的深圳、珠海、汕头、厦门。2013 年 8 月，国务院批准国内首个自由贸易试验区在上海设立。这些条件都给东部地区带来了巨大的竞争优势，东部地区的国际市场拓展能力，中部地区望尘莫及。据 2014 年各省国民经济和社会发展统计公报的数据，广东、江苏、上海、北京、浙江、山东等单独一个省（市）的进出口额就超过了中部六省进出口额之和。

3. 相关产业的支持方面，东部地区的比较优势主要表现在：产业链比较完整，配套产业发达；中介机构较多，中介市场比较成熟；资本市场相对充裕，风险投资意识较强；高新技术产业的服务业发达，产权交易、技术服务、成果转化等制度较完备，专业性服务公司和专业人员较多。

4. 企业战略、结构和同业竞争方面，东部地区的比较优势主要有：

（1）布局比较合理。东部地区各省（市）的战略性新兴产业规划比较科学合理，其中北京、广东、江苏、山东的规划堪称示范，与当地产业基础和发展实际结合紧密，发展目标明确可行，发展思路比较清晰。而且这些省（市）的战略性新兴产业规划，不仅有产业纵深方向的思路，还有地域分布的考虑，对全省（市）的战略性新兴产业进行合理布局，避免省（市）内重复建设、盲目建设，有利于产业集中发展，产业生态环境较好。

（2）产业覆盖面广，产业结构比较完整。东部地区的战略性新兴产业不仅包括了国务院文件中指出的 7 大领域，而且有意识地增加了本省（市）的优势领域，如北京增加了“航空航天产业”，广东把新一代信息技术产业拆解为“高端新型电子信息产业、LED 产业”，江苏将“物联网和云计算产业、智能电网产业、海洋工程装备产业”单列，山东增加“海洋开发产业”等，拓展了战略性新兴产业的覆盖面，通过专业化发展，做大做强，确立相关领域的竞争优势。通过产业基地建设或产业聚集园区建设，提供和发展配套产业，东部地区的战略性新兴产业结构相对完整，进一步夯实了发展潜力。

（3）企业竞争发展气氛浓厚。一般来说，东部地区企业的竞争意识相对中西部地区更加强烈，特别是珠三角、长三角地区企业，由于乡镇企业和民营企业众多，竞争气氛浓厚，企业家对市场和技术非常敏感，在战略性新兴产业发展方面比中西部地区更主动积极。

5. 政府方面的影响因素比较。东部地区和中部地区的地方政府都高度重视战略性新兴产业，从省（市）政府主要领导到相关部门，再到市县甚至乡镇，都把培育和发展战略性新兴产业作为难得发展机遇抓紧抓实，产业支持政策力度大，有的还制定了产业发展的责任制和考核制度。但是相对来说，东部地区由于改革开放早，思想更活跃，观念更新颖，更加重工商发展，服务意识强，政策方面和各种体制机制较灵活。

（四）东部地区的主要劣势

根据国务院制订的区域主体功能定位，东部地区主要分布在优化开发区域，这些地区面临水土资源日趋紧张、生态环境压力加大、要素成本不断上升、国际市场竞争加剧等制约性因素，在战略性新兴产业发展方面，与中部地区相比较，东部地区的主要劣势是：

1. 环境承载能力有限，经济下行压力增大。东部地区的土地面积总和约 95 万平方公里，以不到全国土地面积的 10%承载了全国近 50%的人口，由于改革开放以来 30 余年的高速发展，主要依靠资源消耗和生产要素驱动，如今大气、土壤、水体污染严重，土地资源稀缺、土地供应日益紧张，生态环境脆弱、逐渐恶化。大范围的雾霾灾害、江河湖泊严重污染事件等不断发生，对东部地区的经济社会发展提出了严峻的考验。节能减排、淘汰落后产能的硬性要求，对东部地区经济下行增加了压力，新兴产业的发展也受到一定的抑制。

2. 能源资源支撑能力面临严重制约。东部地区由于经济发达和城镇化程度高的原因，是中国能源消耗的主要区域，但是东部地区缺煤少油，水电、太阳能等可再生能源资源有限，能源供应主要来自外部，随着能源资源的供应紧张，能源成本的不断上升，对东部地区新兴产业发展构成了一定的威胁。

3. 物流运输成本较高。由于地理位置的原因，东部地区的产品运送到中、西部地区，相对中部地区来说，距离要远，物流成本会显著增高。

4. 同业竞争激烈，东部地区个别战略性新兴产业已经出现恶性竞争现象。特别是在拓展海外市场时，由于同业竞争，有的企业采取极低利润甚至亏本的方式进行销售，这种行为最终会损害整个产业的健康发展。

5. 要素成本上升速度较快，随着房价等攀升，人们生活成本不断高，遏制人力资源富集。近年来，人力资源、资金、原料等要素成本处于不断上升的周期，给战略性新兴产业的发展带了巨大压力。由于生活成本高，部分技术人才和产业工人已经流出北京、上海、广州、深圳等城市，回到中西部地区，这将加速企业的要素成本上升。

6. 外向型经济比重大，对外依赖性强，受国际影响大。东部地区各省（市）的外向型经济占经济总量的比重大，有的省（市）高达65%以上，金融危机爆发后，东部沿海地区经济受冲击较内地严重，经济衰退更厉害，主要就是这个原因。这种外向型经济单一比重过大的结构使经济运行风险增大，受国际市场的影响明显，对正在处于成长期的战略性新兴产业的发展显然是不利因素和严峻挑战。

综上所述，东部地区拥有知识密集、产业基础良好、资金充裕和投资成熟等优势，京津冀、长江三角洲和珠江三角洲是国内经济最具活力、开放程度最高、创新能力最强、吸纳外来人口最多的地区，但是东部地区的资源环境承载能力差、受国际影响风险大的劣势也很明显。东部地区要在降低消耗、保护环境、优化结构、提高效益的基础上，把握住战略性新兴产业的技术源头、人才源头和市场源头，增强自主创新能力和市场开拓能力，实现核心技术与产品的专业化协作和集成化生产，才可能持续保持战略性新兴产业发展的领先优势。

中部地区在土地资源、水陆交通地缘、水电矿产森林资源、人力资源和劳动力成本等方面有优势，沿长江经济带和沿京广交通动脉经济带开发潜力巨大，同时也拥有武汉、郑州、长沙、太原、合肥、南昌等经济发展水平较好的区域中心城市，承接东部地区产业转移能力强，因此在战略性新兴产业发展方面，如果能够注意发展自己的特色和优势，集聚创新要素，增强创新能力，在制度建设、科技进步、产业升级、绿色发展等方面加大创新力度，充分发挥区位优势，全面提高开放水平，提升国际竞争力，将会有广阔的发展空间和巨大的发展潜力。

二、中部地区与西部地区、东北地区战略性新兴产业发展比较

西部地区深处内陆，远离海岸，地域辽阔，地貌复杂，气候多样，资源丰富，是众多少数民族的主要聚居区，文化多元，大多数地区经济相对落后，社会发展程度差异较大。随着改革开放的深入推进和经济社会发展水平的逐步提高，西部地区已成为中国现代化进程的瓶颈环节，亟待加强西部开发和发展。1999 年，中央政府决定实施西部大开发战略，依托亚欧大陆桥、长江水道、西南出海通道等交通干线，发挥重庆、成都、西安、南宁等区域中心城市的作用，以线串点、以点带面，打造成渝经济区、环北部湾经济区、关中天水经济区、兰（州）新（疆）经济带、南（宁）贵（阳）经济带、成（都）昆（明）经济带等西部特色经济区（带），带动其他地区发展，有步骤、有重点地推进西部的开发与发展。在西部大开发战略的推动下，西部地区经济增长率持续高于全国平均水平，与东部地区和中部地区的差距有所缩小，社会事业不断进步，人们生活稳步改善。通过建成青藏铁路、西气东输、西电东送、大型水利枢纽和众多高速公路、干线支线机场、内河港口等一批重点工程，西部地区基础设施落后的制约条件有所突破，交通和物流困难的局面明显改变。通过实施退耕还林（草）、自然保护区建设、森林保护工程、水源保护工程、节能降耗限产等措施，使西部地区生态环境进一步改善。近年来，中央政府力推“一带一路”战略（“一带一路”是指“丝绸之路经济带”和“21 世纪海上丝绸之路”），将给西部地区的经济发展从西北和东南两个方向插上腾飞的翅膀。西部地区的欧亚大陆桥干线将发挥更大的作用，有利于挺进中亚、

西亚和欧洲市场，赢得宝贵的历史机遇；西南出海通道也可以搭上“海上丝绸之路”的便车，打开东盟、南亚、非洲和欧洲的市场大门。

东北地区山环水绕，土厚地肥，沃野千里，物产丰富，是中国的重工业基地、能源基地、林业基地、主要粮食产区。东北平原面积达35万平方公里，是中国最大的平原，水资源、石油资源、矿产资源丰富，交通便利，有利于建立冶金、燃料动力、化工、机械等基础工业。新中国成立后，国家在东北地区布局石油、钢铁、化工、重型机械、汽车、造船、飞机等重大项目，奠定了中国的重工业基础，东北地区曾经一度是占有全国90%的重工业基地。20世纪90年代以来，随着改革开放深入推进，以国有大型企业为主体的东北工业经济，由于体制机制、发展机遇、结构矛盾等方面的问题，产业优化升级没有跟上时代的步伐，产品落后市场需求，主导产业衰退，东北地区经济发展缓慢，总体上低于全国平均发展水平，与东部地区差距不断拉大。继2003年中共中央、国务院发布《关于实施东北地区等老工业基地振兴战略的若干意见》，2009年国务院发布《关于进一步实施东北地区等老工业基地振兴战略的若干意见》后，2014年国务院进一步发布了《关于近期支持东北振兴若干重大政策举措的意见》，2015年7月16日至18日习近平在吉林调研指出，国家要加大支持力度，促使东北地区在新起点上开始新征程，加快老工业基地振兴发展。对东北地区采取的这种持续支持力度，在其他区域罕见，说明了中央政府对东北地区战略地位的高度重视，对东北振兴寄予厚望。

在战略性新兴产业发展方面，由于东部地区的优势地位暂时难以撼动，中部地区与西部地区、东北地区在战略性新兴产业方面形成竞争格局。根据波特钻石理论，我们比较分析西部地区、东北地区相对于中部地区在战略性新兴产业发展方面的优势和劣势，为中部地区培育和发展战略性新兴产业提供决策参考。

（一）生产要素方面的比较

与中部地区相比较，西部地区在生产要素方面的优势主要集中在初级生产要素方面：（1）自然资源丰富，土地、能源、矿藏是优势资源。西部地区占有全国70%以上的土地面积，地广人稀，可以开发的土地资源丰富。西部探明矿产储量的潜在价值超过全国探明矿藏总值的50%，比东部地区和中部地区探明矿藏价值之和还多。西部地区的水能蕴藏总量占全国的82.5%、天然气占53%、煤炭占36%，太阳能、风能资源富集。（2）劳动力成本低，工资水平明显低于中部地区。

西部地区的劣势主要在高级生产要素和专业生产要素方面，主要劣势有：（1）现代化的基础设施欠发达，先进通信和信息技术不普及，部分地区气候恶劣，交通不便，物流落后。（2）知识资源不足，且分布极不均衡，在重庆、成都、西安、兰州等中心城市拥有知名大学、高水平的研究机构、科技专家团队较多，但是其他广大地区知识资源薄弱，特别是部分“老、少、边”区受过高等教育的人力资源稀少，高水平科研机构很少。（3）社会事业欠发达，教育、医疗、卫生及现代化的服务业不发达。（4）资本资源稀缺。金融业发展缓慢，居民可支配收入低，民间资本少，民营大型企业较少。（5）生态薄弱，由于自然原因或者环境恶化，部分地区缺水干旱，土地贫瘠，粮食不足，灾害频繁，污染严重，不宜进行生产经营活动。

东北地区在生产要素方面的优势主要有：（1）能源、木材、铁矿资源占优。东北的石油资源探明储量占全国一半，大庆油田是中国的最大油田，还有辽河油田、吉林油田等大型油田，分布在鞍山、本溪一带的铁矿储量约占全国的1/4，为东北的能源工业、化学工业、钢铁工业等奠定了坚实的基础。森林总蓄积量约占全国的1/3。（2）地理优势。东北地区西南靠近京津冀，北面连接俄罗斯，东面与朝鲜接壤，辽东半岛与日本、韩国隔海相望，是国家的东北门户，有承接国际产业转移和开拓国际市场的地理优势。（3）基础设施优势。早在20世纪30年代，东北地区就已经建立起比较完整的工业体系，是东北亚重要的工业基地。新中国成立后，国家又对东北地区工业进行重点建设和发展，夯实了工业基础。（4）由于工业化程度较高，在产业工人队伍建设方面有一定优势，劳动力素质较高，技术较好。

相对与中部地区，东北地区在生产要素方面的主要劣势有：(1) 传统产业改造升级成本高。东北的传统产业以重工业为主，重工业的设备厂房投入巨大，改造升级成本高，需要大量投资。东北的传统产业是支柱产业，无论改造升级与不改，都对新兴产业的发展形成了巨大压力。(2) 人才流失严重。由于东北的经济增长一度明显落后于全国，国有大型企业的体制机制障碍限制了人才发展的积极性，东北的人才流失非常严重，特别是研发人员和技术工人。以汽车业为例，一汽的大量技术人员离开本单位，到上海、广东、安徽、湖北，成为新的汽车企业的骨干。(3) 知识资源劣势。主要是东北地区的信息技术落后，而信息化是现代工业和战略性新兴产业发展的重要基础。(4) 交通区位劣势。东北地区到中西部地区、东南沿海地区的交通距离远，物流成本高，形成一定的国内市场劣势。

(二) 需求条件方面的比较

与中部地区比较，西部地区经济社会发展水平偏低，人口密度明显低于中部地区，人口总数少于中部地区，居民收入水平低，平均文化程度低，信息交互能力相对差，因此市场和客户没有中部地区专业、内行和挑剔。部分西部地区是少数民族聚居区，自给自足的农牧业传统生活方式一直延续，对现代化新鲜事物虽然感兴趣，但是接纳的程度低于中部地区。西部地区新兴产业的产业链相对不完整，上下游需求也少。因此，从战略性新兴产业的市场需求条件来说，西部地区具有明显的劣势。但是，西部地区的能源、矿产、土地资源优势，西部大开发和不断加快的现代化进程，在西部地区孕育着巨大的潜在市场需求，随着社会发展，一旦激发，会对产业产生强有力的拉动作用。

东北地区工业化、城镇化进程启动早于全国大部分地区，除了重要工业区外，沈阳、大连、哈尔滨等区域中心城市很早就是远东知名大城市，为东北市场的发展打下了良好的基础。但是，东北地区传统经济结构不合理，本地市场需要的轻工业欠发达，以重工业为绝对支柱产业，产品主要供应全国各地，本地需求不大。如果本地没有市场需求或市场需求很小，至少在产业布局上就存在不合理的地方。所以，由于东部地区率先完成产业升级，当东北的重工业产品遇到东部沿海企业的挑战，在全国市场出现滞销，东北经济就出现整体性严重下滑甚至衰退现象。在战略性新兴产业的市场需求方面，东北地区既要瞄准国际市场、全国市场，也要注意培植本地市场，特别是节能环保产业、新一代信息技术产业、生物产业、新能源产业。

（三）关联产业方面的比较

西部地区在关联产业方面的竞争，明显处于劣势。由于自然、历史、社会的原因，在中国区域分工格局中，西部地区产业结构很不合理，能源和原材料工业比重大，产业链不完整，以粗加工工业为主，精深加工工业少，并且相当多的粗加工工业企业技术水平低、生产方式粗放、设备简陋陈旧，环境污染严重，单位产值能耗高，信息化、智能化落后，无法与东部、中部地区先进企业竞争。

东北地区在新中国成立前就已建立工业体系，产业规划能力较强，比较注意铁路、公路、港口、机场、原材料基地等配套设施和关联产业的建设，产业链相对比较完整。战略性新兴产业的关联产业中最重要的是高新技术产业服务业，东北地区在这方面形成了新的短板，科技服务、金融服务、中介服务、信息技术服务等不强，短板的劣势会突出，从而有可能造成东北地区技术创新和产业升级的缓慢，影响战略性新兴产业的成长。

（四）企业竞争状态的比较

西部地区疆域辽阔，人口稀少，经济欠发达，全国有一半的生态脆弱县和超过60%的国家级贫困县在西部地区。这些地区的农业不能完全自给自足，工业相对弱小落后，服务业极不发达。经济社会落后的现实情况使得西部很多地区把规模以上工业看得很重，尽管一些传统粗加工业仍采用落后的生产技术和粗放的生产方式，造成资源浪费和生态环境破坏，但在这些地方仍有生存空间，甚至受到地方保护。“三线建设”在西部地区成立的一些工业企业，由于交通不便，条件恶劣，企业往往既管生产，又办社会事业，生产经营上依赖上级的计划指令，长期以来厂区自成体系，几乎不参与市场竞争。西部地区非常看重战略性新兴产业，政府按照传统思路，制定严密的保护性政策，投入大量的财政资金予以支持，由于缺乏竞争压力，这种在当地没有贴身竞争的企业，往往发展速度不快，产业不能迅速壮大，在国际国内竞争中的能力也许并不突出。

东北地区则相反，改革开放以来，经历过计划经济向市场经济的转变，饱尝产业竞争失利的苦果，对市场竞争的体会深刻。在战略性新兴产业的发展方面，以辽宁为首的东北经济区，在国内瞄准京津冀、长三角、珠三角等发达地区的进展，面对国外紧盯日、韩、俄的发展动态，产业发展迅速，特别是节能环保产业、高端装备制造业、生物医药产业已经在全国形成了竞争优势。

（五）机遇方面的比较

西部地区发展的历史性机遇：一是中央政府推进西部大开发战略，加大投资力度，持续在西部地区开工建设一批重大项目，改善和发展西部地区基础设施建设、生态环境建设和科技教育事业。随着，西部地区经济社会发展进步，西部地区自然资源丰富、人口密度小的优势会逐渐凸显，特别是新能源的应用推广，在西部地区有广阔的前景。二是最近习近平总书记提出并倡导的“一带一路”战略，这将给西部发展带来新的重大历史机遇。“一带一路”战略从西北陆路和东南水路连接西亚、南亚、东盟、北非、欧洲，有望成为全球化时代新的经济大动脉，将有力促进中西部地区，特别是西部地区对外开放的扩大，有效缩小内陆地区与沿海地区的差距。

东北地区老工业基地振兴战略得到了中央政府的高度重视，2003年、2009年、2014年国务院三次制定和发布振兴东北的指导性意见文件，政策措施推进的强度和力度非常大，在中央政府的鼓励和支持下，东北地区在“十一五”期间的经济增长速度，持续高于东、中、西部的经济增速，“十二五”期间有所放缓，但仍然高于全国大部分地区。

（六）政府之间的竞争

各地政府均高度重视战略性新兴产业的发展，但在发展规划、鼓励措施、市场秩序方面还是有所差别的。其中，四川、重庆、辽宁、陕西、内蒙古、青海等省（区、市）在战略性新兴产业发展方面做出了示范，形成了地区特色，部分产业形成了发展优势。但是，西部地区也有一些地方政府对市场敏感度低，产业发展规划欠科学，且仍按照传统的要素驱动方式发展战略性新兴产业，政策配套不完善，不重视产业链培育和建设，产业基础薄弱，对产业改造升级的决心不坚决，地方保护主义思想存在。

在战略性新兴产业区域竞争中，东北地区和西部地区相对中部地区既有一定的竞争优势，又有明显劣势，总体发展水平与中部地区大致相当。中部地区要注意扬长避短，发挥交通区位优势，汇聚要素资源和人才，积极与东部、西部、东北地区开展产业合作和交流互助，在微观经济层面鼓励公平竞争，在宏观经济层面提倡合作共赢，战略性新兴产业将在合作与竞争中，获得快速发展的强大动力.

第五节　中部地区六省之间战略性新兴产业发展比较

中部地区地处长江中下游、黄河中下游、淮河中上游流域，是介于东部地区和西部地区之间的中间区域，是人口大区、重要商品市场和经济纵深发展地带，承东启西、连南通北，区位优势明显，自古就有“逐鹿中原”之说，战略意义非常重要。中部地区以占全国10%左右的土地面积，承载了全国近30%的人口，为国家贡献了超过20%的GDP。区域内自然资源丰富，人口众多，生活殷实，科技教育实力较强，文化卫生等社会事业的基础较好，水陆空综合交通运输便利，产业门类齐全，农业优势明显，工业实力较雄厚，生态环境容量大，承载新兴产业的能力强，沿水陆交通动脉经济开发的优势显著，具有培育发展战略性新兴产业的良好基础和巨大潜力。

近年来，中部六省抢抓机遇、加快发展，在战略性新兴产业方面取得了积极成效：制定了战略性新兴产业的发展规划，建立了产业发展协调机制，成立了产业发展领导机构，设立了专项资金，制定了相关激励措施等。战略性新兴产业规模迅速壮大，发展速度明显加快，经济运行质量不断提高，占地区经济总量的比重不断攀升，有力地推动了经济结构调整优化和传统产业转型升级，对降低单位 GDP 平均能耗和节能减排产生了积极促进作用。创新资源进一步聚集，建设了一批国家重点实验室、工程研究中心、企业技术中心、协同创新中心等，吸引了一批高层次人才来到中部地区创业发展，自主创新能力有所提升，部分关键核心技术取得突破。各类要素向战略性新兴产业聚集，一批重大项目陆续开工，建设和发展了一批产业基地、产业园区、产业集群，企业创新能力进一步加强，部分优势企业迅速壮大，产业竞争能力稳步增强。社会资本参与创新创业的意识逐步加强，民营企业成为发展战略性新兴产业的重要力量。中部地区战略性新兴产业部分领域的产业规模和技术水平走在了全国前列，在杂交水稻、光纤通信、激光技术、轨道交通、工程机械、卫星导航、生物能源、农业技术、节能家电、脱硫技术、湖泊治理、新材料等领域已在全国范围确立了一定的竞争优势。

培育和发展战略性新兴产业，在国家层面完成顶层设计后，各部委的推进工作以宏观指导为主，具体实施在各省（区、市）进行，各个省（区、市）政府是推进战略性新兴产业发展的实际决策者和组织者。在战略性新兴产业发展方面，各省（区、市）之间的关系是一种竞争大于合作的关系，既要竞争性地争取国家提供的各种优惠政策、财政和项目支持，又要与兄弟省份之间开展产业发展竞赛，出政绩业绩。即使是在同一个经济区域的省（区、市），比如同属于中部地区的六省，互相之间的竞争多于合作，各省独立制定产业规划、发展策略、支持政策，加之各省的自然禀赋、产业基础各不相同，使中部六省既有相同之处、甚至同质重复，又有一定差异性和地方特色。

一、中部地区六省之间战略性新兴产业发展的相同点

通过比较中部六省战略性新兴产业的发展规划、发展举措、发

展成效、不足之处等方面的情况，可发现中部地区六省在战略性新兴产业方面有较多的相似性，这与中部地区省份在自然条件、地理位置、经济结构、产业基础、科教实力、社会事业方面的相似性有一定关系，也与战略性新兴产业是新鲜事物，发展时间较短，发展积累有限，可以借鉴的经验不多，各省以探索性发展为主等有关系。在战略性新兴产业方面，中部六省的相同或相似之处主要以下几点：

（一）产业选择和发展规划有相同之处

根据国家统计局的产业分类标准，对中部六省战略性新兴产业选择情况分析，可以看出六省的选择重叠率高，中部六省在 7 大战略性新兴产业的选择情况如表 5-6 所示。

表 5-6　　中部六省在 7 大战略性新兴产业的选择情况

战略性新兴产业发展规划		中部六省选择情况					
产业领域	产业二级类别	湖北	河南	湖南	安徽	江西	山西
节能环保	1. 高效节能产业	●	●	●	●	●	●
	2. 先进环保产业	●	●	●	●	●	●
	3. 资源循环利用产业	●	●	●	●	●	●
	4. 节能环保综合管理服务	●	●	●	●	●	●
新一代信息技术	1. 下一代信息网络产业	●	●	●	●	●	●
	2. 电子核心基础产业	●	●	●	●	●	-
	3. 高端软件和新型信息技术服务	●	●	●	●	●	●
生物	1. 生物制品制造产业	●	●	●	●	●	●
	2. 生物工程设备制造产业	●	●	●	●	●	●
	3. 生物技术应用产业	●	●	●	●	●	●
	4. 生物研究与服务	●	●	●	●	●	●

续表

战略性新兴产业发展规划		中部六省选择情况					
高端装备制造	1. 航空装备产业	●	●	●	–	●	–
	2. 卫星及应用产业	●	●	–	–	–	–
	3. 轨道交通装备产业	●	●	●	●	●	●
	4. 海洋工程装备产业	●	–	●	–	–	–
	5. 智能制造装备产业	●	●	●	●	●	●
新能源	1. 核电产业	●	●	●	–	–	–
	2. 风能产业	●	●	●	–	●	●
	3. 太阳能产业	●	●	●	●	●	●
	4. 生物质能及其他新能源产业	●	●	●	●	–	●
	5. 智能电网产业	●	●	●	–	–	●
	6. 新能源产业工程及研究技术服务	●	●	●	●	●	●
新材料	1. 新型功能材料产业	●	●	●	●	●	●
	2. 先进结构材料产业	●	●	●	●	●	●
	3. 高性能复合材料产业	●	●	●	●	●	●
	4. 前沿新材料产业	●	●	●	●	●	●
	5. 新材料研究与技术服务	●	●	●	●	●	●
新能源汽车	1. 新能源汽车整车制造	●	●	●	●	●	●
	2. 新能源汽车装置、配件制造	●	●	●	●	●	●
	3. 新能源汽车相关设施及服务	●	●	–	●	–	–

备注：“●”表示在规划中明确有，“–”表示在规划中没有明确列出。

资料来源：中部六省省人民政府公布的战略性新兴产业“十二五”规划。

根据表 5-6 所列可以看出，中部六省的产业选择对 7 个战略性新兴产业大类均有涉及，其中只有湖南省在产业规划中没有列出“新能源汽车”大类，但是在二级类别中列出了“新能源汽车整车以及零配件制造”，将其放在高端装备制造大类中。对于战略性新兴产业 30 个二级产业类别，湖北、河南、湖南均选取了90%以上的类别，安徽、江西、山西的产业选择覆盖80%的类别。其主要原因可能是基于一种“广种薄收”的心理，不管某个领域本地是否有发展基础，是否有发展前景，只要是有少量企业存在或有投资意向及关联成果，就列入产业选择范围，进一步列入产业发展规划，形成一个覆盖面很全、实际很难全面发展壮大的产业规划。中部六省在战略性新兴产业所选择的产业领域的高度同质化，会造成区域产业重叠率高，形成区域重复建设和恶性竞争势态。

中部六省所制定的产业发展规划也有较大的相似性，主要内容和发展思路相近，一般都是省情和产业基础分析，产业选择、措施和目标，制度保障和责任义务，针对每个细分产业在技术发展前沿、市场前景预测、竞争对手比较等方面的具体分析还不够深入。各省规划的制定部门互相学习借鉴，求同的方面多，求异的方面少，在面上追求与东部发达地区相同的发展思路，这样的发展规划容易在新一轮地区竞争中呈现跟随状态，始终处于劣势地位。

（二）发展措施和支持政策相似

比较中部六省的战略性新兴产业发展政策，也具有很多的相同之处，各省都表示要对战略性新兴产业的发展给予财税、金融支持等方面的政策扶持，并采取措施进行体制创新和制度创新，发展政策和制度高度相似。湖北省以武汉、襄阳、宜昌为牵引，建设一批能够支撑产业发展的重大项目，着力打造“十亿产品”，培育“百亿企业”，建设“千亿园区”，形成“万亿产业”。河南省以郑州、洛阳等城市为依托，以战略性新兴产业示范园区为载体，积极推进20项创新发展工程和重点培育12个产业集群。湖南省通过长沙、株洲、湘潭等城市带动，组织实施“5大工程”和“3大平台”。安徽省依托合肥、芜湖、铜陵等城市，按照“领军企业—重大项目—产业链—产业集群—产业基地”的思路，实施“千百十工程”，促进战略性新兴产业跨越式发展。江西省依托南昌、九江、景德镇等市，聚焦重点园区、重点企业、重点项目，围绕资金保障、政策扶持、科技创新等方面，加大对战略性新兴产业项目的扶持力度。山西省以“512”战略性新兴产业专项为重点，培育一批龙头企业和特色产业园区，推动战略性新兴产业快速健康发展。通过比较可以发现，中部六省的发展思路和主要举措是以产业项目、产业工程为着力点，企业、园区为载体，重点城市为依托，思路和措施有很多相同。

六省在政策支持方面也有很多相同之处：一是各省都表示力争获得国家政策和项目支持，把配套政策落实到位。二是各省都表示加大财政支持力度，设立产业发展专项资金，提供税收优惠政策。三是建立综合协调机制，协调解决规划、土地、环评、水电气供应等项目建设中的重大问题。四是完善投融资体系，拓宽多元化融资渠道来满足企业的需求。五是完善知识产权保护制度和多种形式的激励机制，发展中介服务体系。六是积极吸引高水平人才来本地工作。七是加强省政府层面的统筹协调，要求各市、州、县人民政府相应积极培育和发展战略性新兴产业。

（三）发展成效比较接近

经过数年的发展，中部六省都在战略性新兴产业发展方面取得了积极成效，所取得的成效也有很多相同或相似的地方。

1. 战略性新兴产业规模迅速壮大。经过近几年的培育发展，中部地区战略性新兴产业发展框架初步成形，产业布局经过认真思索和论证，总体发展水平较快，并呈不断加快发展的态势，战略性新兴产业占地区 GDP 的比重进一步提高。中部地区的新一代信息技术、高端装备制造、新材料等产业已形成一定优势，节能环保、生物、新能源等产业初具特色，新能源汽车产业尚处于培育阶段。

2. 对经济社会支撑带动逐步显现，推动地区产业结构不断优化。中部地区战略性新兴产业呈现高增长、高利润的发展状态，成为产业经济中最活跃的因素，对地区经济加速和传统产业改造产生良性刺激效益，产业转型升级的带动作用日益明显，这为经济发展方式转变提供了有力支撑。

3. 产业创新能力大幅提升。在战略性新兴产业发展的促动下，中部地区很多企业更加重视技术创新，加大了研发投入，并围绕培育战略性新兴产业，形成了一批国家级创新平台和工程化平台。企业、高校、科研院所之间加强产学研合作，成立了多个产业创新联盟，成果集成、转化能力明显提高。一批行业关键技术实现了突破，获得多项国家科技大奖，发明专利数量质量大幅度提升，这一阶段，超级杂交水稻、“天河二号”超级计算机系统等一批国际领先的重大科技成果涌现。

4. 有效地吸引和拉动了投资，除了国有资金外，还激发了大量民间投资、一定外资进入战略性新兴产业领域，培育了一批骨干企业，形成了若干特色鲜明的产业链、产业集群，建设了一批产业示范园区和重要产业基地，产业集聚水平逐步提升。

5. 部分战略性新兴产业领域已形成一定规模和特色。湖北和河南的新一代信息技术产业，湖南的先进装备制造、新材料、文化创意，安徽的平板显示、节能家电，江西的新材料，山西的煤化工、清洁煤等产业均已形成一定规模和特色，并在产业界取得了全国性影响。

（四）不足之处有较多的共性

中部六省在战略性新兴产业发展的不足方面也有很多相同之处，可谓共性的问题：

1. 中部六省战略性新兴产业的总体规模都较小，骨干优势企业不多，有国际影响的龙头大企业稀缺。中部六省的战略性新兴产业增加值都没有超过5000亿元，出口都没有超过500亿元，产业的总体规模偏小，在竞争方面处于劣势。中部地区虽有58家大企业进入了2014中国企业500强榜单，但是均是传统产业企业，主要是钢铁、矿产、汽车、机械、建筑、化工、批发、零售等。这些企业只有少部分产业能列入战略性新兴产业范畴，还不能算真正意义上的战略性新兴产业企业。

2. 自主创新能力不强，关键核心技术依然受制于人，企业技术研发和产业化能力较弱，企业创新主体地位没有得到充分发挥，企业技术创新支撑平台建设薄弱。市场开发能力、市场开拓意识和能动性不强，产业持续创新能力更是匮乏，企业成长较慢。科教优势未能有效转化成产业优势，科技成果转化率低，科技和产业在体制机制方面还有存在很多亟待解决的问题。

3. 中部地区科技领军人才不足，产业领军人才也少，人才总量、结构和素质还不能适应战略性新兴产业快速发展的需要。

4. 银行贷款困难，融资渠道少，投资不足，资金瓶颈问题严重。有的战略性新兴产业尚处试验或小批量生产阶段，企业资金短缺，贷款难的问题突出，而这限制了产业的快速发展。

5. 产业链不完备或者产业链不长，产业配套能力较弱，产业支撑点少，市场风险较大，产业结构仍有待优化。甚至中部地区的部分产品中间体直接销往东部沿海一带，成了东部地区的原材料供应商，本地产业链却得不到延伸，本地产业的发展空间受到明显制约。

6. 中部六省的战略性新兴产业规划都有进一步完善的空间，六省的产业布局都很分散，面铺得比较广，优势特色不突出，而这容易造成资源分散。

二、中部地区六省之间战略性新兴产业发展的差异

中部地区六省虽然在战略性新兴产业的规划、措施、成效和问题方面具有很多相同或相似的方面，但是每个省的自然条件、历史文化、经济结构、社会事业、科教基础、政策取向、人才队伍等方面并不相同，具体省情各异，产业发展自然不会完全相同，经过比较分析，发现它们之间存在以下差异。

（一）战略性新兴产业的优势产业和重点方向不同

虽然在产业规划中，中部六省在战略性新兴产业类别的选择上有80%以上的相似性，但是各省的产业规划优先顺序没有一个是

相同的（中部六省在战略性新兴产业“十二五”规划中产业顺序的区别情况如表 5-7 所示）。

湖北省的产业顺序是，新一代信息技术产业、高端装备制造产业、新材料产业分别列为前三，生物产业、节能环保产业、新能源、新能源汽车产业等依次列后。河南省将新一代信息技术产业、生物产业、新能源产业列为前三。湖南省将先进装备制造产业、新材料产业、文化创意产业列为前三。安徽省将电子信息产业、节能环保产业、新材料产业列为前三。江西省将节能环保产业、新能源产业、新材料产业列在前三。山西省将新能源产业、节能环保产业、生物产业列前三位，其他产业依次列后。这种产业规划的排序，与国务院指导意见中对 7 大战略性新兴产业的顺序是不同的；中部六省之间的排序也各不相同。这说明中部六省在战略性新兴产业培育和发展中确立的优势产业互不相同，排在前面的产业往往创新能力和技术水平更好、产业基础更扎实、竞争优势更突出，也是最有希望成长为先导产业、支柱产业的新兴产业。各省在这种排序上的差别，还反映了每一个在资源要素配置上的差别，在资源有限的条件下，对排在前茅的产业，可能投入的生产要素更集中，给予的扶持政策也更有力度。

从另外一个角度来看，排在前列的产业，可被认为是战略性新兴产业的龙头产业，它除了自身的快速发展壮大以外，还应对其他的战略性新兴产业发展有示范效应和带动效应，或者起支撑作用。新一代信息技术对促进工业化与信息化的结合，促进传统产业优化升级有基础性作用，适合作为优先发展产业。新能源也是对经济社会发展起基础性功能的产业，适合作为优势产业培育。节能环保产业是服务和支撑整个经济发展方式转变的功能性产业，国务院发布的决定中就将其列为战略性新兴产业的第一序列产业。但是湖南省将先进装备制造作为第一个产业，可能是因为湖南在工程机械和轨道交通方面具有一定的全国性竞争优势、龙头企业数量较多的原因，如果能在先进装备制造业与其他新兴产业之间建立更加紧密的联系，则这一产业的示范、带动作用才会更加有效，产业总体发展才能更加迅速。

表 5-7 **中部六省在战略性新兴产业“十二五”规划中产业顺序的区别情况**

规划排序	中部六省战略性新兴产业“十二五”规划重点发展领域					
	湖 北	河 南	湖 南	安 徽	江 西	山 西
1	新一代信息技术产业	新一代信息技术产业	先进装备制造产业	电子信息产业	节能环保产业	新能源产业
2	高端装备制造产业	生物产业	新材料产业	节能环保产业	新能源产业	节能环保产业
3	新材料产业	新能源产业	文化创意产业	新材料产业	新材料产业	生物产业
4	生物产业	新能源汽车产业	生物产业	生物产业	生物和新医药产业	高端装备制造产业
5	节能环保产业	新材料产业	新能源产业	新能源产业	航空产业	新材料产业
6	新能源产业	节能环保产业	信息产业	高端装备制造业	先进装备制造产业	新一代信息技术产业
7	新能源汽车产业	高端装备制造产业	节能环保产业	新能源汽车产业	新一代信息技术产业	新能源汽车产业
8	——	——	——	公共安全产业	锂电及电动汽车产业	煤层气产业
9	——	——	——	——	文化暨创意产业	现代煤化工产业
10	——	——	——	——	绿色食品产业	——
产业个数	7个	7个	7个	8个	10个	9个

资料来源：中部六省省人民政府网站公布的战略性新兴产业“十二五”规划。

（二）各省战略性新兴产业的特色产业不同

从战略性新兴产业发发展规划上来比较，可发现，湖北、河南两省重点发展的战略性新兴产业与国家确定的7个产业完全一致，只不过在排序上有些变化，但是湖南、安徽、江西、山西都有自创的战略性新兴产业名称。湖南从自己的省情出发，将本省有比较优势的文化创意产业列入了战略性新兴产业的范围。安徽在规划中增列了公共安全产业。江西将航空产业从高端装备制造业中分离出来，独立列为一个大类；将新能源汽车产业的范围精简为锂电及电动汽车产业；还增列了文化暨创意产业、绿色食品产业，战略性新兴产业达到了10个大类。山西将有自己特色的煤层气产业和现代煤化工产业列为本省重点培育发展的战略性新兴产业。

湖南、安徽、江西、山西四省大胆突破国务院确定的产业大类范围，自创新的大类是值得肯定的做法，因为国家制定的是一个指导性的产业范围，产业在不断演化发展，战略性新兴产业的重点领域也会相应变化调整。结合本身的产业基础和资源条件，将一些新的产业领域作为战略性新兴产业来培育发展，鼓励这些产业积极创新、用现代化的技术手段来研发和发展壮大、逐步掌握核心技术、建立竞争优势是明智的、积极的行为。不利的方面是，国家意志有其强制规范性和通用标准性，自创的产业如果不能进入国家统计局的产业分类目录，就不能计入战略性新兴产业的各项统计，就很难争取到国家的项目和政策支持，对产业的快速发展不利。就像山西省争取国家对醇醚发动机、甲醇汽车的市场准入一样，各省要努力将自创的新兴产业大类列入国家战略性新兴产业目录，甚至可以联合行动，争取国家批准。

（三）中部六省在生产要素方面的差别明显

从战略性新兴产业发展所依靠的自然资源、产业基础等生产要素的分布情况来看，中部六省各有所长，差别比较明显。

湖北省的优势条件主要在于：（1）科教优势。湖北的高等教育资源丰富，有2所985高校、7所211高校，武汉市高校云集，拥有上百万在校大学生，是全球拥有在校大学生数量最多的城市。湖北拥有国家实验室 1 个，国家重点实验室 15 个，国家工程研究中心 6 个，中国科学院在中部地区只设立了一个分院，就是中科院武汉分院。湖北的科教实力仅次于北京、上海、江苏，居全国第四，中部第一。（2）交通区位优势。湖北素有“九省通衢”之称，是东西南北的铁路、公路、水运交汇点，以湖北省会武汉市为中心，1000 公里为半径，可以覆盖中国 80%的城市、近 9 亿人口的范围，交通区位优势显著。（3）工业基础好。湖北是中国近现代工业的发源地之一，晚清时期的“汉冶萍”公司是中国最早的大型钢铁联合企业。“一五”期间，苏联援建中国 156 个重点项目工程，国家在湖北安排了 8 个，武钢、武重、武锅、武船为代表的企业奠定了湖北在中部地区的重工业和制造业优势。汽车、石化、食品、电子信息电力、纺织、装备制造等产业在全国有一定的竞争力。湖北的资源劣势主要在于能源短缺，缺油、缺煤、缺气，严重依赖其他地区供应。

河南省的优势条件主要在于：（1）经济规模大。2014 年地区生产总值达到了 34939. 38 亿元，居中部第一，仅次于广东、江苏、山东、浙江，居全国第五，并且第一、二、三产业的总量分别都是中部地区第一名。（2）资源丰富，且比较均衡。已探明储量的矿藏有 109 种，其中 8 种储量居中国首位，19 种储量居前三位，27 种储量居前五位。河南还有较丰富的能源资源，石油储量居全国第八位、煤炭居第十位、天然气居第十一位。资源丰富且均衡，为河南的工业发展打下了良好基础。（3）交通区位优势比较明显。河南地处中原交通要地，陆路交通发达，但是水运受黄河季节性流量的限制还比较弱，航空业也有待发展。河南的主要劣势：科教实力比较弱，境内高校少且实力不强，国家级科研机构少，这容易使河南的自主创新能力难以达到很高的水准。

湖南省的优势条件在于：（1）矿产资源丰富，以“有色金属之乡”和“非金属之乡”著称，锑的储量居世界首位，钨、锡等 9 种矿藏居全国第一，37 种矿藏居全国前五。煤的储量也比较丰富，缺石油和天然气。（2）在高端装备制造、新材料、文化创意等产业形成了本身特色，培育了三一重工、中联重科、远大集团、湖南卫视等一批在业界有影响的特色企业。（3）与粤港联系紧密，是中部地区与珠三角连接的门户。主要劣势是：支柱产业不明显，各产业均没有超过 4000 亿元，没有龙头产业，竞争优势会明显打折扣。

安徽省的优势条件在于：（1）是中部地区与长三角连接的重要门户，成功承接长三角产业转移，工业发展迅速，其中家电产量超过广东和山东，跃居全国第一。此外，煤炭工业、金属冶炼、汽车工业等基础性产业实力较强。（2）文化资源丰富，生态环境好，徽商文化影响大，世界级、国家级自然与人文景观集中，形成吸引人才和客流的有利因素。主要劣势：一是在产业的区域布局和区域发展上，皖西、皖北的发展仍比较慢；二是产学研合作不足，特别是安徽省战略性新兴产业发展与中国科学院有关科研院所、中国科技大学、合肥工业大学等科研与教育单位的合作有待加强。

江西省的优势条件在于：（1）工业有鲜明特色，如陶瓷工业、有色冶金、航空制造等。光伏制造产能一度成为全国之首。煤炭、钢铁、机械制造、化肥等产业基础较好。（2）矿产资源丰富，资源配套程度较高，是中国主要的有色金属、稀有金属、稀土矿产基地之一。（3）生态较好，资源承载能力较强。主要劣势：一是与浙江、福建的西部山区和广东的北部山区接壤，距离这三省发达地区较远，本来江西是连接长三角和珠三角的重要纽带，但是这一区位优势发挥得不充分，承接东部地区产业转移不理想。二是江西的科教水平相对较弱，高水平领军人才相对稀缺。

山西省的优势鲜明：（1）矿藏资源丰富，尤其是煤、煤层气、铝土矿储量大，煤炭资源储量达 2767 亿吨，煤层气储量达 1825 亿立方米，铝土矿保储量 14 亿吨。（2）煤炭产业、火力发电产业是山西的优势产业，煤化工、采掘业相关先进装备制造是山西具有较强竞争优势的新兴产业。山西的劣势也很明显：一是支柱产业单一，且占经济总量的比重过大，经济风险大，对其他新兴产业的发展也会有一定的抑制作用。二是依靠资源驱动的经济发展方式，短期难以迅速改变，在资源枯竭之前，市场竞争压力不大，对地区自主创新能力的提升，也会形成阻碍。

（四）中部六省的发展机遇各有不同

在中部地区总体层面来看，国家实施中部地区崛起战略、“一带一路”战略、长江经济带建设等是六省共同的历史机遇，六省也通过“中国中部投资贸易博览会”（简称“中部博览会”）等多种方式，加强合作和交流，实现共同进步。但是，各省还有自身区域范围的发展机遇，在争取国家支持方面，各省也在相互比较和竞争。

湖北省特有的重大机遇：建设武汉城市圈资源节约型和环境友好型社会建设综合配套改革试验区、东湖国家自主创新示范区等。

河南省特有的重大机遇：中原经济区发展战略、郑州自贸区、郑州航空港区（全国首个上升为国家战略的航空港经济发展先行区）建设等。

湖南省特有的重大机遇：建设长株潭资源节约型和环境友好型社会建设综合配套改革试验区、综合性国家高技术产业基地、国家创新型城市试点等。

安徽省特有的重大机遇：建设皖江城市带承接产业转移示范区、合芜蚌自主创新综合试验区和国家技术创新工程试点省等。

江西省特有的重大机遇：鄱阳湖生态经济区建设、昌九一体化发展战略等。

山西省特有的重大机遇：建设山西省国家资源型经济转型综合配套改革试验区，是国家批准设立的第九个综合配套改革试验区，也是第一个全省域、系统性的国家级综合配套改革试验区。

第六章 中部地区战略性新兴产业发展的优势、劣势和挑战

研究分析中部地区战略性新兴产业选择、培育和发展，必须以马克思主义经济理论为指导，同时借鉴和应用西方经济学中产业经济学的研究方法和分析技术手段。马克思的扩大再生产理论指出，产业的发展必须依靠劳动者技术水平的不断提高和产业创新能力的不断发展，产业的发展是先进生产资料形成和劳动生产率提高的结果。这里所说的劳动者，不仅包括一线产业工人，还包括与生产经营活动相关的其他所有人力资源，如研发人员、工程技术人员、管理人员、销售人员等。劳动者技术水平和产业创新能力的提高，则促进劳动生产率的提高和先进生产资料的形成，而先进生产资料的形成将进一步促进劳动生产率的提高。

西方经济学中的产业经济学以产业和市场为研究对象，在产业组织理论、产业结构理论、产业关联理论、产业发展理论、产业布局理论、产业政策研究等方面形成了一系列研究方法和分析技术，其中美国梅森教授和贝恩教授提出的 SCP 模式（市场结构、市场行为和市场绩效相结合的研究模式）、奥地利经济学家熊·彼特提出的技术创新理论，哈佛商学院教授迈克尔·波特建立的“五力模型”和“钻石体系”及产业集群理论、美国经济学家沃尔特·惠特曼·罗斯托提出的主导产业理论、芝加哥经济学派的代表人物乔治·约瑟夫·斯蒂格勒开创的管制经济学和信息经济学等，都对战略性新兴产业发展有非常重要的指导借鉴意义和应用分析价值。

哈佛商学院教授肯尼思·安德鲁斯（Kenneth R. Andrews）在迈克尔·波特提出的竞争理论和能力学派提出的价值链理论的基础

上，将企业的内部分析与竞争环境的外部分析结合起来，在其著作《公司战略概念》中提出了优势劣势分析框架。优势劣势分析法又称为态势分析法，是一种结构化和系统性的研究方法，主要通过综合评价和分析所研究对象的优势、劣势、机会和威胁，把内部资源和外部环境有机结合起来进行研究，得出相关结论。优势劣势分析法是一般采用矩阵结构分析，构造优势劣势矩阵，并对矩阵的不同区域赋予不同分析意义，系统地将内部优势、弱点和外部机会、威胁等因素相互匹配起来进行综合分析，使得产业发展战略的制定更加科学全面。

优势劣势分析法广泛应用于各类战略研究与情报信息分析，已成为企业战略管理和竞争策略制定的重要分析工具。它的优点在于比较直观明确、逻辑清晰、使用方便，使之能得出有一定价值的结论。它的缺点主要就是不够精确，主要是通过定性分析，而不是定量分析，通过优势、劣势、挑战的综合判断，得出一个推定的结论，其中的综合判断和推理，可能出现“仁者见仁、智者见智”的情况，由于分析者所站的角度不同，结论也可能因人而异。因此优势劣势分析法，更适用于宏观或中观层面的研究和分析。

在研究区域产业竞争力方面，由于区域是一个比较宏观的研究对象，具有明显的边界，而内部的优势、劣势条件和外部环境的显著影响，是决定区域产业发展策略和产业发展格局的重要因素，应用优势劣势方法可以系统地分析“区域能够发展的产业”（即区域内部的强项和弱项）和“区域可能发展的产业”（即外部环境的机会和威胁）之间的有机组合，得出区域产业发展态势与产业竞争战略的比较完整的结论。

第一节　中部地区战略性新兴产业发展的主要优势

中部地区位于中国内陆腹地，地理地质条件好，自然资源丰富，水资源充沛，土地肥沃，气候适宜，人口众多，交通便捷，生态环境容量较大，区位优势明显，科教基础和工业基础较好，集聚和承载产业、人口的能力较强，具有加快经济社会发展的良好条件。中部地区在中国经济均衡发展中举足轻重，加快中部地区发展，是东中西互动、南北交融经济格局的客观需要，是推动区域经济均衡发展的必然选择，是提高综合国力和国际竞争力的重大战略。2006年，中共中央、国务院发布了《关于促进中部地区崛起的若干意见》（中发〔2006〕10号），实施促进中部地区崛起战略。2009年国务院批准了《促进中部地区崛起规划》。2012年，国务院进一步制定了《关于大力实施促进中部地区崛起战略的若干意见》（国发〔2012〕43号）。中部崛起战略实施以来，中部六省抢抓机遇加快发展，发展速度不断加快，经济运行质量逐步提高，一批重大项目陆续开工建设，打造国家粮食生产基地、能源原材料基地、现代装备制造及高技术产业基地和综合交通运输枢纽的建设工作取得重要进展。武汉城市圈、长株潭城市群、环鄱阳湖生态经济区、皖江经济带、中原经济区、太原城市群等重点地区发展迅速，带动作用显著。"十一五"时期以来，中部六省经济社会发展势头良好，经济增速明显上扬，经济增长率在全国处于领先地位。

国务院倡导发展战略性新兴产业以来，中部六省积极响应，开展调研，研究政策，制订规划，部分省在全国率先发布了发展战略性新兴产业的发展规划和实施方案。中部六省均把加快培育和发展战略性新兴产业，作为优化产业结构、推动产业升级的重要机遇，推动经济持续发展的必然选择，抢占未来科技制高点、把握发展主动权、更好地参与国内外竞争的战略需要。中部六省政府纷纷成立战略性新兴产业发展领导小组，建立产业发展协调机制，制定产业发展指导目录，规范产业统计指标体系，将产业发展绩效纳入政府工作绩效考核指标体系。在政府的大力推动下，中部地区战略性新兴产业的发展环境和支撑条件不断改善，自主创新能力有所提升，产业集聚度和园区承载力逐步提高，部分领域已形成一定的规模、特色和竞争力。

结合对东部地区、西部地区和东北地区的比较分析，中部地区发展战略性新兴产业的优势主要有以下几个方面：

一、中部地区地理区位优势

自古以来，中部地区就是兵家必争的战略要地，地理位置非常重要，区位优势十分明显。国家实施东部地区率先发展战略、西部大开发战略、振兴东北老工业基地战略，要使这些区域战略衔接起来，互惠互利，互相促进，成为整体，就离不开中部地区承东启西、连南接北的重要衔接作用。湖南、江西紧邻广东，既是珠江三角洲地区产品进入全国市场的重要门户，又是粤港澳地区重要的粮食、农副产品和原材料基地。安徽连接江苏、浙江、上海，是长江三角洲地区的主力后援和产业转移基地。河南、山西是环渤海地区和东北地区产品进入中西部市场的交通要冲，是西北地区产品进入中原地区和东部地区的出入口，是华北、华东与西部连接的枢纽。湖北素有“九省通衢”之誉，是水陆交通干道的交汇处，是云、贵、川、渝通江达海的必经之地。

中部地区地势相对平坦，水陆交通便捷，长江、淮河、黄河三大水系交错，铁路、公路、水运、航空基础建设较好，特别是京汉高铁、武广高铁、京九铁路、京港澳高速公路等的建设，极大地提高了陆路交通的效率，三峡大坝建成后有效地提高了长江中下游和上游的通航及运输能力。空中交通也很便捷，以中部地区中心城市武汉为圆心，航程 2 小时以内，半径 1200 公里左右的范围，能覆盖全国 80%的主要城市和经济区，北京、上海、广州、成都、西安均在此范围内。

东部地区港口众多，海运是其明显优势，加之京沪高速公路和京沪高铁的建成，以及京杭大运河的疏浚等，将环渤海地区和长江三角洲地区紧密连接。但是，由于浙江西南部、福建西北部和西南部、广东东北部均是崇山峻岭，交通基础建设一直相对落后，海运距离远，速度慢，转运环节多，所以福建、广东对中部地区交通的依赖性强。可以说，珠江三角洲必须通过中部地区，才能便捷地与全国联系。

中部地区紧密连接环渤海湾、长江三角洲、珠江三角洲地区和西部经济最发达地区（四川、重庆、山西、内蒙、广西、贵州等地)，还扼守着东北地区产品通过交通干道进入中西部地区的交通关口。如果把长三角、珠三角、环渤海地区比作中国经济的引擎，中部地区就是“离合器”和“变速箱”，长江三角洲、珠江三角洲、环渤海区对全国经济的引领效应，需要中部地区的承接和传动，才能发挥巨大作用。中部地区区位优势示意图如图6-1所示：

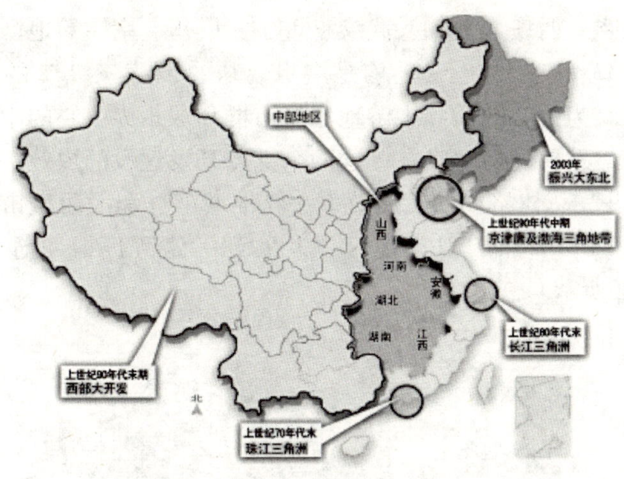

图 6-1　中部地区区位优势示意图

资料来源：《国务院关于印发全国主体功能区规划的通知》，载中国中央政府网站，http：//www. gov. cn/zwgk/2011-06/08/content_ 1879180. htm，2011 年 6 月 8 日。

2010 年 12 月，国务院发布了《关于印发全国主体功能区规划的通知》（国发〔2010〕46 号）。《全国主体功能区规划》中明确提出，要构建“两横三纵”为主体的城市化战略格局，“两横”即以大陆桥通道、沿长江通道为国土空间发展的两条横轴，“三纵”即以沿海、京哈京广、包昆通道为国土空间发展的三条纵轴。“两横三纵”覆盖全国主要城市化地区，集中全国大部分人口和经济总量（见图 6-2：全国主要城市化地区、经济区的联系示意图）。

从“两横”来看，大陆桥通道是欧亚大陆桥的国内段，经济、人口、城市集中在东、中段；沿长江通道，贯穿长江上中下游，主体部分也在东、中段。从“三纵”来看，东部纵轴较长，覆盖了东部沿海地区主要城市和经济区，经济体量最大，包括环渤海区、长江三角洲、珠江三角洲 3 个特大城市群；西部纵轴最短，覆盖西部主要城市化地区和经济区；中部纵轴最长，中部纵轴主体在中部地区，延伸到华北、东北和华南地区。“两横三纵”分别交汇于连云港、郑州、西安、上海、武汉、重庆、广州、京津等地区，其中京津、上海、广州、连云港均是端点。从“两横三纵”的格局来看，以武汉为中心的长江中游地区城市群和郑州为中心的中原经济区无疑是最重要的枢纽支点，这两个支点开发建设的成效，关系到“两横三纵”总体格局的发展效率。江淮城市群和太原城市群，可以看做这两个节点的卫星地区，发展到一定程度既可连成整体（如图 6-2 所示）。

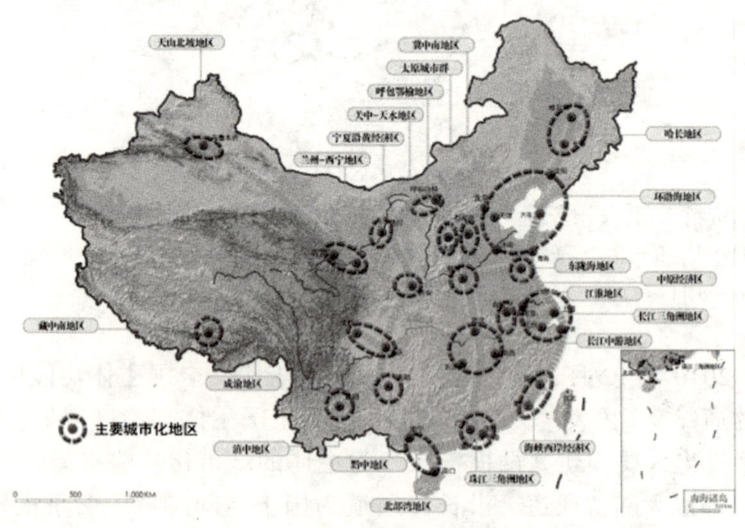

图 6-2　全国主要城市化地区、经济区的联系示意图

资料来源：《国务院关于印发全国主体功能区规划的通知》，载中国中央政府网站，http：//www.gov.cn/zwgk/2011-06/08/content_ 1879180.htm，2011 年 6 月 8 日。

二、中部地区资源环境承载能力优势

国务院颁布的《全国主体功能区规划》是国土空间开发的战略性、基础性和约束性规划。根据对不同区域的资源环境承载能力、现有开发强度和未来发展潜力的评估，该规划将国土空间分为优化开发区域、重点开发区域、限制开发区域和禁止开发区域四大类。该规划把东部地区的环渤海区、长江三角洲、珠江三角洲等人口密集、开发强度高、资源环境负荷过重的地区确定为优化开发区域，要求这类区域率先转变经济发展方式，促进产业转移。把中西部地区一些资源环境承载能力较强、集聚人口和经济条件较好的区域确定为重点开发区域，引导生产要素集中，加快工业化和城镇化进程。把西部地区一些不具备大规模开发条件的区域划为限制开发或禁止开发的生态功能区，加强生态环境保护，改善当地公共服务和人民生活条件。

环渤海区、长江三角洲、珠江三角洲地区由于开发强度大，土地资源十分紧张，大气环境与水环境质量差，化学需氧量排放已超过水环境容量，水资源利用已处于过载状态，地下水超采严重。二氧化硫排放超过大气环境容量，PM2.5污染严重，大范围雾霾等大气污染现象频频出现。此外，受地理位置和自然条件影响，台风和旱涝灾害时有发生。环渤海区、长江三角洲、珠江三角洲地区被列为优化开发区域，实际上此举对其城镇化、工业化进行了严格限制，对其产业发展提出了坚决淘汰落后产能、改造升级传统产业的高标准、严要求，因此经济下行的压力较大。

中部的各个地区，由于生态和环境总体质量较好，大气环境容量问题不严重，水资源充分，开发强度不高，可利用土地资源相对丰富，土地价格相对较低，各类自然灾害的危险性总体较低，被评估为资源环境承载能力强、集聚人口和经济条件较好的区域。太原城市群地区、江淮地区、中原地区和长江中游地区等均被列为国土空间重点开发区域，鼓励中部地区加快城镇化、工业化发展，鼓励中部地区承接东部产业转移，鼓励生产要素向中部地区聚集，将给中部地区战略性新兴产业带来难得的机遇和发展的优势。

《全国主体功能区规划》指出，技术进步虽然可以在一定程度上促进国土空间承载能力的提高，但目前技术力量和水平并不能完全解决国土空间总量、环境容量等关键问题。东部地区由于资源承载的问题，经济发展会有所放缓，中国经济发展的热点必然要向资源环境承载能力强的中部地区转移。

三、中部地区自然禀赋优势

中部地区自然资源丰富，是中国重要农业区和粮食主产区，粮食产量占全国近1/3，同时也是重要的能源和原材料供应基地。中部地区可开发的土地资源、水资源、矿产资源和生物资源等在全国有比较优势。此外，中部地区地质稳定，远离海岸，几乎不受台风、海啸等海洋性灾害的影响，火山、地震灾害也很少发生，自然灾害相对较少。中部地区的气候与自然地理条件较好，总体上地势较平坦，交通便利。河南和山西属于温带季风气候，冬季平均气温在零下8℃~14℃，夏季平均气温20℃~28℃；湖北、湖南、安徽、江西属于亚热带季风气候，冬季最冷一般不低于零下5℃，夏季高温达35℃~40℃。相对于东北和西部地区，冬季没有极低温的严寒，夏季部分地区虽炎热，但在可接受的范围，四季分明，相对宜居，物产丰富，人口密集。

东部地区除了资源环境承载能力差以外，资源相对贫乏是另一重要劣势。东部地区的矿产资源，特别是能源严重短缺，主要矿产储量的潜在价值只占全国矿产总值15%左右，已探明能源储量仅占全国7%左右，其中煤炭只占全国总储量的6%，铜矿占8%，铝土矿占19%，磷矿占11%。除山东、河北的资源相对丰富，其他地区，尤其是东南沿海地区的矿产资源比较贫乏。西部地区矿产资源非常丰富，已探明有储量的矿产有161种，探明矿产储量潜在价值占全国矿产总值的一半以上。但是西部地区生态脆弱，很多矿产资源位于限制开发的重点生态功能区，矿产资源开发受到严格限制。

中部地区拥有丰富的金属和非金属矿产资源，矿产种类多，储量大，有20多种矿产资源的储量居全国第一，其中煤炭储量约占全国50%，铜矿储量超过全国总储量的40%，铝土矿、硫铁矿和磷矿分别占全国总储量的30%。从矿产资源的地域分布看，煤炭主要集中在山西、安徽，其中山西的储量占全国的37%；磷矿主要集中在湖北，湖北的储量占全国的21%；铝土矿主要集中在河南、山西，其中河南的储量占全国的18%；铜矿主要集中在江西、湖南、安徽，其中江西的储量占全国的22%，江西还有丰富的稀土矿藏。

改革开放以来，中部地区经济走上快速发展的道路。随着经济的发展，矿产品需求量逐年增长，中部地区矿产资源优势凸显，开发利用水平不断提高，逐步成为中国重要的煤炭、磷矿、有色金属、稀有金属、钢铁等工业原材料生产和供应基地。山西省的煤矿，地理位置适中，煤炭储量巨大，其煤质优良、品种齐全，且易于开采，担负着全国60%的煤炭供应，全国最大的煤炭供应基地。江西德兴铜矿、安徽铜陵铜矿、湖北大冶铜矿、山西中条山铜矿是中国最重要的铜矿基地。湖北宜昌磷矿、荆襄磷矿是中国最大的磷矿基地。江西九江大湖塘钨矿、大余钨矿和湖南郴州柿竹园钨矿是中国主要钨矿基地，其中大湖塘钨矿是世界上已发现储量最大的钨矿。安徽的两淮煤田，是华东地区的重要煤炭基地。河南张窑院铝土矿、巩县小关铝土矿和山西阳泉白家庄铝土矿等是中国主要铝矿基地。此外，赣南的稀土矿，湖北、湖南、江西、安徽的铅、锌、锡等矿产，湖北、安徽、山西的铁矿，均在全国矿产市场占有一定份额。

四、中部地区的人力资源与科教文化优势

中部地区人力资源丰富，总人口约3.7亿人，占全国总人口近27%，人口众多，农业人口比例较大，东部地区尤其是广东、福建、浙江、江苏的外来务工人员，主要来自中部地区。国家统计局发布的2014年全国农民工监测调查报告显示，2014年全国农民工总数达到2.74亿人，其中外出务工的农民工1.68亿人，来自中部地区的外出农民工达6467万人，在外出农民工中所占的比例最大。

中部地区文化资源丰富，重学、重教、重科技、重信用是中部地区居民的优秀传统。由河洛文化逐步演化而来的、长期居于正统主流地位的中原文化，主张经世致用的湖湘文化，曾驰骋欧亚的晋商文化，曾称雄商界数百年的徽商文化，对中部地区影响深远，使中部地区的居民形成了包容、正直、诚实、刚毅、实用、精明等的文化特质。这种文化特质使中部地区人民在中国近现代史上写下了很多壮丽史诗，从曾国藩、李鸿章希望通过改良主义和洋务运动复兴中国，到辛亥革命武昌首义；从陈独秀等创建中国共产党，到毛泽东等建立新中国，中部地区人民以天下为己任、敢为天下先、勇于革新、自立自强的精神和重教重商、注重实用的传统，总在国家和民族发展存亡的关键时期发挥了中流砥柱的作用。这种文化特质和文化传统在提高自主创新能力和水平、实施创新驱动战略、加快处于萌芽期和成长期的战略性新兴产业发展方面，会起到强大的精神支柱作用。

中部地区居民历来重视教育，基础教育水平较高。在高考采取全国统考的20世纪八九十年代，中部地区多数省份的高考录取分数线就明显高于全国其他地区。现在中部地区基础教育实力和水平仍居全国平均水平之上，有教育研究机构在分析中学的高考成绩以及师资力量、软硬件设施等综合实力的基础上，发布了《2014中国高中排行榜》，排名全国第一的高中是武汉的华中师范大学第一附属中学，排名全国前五名的高中，有3所在中部地区。录取高校普遍反映中部地区的学生基础扎实，学习刻苦，发展后劲强。2006年国家颁布新的《义务教育法》，进一步以法律的手段将普及九年制义务教育制度的向前推进，随着高水平、高质量的中小学教育普及，城市和广大农村地区的少年儿童均能接受良好的基础教育，为中部地区储备了一大批高素质劳动者。

中部地区的高等教育比较发达，人才储备条件较好，科技实力比较厚实。中部地区拥有中国科技大学、武汉大学、华中科技大学、中南大学、湖南大学、武汉理工大学、中国地质大学、合肥工业大学、华中师范大学、华中农业大学、中南财经政法大学等一批列入“985工程”、“211工程”的国内外著名重点大学，以及南昌大学、郑州大学、安徽大学、山西大学、湖北大学等一批列入水平较高的地方高校，还拥有武汉光电国家实验室，测绘遥感、杂交水稻等一批国家重点实验室，以及一批国家工程研究中心等国家级研究平台。由于中部地区科研水平较高、科技人才密集、科研任务较多，1956 年中国科学院就在武汉设立分院，是中科院系统重要的分支机构之一。中部地区高校数量较多，招生规模较大，在读大学生多，国家和省部级高水平研究机构多，研究培养单位和博士后流动站较多，能为中部地区战略性新兴产业发展源源不断地提供高素质劳动者和储备高水平人才，其中武汉就有上百万在校大学生，是全球在校大学生规模最大的城市。

五、中部地区的产业与技术优势

中部地区经济基础较强，工业较发达，产业门类齐全，产业结构有中部地区的鲜明特色，由于是粮食主产区，第一产业比重略高，占 GDP 的 10%~12%；第二产业比重一般占 GDP 的一半左右，但是轻、重工业发展较均衡；第三产业占 30%~40%，交通运输、物流仓储、批零商贸、文化旅游等产业，发展势头较好，仍有较大的发展空间。作为能源、原材料工业生产和输出基地，中部地区除山西这个全国最大的煤炭生产和供应基地外，重要的工业原材料基地，还有湖北武汉、安徽马鞍山、山西太原等钢铁企业，江西、湖南、安徽铜陵的铜产业，山西、豫西煤化工，湖北磷化工，山西铝产业等，为中部地区战略性新兴产业的发展打下了比较坚实的上游产业基础。

据《中国战略性新兴产业发展报告 2014》公布的数据，2013 年中部地区的战略性新兴产业产值已达 12.61 万亿元。其中，在生物产业领域，形成了农业科技与服务、超级水稻等生物育种、生物医药优势产业。在新一代信息技术产业领域，超级计算机技术、光电子技术、地球空间信息技术已实现全国领先甚至世界领先。在工程设计方面，桥梁设计与工程、水利电力工程设计能力优势显著。在新材料产业方面，先进钢铁材料、高端有色金属材料、特种结构材料、复合陶瓷材料等在国内形成了比较优势。在新能源领域，清洁煤技术、煤化工、光伏产业、生物能源技术有一定的优势。在节能环保环保领域，电厂脱硫脱尘技术、智能电网研发水平居国内前列。在高端装备制造领域，数控机床、大型水轮机组、工程机械占有一定的优势。在新能源汽车整车制造方面，2014 年 9 月东风公司出产的启辰晨风纯电动汽车上市，给新能源汽车市场带来有力的支撑。

六、中部地区市场潜力优势

中部地区以占全国 10%的土地面积，承载着近 27%的全国人口，人口密度较大。中部地区，沃野千里，矿产丰富，鱼米之乡，居民富足，可支配收入相对较多。除本地就业外，中部地区还有大量的人口流动到东部地区，主要是农村劳动力外出务工，每年也会给户籍所在地带来较多的劳务收入。

中部地区城镇化水平不高，乡村占较大比例，随着国家将中部六省的大部分地区列为重点开发区域，中部地区将迎来城镇化、工业化的开发潮，孕育着巨大的潜在市场。城镇化将吸引大量投资，释放更多的土地资源、农业人口，同时吸引外出务工人员带回资金和技术，更多地在本地就业。今后一段时期，中部地区的经济增长率会持续保持在一个高于全国平均水平的区间。

可以预计，随着中部崛起战略的深入实施，信息化、工业化、城镇化、农业现代化的深入发展，扩大内需战略进一步拓展，中部地区“三基地、一枢纽”的建设不断推进，中部地区广阔的市场潜力和承东启西的区位优势将进一步得到发挥。

七、中部地区的重要机遇优势

中部地区在国家经济社会发展中占有重要地位，中央政府对中部地区的发展历来高度重视。新中国成立不久，在“一五”时期，国家组织实施的 150 个重点建设项目，其中大型民用项目 106 个，中部地区获得 29 个项目，是仅次于东北地区的第二大项目投放区；国防项目 44 项，也主要安排在中西部地区，这些项目的建设奠定了新中国的工业基础。

中部地区的战略地位非常重要，是全国性的交通枢纽、粮食和原材料基地，工业和科技、文化、教育基础较好。中央政府给中部地区提供了一系列重要机遇，希望通过促进中部地区崛起，形成优势互补、相互促进、协同发展的全国区域经济发展格局。世界政治经济形势的变化和节能减排、产业调整带来的国内市场转变，也给中部地区带来了加快发展的有利条件。

为了有效应对国际金融危机，国际国内产业发生结构性调整，跨国跨地区产业重构不断进行，中部地区要乘势承接东部地区和国际产业转移，促进本地产业结构优化升级。在国家确保经济平稳较快发展的要求下，随着加强和改善宏观调控、扩大国内需求的政策推进，对资源、能源和劳动力的需求不断增长，中部地区可以更好地发挥人口密集、市场广阔的优势，以城镇化、工业化、信息化为带动，积极开拓发展空间，加快战略性新兴产业发展，培育新的经济增长点。在国家全面推进深化改革的重要时期，中部地区可以乘势加大力度消除体制性矛盾和机制性障碍，大力推进政策、制度的革新，营造良好的发展环境，显著增强地区自主创新和经济社会自我发展能力。

（一）促进中部崛起战略

改革开放以来，继实施鼓励东部地区率先发展的战略之后，国家紧接着实施了西部大开发、振兴东北地区老工业基地战略，取得了显著成效。在东、西、东北三大板块取得明显的发展成绩之后，中部地区的发展相对滞后，落后于全国平均水平，“三农”问题突出、城镇化水平低、对外开放程度不高、产业调整优化任务重等一些发展上的困难和问题凸显。为了发挥中部地区综合优势，增强中部地区整体竞争力，中央政府从国家现代化建设全局出发，于2004年提出和实施了促进中部崛起战略。促进中部地区崛起的战略目标是要把中部地区建设成国家重要的粮食基地、能源原材料基地、现代装备制造和高技术产业基地、综合交通运输枢纽（简称“三基地、一枢纽”），更好地发挥承东启西的重要作用，不断增强对全国发展的支撑能力。其主要措施是：第一，通过加大投入，推进社会主义新农村建设，改善农业生产条件和农村生活条件，加快建设全国重要粮食生产基地。第二，推进产业结构挑战和优化升级，推进国家能源原材料基地、现代化装备制造业和高技术产业基地建设。第三，强化规划和重点项目实施，推动商贸、物流、旅游等相关产业发展，加强综合交通运输枢纽建设。第四，通过增强中心城市辐射功能，促进城市集群和县域经济社会发展。第五，加快体制机制创新，扩大对内对外开放。第六，加快社会事业进步，提高公共服务水平和能力。

国务院在2006年文件的基础上，2012年发布了《关于大力实施促进中部地区崛起战略的若干意见》（国发〔2012〕43号），要求中部地区加快转变发展方式，并从五个方面对发展提出了新的要求——要更加注重转型发展、创新发展、协调发展、可持续发展、和谐发展。这五个方面的要求，都与战略性新兴产业的属性紧密契合。促进中部崛起战略的实施，为战略性新兴产业发展提供了难得的历史机遇，中部地区只有抓住机遇，大力推进战略性产业发展，才能全面实现促进中部崛起战略的要求。可以说，促进中部崛起战略的“三基地、一枢纽”总目标和新的五项发展要求，给中部地区战略性新兴产业插上了腾飞的翅膀。

（二）长江经济带建设

2014年9月，国务院印发《关于依托黄金水道推动长江经济带发展的指导意见》，建设长江经济带是国家重大战略决策，对于有效扩大内需、优化区域结构、促进稳定增长、实现经济升级具有重要意义。2014年4月，国务院总理李克强在重庆主持召开会议，研究长江经济带建设总体考虑和相关规划，标志着长江经济带建设已被确定为国家重大战略。长江经济带东起上海，西至云南，覆盖上海、江苏、浙江、安徽、江西、湖北、湖南、四川、重庆、云南、贵州共11个省市，该经济带的经济总量约占全国GDP的一半，将成为世界上开发规模最大、影响范围最广的内河经济带。依托长江黄金水道，加快长江经济带建设，将为中国经济持续、健康、快速发展提供有力支撑。中部地区的湖北、湖南、安徽、江西是长江经济带的重要组成部分，长江经济带建设将给中部地区经济社会发展和培育壮大战略性新兴产业带来重要机遇。

长江经济带的战略构架主要如下：一是贯穿长三角城市群、长江中游城市群、成渝城市群，以长江为联络线，将长江的上中下游三大城市群连接起来，通过辐射带动作用，推动长江全流域发展进步。二是注重发挥国家中心城市、国家区域中心城市和特大城市的示范、集散、吸纳、牵引效应，以上海为"龙头"、武汉为"龙腰"、重庆为"龙尾"，做大做强上海、重庆、武汉等三大航运中心、物流中心、商贸中心。三是着力推进长江中上游腹地开发，推动长江三角洲的产业、技术、贸易等优质资源向中上游转移。例如，从2014年9月22日起，在长三角地区海关启用区域通关一体化通关方式；从2014年12月1日起，在南昌、武汉、长沙、重庆、成都、贵阳、昆明海关启用全流域一体化通关方式。四是实施东西双向开放战略，促进长江经济带向"两头"延伸，向西通过云南和西部边境线向中巴、中印缅经济走廊延伸，与欧亚大陆桥丝绸之路经济带相连接；向东通过上海向亚太、东南亚延伸，与海上丝绸之路连接，构建沿海、沿江、沿边全方位开放新格局。

2015年4月，国务院批复同意《长江中游城市群发展规划》，对于加快中部地区全面崛起、探索新型城镇化道路、促进区域一体化发展具有重大意义。长江中游城市群主要包括以武汉、长沙、南昌、合肥为区域中心的武汉城市圈、长株潭城市群、环鄱阳湖经济圈、江淮城市群等中部经济较发达地区，国土面积超过30万平方公里。长江中游城市群，东面与长江三角洲地区衔接，南面临近珠江三角洲，土地面积是长江三角洲的3倍、珠江三角洲的5倍，基础设施和自然条件较好，生态环境承载能力强，是承接长三角、珠三角产业转移的合适地带，有望发展成为中国经济新的增长极。

随着长江经济带的发展，统一开放和竞争有序全流域现代市场体系建设的推进，长三角、长江中游城市群和成渝经济区的基础设施、生产要素、产业和市场在更高层面上统筹发展，完善长江流域大通关体制，发挥市场对要素优化配置的决定性作用，将形成沿海与中西部相互支撑、良性互动的新格局。中部地区要紧紧抓住这个重要机遇，积极承接东部产业转移，推进战略性新兴产业快速发展，促进产业结构优化升级，真正实现中部地区经济发展和社会事业崛起。

（三）一带一路战略

“一带一路”分别是指“丝绸之路经济带”和“21 世纪海上丝绸之路”（见图 6-3）。一带一路战略是中国在新一轮对外开放时期，将自身发展复兴与推进国际区域合作有效对接，借助已有而行之有效的双边机制或多边机制，打造一个巨大的亚非欧国际合作平台。这个平台的重要特征是历史渊源深厚，合作基础扎实，互联互通，互惠互利，以加快经济社会发展为目的，不涉及政治和安全领域，不受文化宗教差异等的影响。

图 6-3 “一带一路”示意图

资料来源：王泳桓：《海合使节南京共论“一带一路”》，载《东方早报》2014 年 10 月 24 日。

一带一路战略，首先是推进亚洲区域合作的需要。亚洲作为世界上面积最大的洲，曾经是人类文明的发源地之一，是世界文化和经济的先导区。但是，近代工业革命使欧美地区一跃成为世界的领先区后，欧美一些国家通过征服与殖民的手段，对亚、非、拉美地区进行掠夺和破坏，使这些地区的社会和文明进程被打断，经济社会发展持续低迷，进步缓慢。进入现代社会，东亚、南亚、中亚、西亚在不同时期均出现长期处于争端的阶段，有的地区矛盾激化，甚至战争频发、生灵涂炭，导致亚洲整体发展水平一直落后于欧洲和北美。亚洲的崛起，首先需要加强区域内的合作交流和互利互惠，一带一路战略是首要的选择。

一带一路战略，也是非洲和欧洲发展的需要。由于经济、社会、历史和自然条件的因素，非洲与世界各国在经济、技术方面的合作交流相对少，中国是对非援助交流最多的国家之一，打造 21 世纪海上丝绸之路，对非洲来说是一条加强与亚欧经济和技术合作的捷径，无疑非常必要。国际金融危机给欧洲经济带来严重损害，欧洲重新重视实体经济的发展，但是世界各国都采取保护性措施，强化了本国市场的壁垒，再工业化的欧洲迫切需要亚非的广阔市场，一带一路战略的实施，对于欧洲来说，可谓是上帝的福音。

2013 年，国家主席习近平在访问哈萨克斯坦和印度尼西亚时，分别提出了建设丝绸之路经济带和打造 21 世纪海上丝绸之路的倡议。这个倡议迅速得到了相关国家的积极响应。一带一路战略将构建世界上最长的海陆经济大走廊，沿线国家和地区近 30 个，总共有人口约 44 亿人，经济总量达 21 万亿美元，货物和服务出口占全世界的 24%。2013 年中国与一带一路沿线国家的贸易额已超过 1 万亿美元，贸易额年均增长率接近 20%，随着一带一路战略的推进，这个经济体系的发展将会有广阔的提升空间。

自古以来，丝绸之路运送的是中国的丝绸、瓷器、茶叶等东方特产，这些特产的原产地主要在长江流域（部分瓷器产地在河北和河南），中部地区是主产区之一。中部地区与“一带一路”关系密切。一带一路战略的实施，将在南北两个方向强化中部地区对外开放的渠道，一是凭借欧亚大陆桥的便利条件，以汉新欧和郑新欧国际铁路建设为契机（见图 6-4），充分发挥武汉、郑州交通枢纽及大陆桥沿线交通节点的重要作用，依靠丝绸之路经济带，与中亚、西亚、欧洲建立密切联系；二是通过加强京广经济带、京九经济带建设，通过京广、京九大动脉连通海上丝绸之路，连接东南亚、南亚、北非和欧洲。

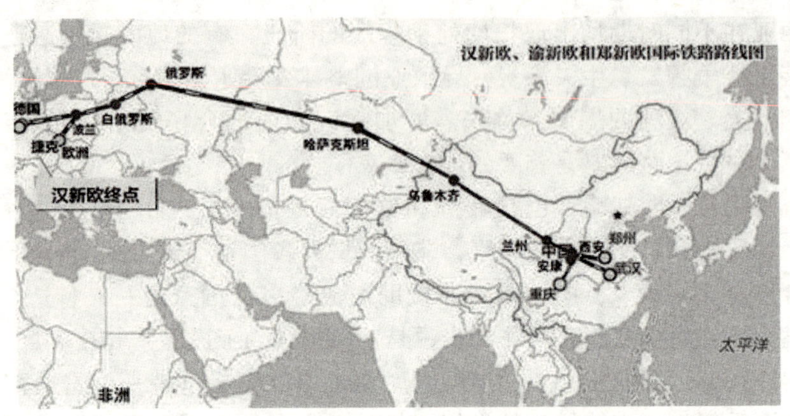

图 6-4 汉新欧、渝新欧和郑新欧国际铁路路线图

资料来源：《习近平在德迎中国列车 湖北抢抓丝绸之路机遇》，载腾讯新闻网，http：//mp. weixin. qq. com/s？ _ _ biz=MjM5Njk1NDY4MQ==&mid=200620651&idx=3&sn=3a805e6f3c36bc86c2e5d0126fa7d3e7，2014 年 4 月 1 日。

（四）中原经济区和国家综合配套改革试验区建设等机遇

中原经济区发展战略，是以郑州、开封、洛阳等重要城市为核心、中原城市群为支撑、涵盖河南全省，并且延及山东、河北、安徽、山西 12 个地级市 3 个县区的区域发展战略。2012 年 11 月，国务院正式批复《中原经济区规划》。此前，国务院在《全国主体功能区规划》就已将位于大陆桥通道和京广通道纵横交汇处的中原经济区列为重点开发区域。

中原经济区地理位置重要、交通发达、市场潜力巨大、文化底蕴深厚，其战略定位是：国家重要粮食生产与现代农业基地，能源与原材料基地，综合交通枢纽与物流中心，工业化、城镇化、信息化和农业现代化协调发展示范区，华夏历史文明传承创新区。

其主要举措包括：强化郑州区域中心城市地位和作用，重点建设郑汴一体化区域，提升洛阳区域副中心功能，构建“一极两圈三层”的战略开发格局，沿郑汴洛工业走廊和沿京广、南太行、伏牛东发展产业带，加强粮油等农产品深加工基地建设，加强黄河生态保护。

从2005年6月至今，国务院先后批复同意设立12个国家级综合配套改革试验区，包括上海浦东新区、天津滨海新区、上海浦东新区、重庆市、成都市、武汉城市圈、长株潭城市群、深圳市、厦门市、沈阳经济区、山西省、义乌市等。中部地区拥有武汉城市圈、长株潭城市群、山西省3个国家级综合配套改革试验区。其中武汉城市圈是指以武汉为中心，包括黄石、鄂州、黄冈、孝感、咸宁、仙桃、天门、潜江周边8个城市为外围，所组成的“1+8”城市群体；长株潭城市群是以长沙、株洲、湘潭为核心区，1个半小时交通为半径，包括岳阳、常德、益阳、娄底、衡阳周边5个城市在内的“3+5”城市群体，这两个综合配套改革试验区都是2007年12月获得国家批准。山西省国家级综合配套改革试验区是2010年12月经国务院同意批复设立的，既是国家设立的第九个综合配套改革试验区，也是第一个全省域、全方位、系统性的国家级综合配套改革试验区。

国家建设综合配套改革试验区，旨在通过深化改革，加快科技进步和创新发展，优化资源配置，统筹城乡发展，保障和改善民生，加快产业结构调整升级，促进经济发展方式由粗放式、高能耗、高污染向集约式、节约型、清洁型转变，建设资源节约型和环境友好型社会。国家综合配套改革试验区建设，给战略性新兴产业带来了内生动力和外在压力，使各地区不再“唯GDP论英雄”，把生态和环境放在更加突出的地位，把现实发展与长远可持续发展结合起来，把要素驱动和创新驱动结合起来，更加重视和依赖创新驱动。

此外，中部各省还有本省、本地区的一些重要机遇，如湖北武汉建设东湖国家自主创新示范区、武汉自由贸易区和郑州自由贸易区建设、合芜蚌自主创新综合试验区建设、长沙综合性国家高技术产业基地和国家创新型城市试点、江西昌九一体化发展战略，等等。这些机遇都是中部地区战略性新兴产业加快发展的助推力，中部地区应做好相应衔接和配套工作，把机遇转化为实效。

第二节 中部地区战略性新兴产业发展的主要劣势

在20世纪五六十年代，中部地区的经济发展水平一直高于东部沿海大部分地区。但是到20世纪八九十年代，随着改革开放逐步深入和鼓励东部地区率先发展，东部经济持续多年保持高速增长，中部地区经济逐渐落后东部地区，发展不断放缓，甚至一度低于西部地区和全国平均水平。中部地区的这种发展劣势，其本质是计划经济与社会主义市场经济相比较而呈现出来的劣势。当东部地区已开始大规模鼓励外商投资、引进先进生产技术设备与管理、鼓励民营企业发展、大力改造国有企业、突破金融财税政策限制时，中部地区还在按照计划指令生产和销售，对国内市场的变化没有敏感性，所以在东部地区企业和产品的冲击下，很快丧失了部分市场份额。东部地区在资金、市场、人才、技术方面的优势保持至今，社会发展历史进程给中部地区带来的这种发展劣势在短期内难以消失。

虽然战略性新兴产业是依赖创新驱动的发展方式，不同于政策驱动和要素驱动的传统发展方式，但是由于经济发展水平和要素积累具备的差距，中部地区在发展战略性新兴产业方面还存在以下明显的劣势。

一、中部地区能源资源劣势

目前，世界能源结构的主体还是包括石油、煤炭、天然气、煤层气、油砂油、页岩油等在内的化石能源，其中的煤炭、石油和天然气是最主要的成分。煤炭是中国的主导能源，在中国一次能源生产和消费中煤炭近占70%的比重。但是，石油和天然气是比煤炭更方便、更高效的能源，它们的热效率比煤高（石油、天然气的热效率分别为65%和75%左右，而煤的热效率仅为40%~60%），储运比煤炭方便。石油、天然气还是最重要的工业原料之一。石油甚至被誉为“现代工业的血液”，在目前发展水平下，现代工业经济离不开石油，国际油价已成为世界经济发展走势的重要评判指标。

但是中部地区严重缺乏石油、天然气。河南的石油储量在中部地区最多，也仅列为全国第 10 位，湖北的石油列全国第 15 位，安徽的石油是全国第 19 位，天然气储量更少。湖南、江西、山西三省暂时还没有发现有工业价值的石油、天然气储量。

虽然山西的煤矿储量巨大，安徽、湖南、河南、江西也有一些煤矿，但是中部地区总体上缺乏经济适用的化石能源，煤炭资源的分布极不均匀，运输导致能源成本很高。缺乏煤炭，会直接影响到火力发电、炼铁炼钢等基础产业发展；缺乏石油、天然气更是会威胁能源供给、石化产业、居民生活，能源紧缺是中部地区在自然资源方面的一个明显劣势，会对战略性新兴产业的迅速壮大形成一定限制。从另外一面来看，中部地区化石能源缺乏和分布不均，会刺激中部地区积极发展新能源产业。但是由于自然地理条件，中部地区在太阳能、风能资源方面也不具备西部地区、沿海地区的优势。中部地区在能源战略方面必须走一条不同于东、西部地区的发展之路。

二、中部地区金融资源劣势

相对于东部地区来说，中部地区经济总量不大，资本市场欠发达，金融支持力度小，财税收入水平较低，民间资本投资意愿和能力不强，高水平的专业投资机构少。中部地区在制度创新、金融创新方面落后于东部地区，因此，在吸引投资方面的能力也明显弱于东部地区，特别在吸引外资和利用外资方面的规模很小、水平比较低。

中国金融中心指数（CFCI）利用已经公开的统计数据，对中国内地的金融竞争力进行评价，将中国内地的金融中心评为三级："一级金融中心"也称为"全国性金融中心"，指具有全国性金融影响力和辐射力的金融中心，除香港以外，有上海、北京、深圳 3 个城市；"二级金融中心"也称为"核心区域金融中心"，指具有一定区域影响力和辐射力的金融中心，包括广州、杭州、大连、宁波、南京、天津 6 个城市；"三级金融中心"也称为"次级区域金融中心”，包括沈阳等 15 个城市。从中国金融中心指数来看，中国主要金融中心都集中在东部沿海地区。

中部地区金融业总体水平偏低，占全国的比重明显落后于东部地区。根据中国人民银行 2015 年 7 月公布的《2014 年中国区域金融运行报告》，截至 2014 年年底，中国银行业金融机构网点近 22 万个，从业人员 372 万人，银行业资产总额达 172.3 万亿元人民币(本外币合计)①，中部地区无论从机构个数（占全国 22.7%）、从业人数（占全国 20.3%）、资产总额（占全国 15.3%），均低于东部地区和西部地区。如表 6-1 所示：

表 6-1 **2014 年底全国银行业金融机构地区分布（单位：%）**

中国各经济区域	银行业金融机构		
	机构个数占比	从业人数占比	资产总额占比
东部地区	41.0	45.2	58.4
中部地区	22.7	20.3	15.3
西部地区	26.8	23.8	19.3
东北地区	9.5	10.7	7.0
合　　计	100.0	100.0	100.0

资料来源：中国人民银行 2015 年 7 月公布的《2014 年中国区域金融运行报告》。

在证券业发展水平和上市公司数量方面，中部地区也低于东部地区、西部地区，处于劣势地位。总部设在中部地区的证券公司数仅占全国的 10%，而东部地区占 70%，西部地区占 15%。总部设在中部地区的基金公司数为 0。中部境内上市公司数仅占全国的 14.3%，少于西部地区，但是 2014 年中部地区在国内 A 股市场筹资额仅占全国的 12.5%，比东部地区少 51.5 个百分点，比西部地

① 中国人民银行货币政策分析小组:《2014 年中国区域金融运行报告主报告》，载中央政府门户网站，http://www.gov.cn/xinwen/2015-07/05/content_2890468.htm，2015 年 7 月 5 日。

区少 7 个百分点。[1] 如表 6-2 所示：

表 6-2 **2014 年全国证券业区域分布情况（单位：%）**

项目	东部	中部	西部	东北	全国
总部设在辖内的证券公司数	70.0	10.0	15.0	5.0	100.0
总部设在辖内的基金公司数	98.0	0.0	2.0	0.0	100.0
总部设在辖内的期货公司数	72.4	9.9	10.5	7.2	100.0
年末境内上市公司数	65.7	14.3	14.5	5.5	100.0
年末境外上市公司数	84.8	8.1	4.5	2.5	100.0
当年国内股票（A 股）筹资额	64.0	12.5	19.5	4.0	100.0
当年发行 H 股筹资额	29.0	0.7	6.6	63.8	100.0
当年国内债券筹资额	71.2	10.7	14.3	3.8	100.0

资料来源：中国人民银行 2015 年 7 月公布的《2014 年中国区域金融运行报告》。

中部地区金融业不够发达，金融机构的数量偏少、规模小，无论是银行业，还是投资公司、证券公司、信托公司等非银行金融机构，与东部沿海发达地区都有显著的差距。中部地区多样化的金融机构少，金融服务体系不完善，金融创新水平较低，资本形成能力较弱，对战略性新兴产业的发展和产业转型升级的支持相对较弱。此外，中部地区的优势产业主要集中在煤炭、钢铁、汽车、烟草、有色金属和非金属原材料等传统产业，而战略性新兴产业规模和水平还不够发达，同时技术和市场风险较大，这种产业结构易使金融机构将愿意贷款发放给优势传统产业，战略性新兴产业尤其是中小型企业很难争取到银行贷款，或者融资成本非常高。这样就会出现金融资源被传统产业锁定的现象，大量的金融资源被规模较大、增长缓慢的传统产业占用，而且资金占用的周期一般都比较长，而这

① 中国人民银行货币政策分析小组：《2014 年中国区域金融运行报告主报告》，载中央政府门户网站，http://www.gov.cn/xinwen/2015-07/05/content_2890468.htm，2015 年 7 月 5 日。

使得中部地区金融资源紧张，配置效率也较低。

三、中部地区城镇化发展劣势

战略性新兴产业是以重大技术突破为基础，城镇是社会资源和要素的集约地，如果一个地区的城镇化率过低，对该地区的战略性新兴产业发展是不利因素。中国东部三大城市群，京津冀、长江三角洲、珠江三角洲，以 2.8%的国土面积集聚了 18%的人口，创造了 36%的国内生产总值，成为中国经济快速增长的重要平台。而位于中国内陆腹地的中部地区总人口 3.61 亿，占全国人口的 28%，其中农业人口 1.86 亿，约占全国农业人口的 1/3。由于农业人口多，农村分布广泛，中部地区的城镇化率低于东部地区和全国平均水平。据国家统计局公布的数据，2014 年全中国城镇化率为 54.8%，东部地区城镇化率超过 62%，而中部地区的城镇化率只有 49%左右，比东部地区低 13 个百分点，比全国平均值低 5 个多百分点。①

提高城镇化发展水平，不仅有利于逐步消除城乡二元结构的矛盾和促进农业现代化发展，而且有利于拉动投资、增加农民收入、释放内需，有利于催生战略性新兴产业，加快产业调整升级和产业结构优化，为中国经济平稳持续发展提供新的增长点。目前中国经济发展面临较大下行压力，加快城镇化，被视为实现产业转型升级和促进现代化发展进程的重要途径。

国务院总理李克强在 2015 年政府工作报告中指出，城镇化是解决城乡差距的根本途径，也是最大的内需所在。中国政府将着力解决好“三个 1 亿人”问题（即促进 1 亿左右的农业转移人口落户城镇，改造约 1 亿人居住的城镇棚户区和城中村，引导 1 亿左右的农业人口在中西部地区就近城镇化），要保持中国经济中高速增长和迈向中高端水平，必须发挥好城镇化对现代化的支撑作用，用好新型城镇化这个发展的动力源泉。

---

① 国家统计局：《中华人民共和国 2014 年国民经济和社会发展统计公报》，载中华人民共和国国家统计局网，http：//www.stats.gov.cn/tjsj/zxfb/201502/t20150226_685799.html，2015 年 2 月 26 日。

中部地区是全国“三农”问题最为突出的地区，中部地区要抓住城镇化、工业化发展的机遇，有效消除城镇化率较低的劣势，通过加快城镇化、工业化发展，为战略性新兴产业的发展营造更好的环境和更多的机会。

四、中部地区对外开放劣势

中部地区的区位地缘条件，既有显著的优势，是国内承东启西、连接南北的战略要地，又有明显的劣势，中部地区不临海、不临边，在国际交流合作和国际市场开拓方面处于不利地位，进出口不发达，落后于东部、西部、东北地区。东部地区紧邻大洋、港口众多，是国际贸易的主要阵地。西部地区和东北地区都拥有漫长的国境线和众多通商口岸，在国际贸易方面，地理位置上优于中部地区。

以武钢为例。由于国内铁矿石多数品质较低、矿藏分散，不能满足大型钢铁厂的大规模、高品质原材料采购，目前宝钢、武钢等大型钢铁厂的铁矿石原料主要依赖国外进口。但是，武钢地处内陆，从国外进口的矿石到沿海港口后，还需要经过多次水路或陆路转运，原材料的物流成本比宝钢高得多，在原材料竞争上处于明显劣势。中部地区的产品出口，也有物流成本劣势。所以中部地区在全国进出口贸易格局中，处于不利地位。

2014 年全国进出口总额达 26.4 万亿元人民币，其中进口为 12.0 万亿元，出口 14.4 万亿元①。东部地区的广东省（10767.3 亿美元）、江苏省（5637.6 亿美元）、上海市（4664.1 亿美元）、北京市（4156.5 亿美元）和浙江省（3551.5 亿美元）持续排名全国进出口贸易额前五位。

由表 6-3 的统计数据可以看出，2014 年中部地区的出口增长率为 15.3%，高于东部地区，低于西部地区，但是出口总额只有 9800 亿元人民币，只占全国的 6.8%；而东部地区的出口额为 116000 亿元，占全国的 80.5%；西部地区出口额为 13400 亿元，

---

① 中国人民银行货币政策分析小组:《2014 年中国区域金融运行报告主报告》，载中央政府门户网站，http://www.gov.cn/xinwen/2015-07/05/content_2890468.htm，2015 年 7 月 5 日。

比中部地区多 3600 亿元。

表 6-3　　**2014 年各地区出口额比重和增长率（%）**

	占　比		加权平均增长率	
	—	比上年增减	—	比上年增减
东部地区	80. 5	-1. 2	4. 5	-1. 9
中部地区	6. 8	0. 6	15. 3	0. 5
西部地区	9. 3	1. 2	24. 6	3. 2
东北地区	3. 5	-0. 5	-6. 0	-17. 7

资料来源：中国人民银行 2015 年 7 月公布的《2014 年中国区域金融运行报告》。

由表 6-4 的统计数据可以看出，2014 年中部地区的进口额只有 5400 亿元人民币，只占全国的 4.5%，不仅远低于东部地区（101400 亿元），而且低于西部地区（7200 亿元）和东北地区（6000 亿元）。

表 6-4　　**2014 年各地区进口额比重和增长率（%）**

	占　比		加权平均增长率	
	—	比上年增减	—	比上年增减
东部地区	84. 5	-1. 5	-1. 1	-8. 1
中部地区	4. 5	0. 4	9. 8	-3. 6
西部地区	6. 0	0. 8	22. 0	3. 3
东北地区	5. 0	0. 3	6. 6	2. 3

资料来源：中国人民银行 2015 年 7 月公布的《2014 年中国区域金融运行报告》。

五、中部地区产业结构劣势

中部地区产业结构欠合理，第一产业、第二产业所占比重偏高，第三产业所占比重偏低。中部地区是重要粮食产区，第一产业占比高有一定合理性。但是第二产业和第三产业的结构有待优化。2014 年中部地区第二产业的比重达 49.9%，分别高于东部地区 4.4 个百分点、西部地区 2 个百分点和东北地区 2.6 个百分点，工业在国民经济中的比例过大，对资源环境的依赖性和冲击力也就相应增大，这并不利于可持续发展。此外，中部地区服务业欠发达，尤其高技术服务业不发达。第三产业（服务业）增加值只占全国的 17.8%，而东部地区第三产业增加值占全国的比重为 56.1%。在三次产业结构中，中部地区第三产业（服务业）只占 39.1%，不仅低于东部地区（48.8%），而且低于西部地区（40.2%）、东北地区（41.5%）和全国平均水平（44.5%）。[①] 这也说明中部地区的产业结构有待进一步优化调整，如表 6-5 所示：

表 6-5　**2014 年各地区三次产业的比重（%）**

	东部地区	中部地区	西部地区	东北地区	地区合计
	三次产业的地区分布				
第一产业	34.5	26.3	28.2	11.0	100.0
第二产业	49.5	21.5	20.5	8.5	100.0
第三产业	56.1	17.8	18.3	7.8	100.0
	各地区三次产业的比重				
第一产业	5.7	11.0	11.9	11.2	8.5
第二产业	45.5	49.9	47.9	47.3	47.0
第三产业	48.8	39.1	40.2	41.5	44.5
地区生产总值	100.0	100.0	100.0	100.0	100.0

资料来源：中国人民银行 2015 年 7 月公布的《2014 年中国区域金融运行报告》。

① 中国人民银行货币政策分析小组：《2014 年中国区域金融运行报告主报告》，载中央政府门户网站，http：//www.gov.cn/xinwen/2015-07/05/content_2890468.htm，2015 年 7 月 5 日。

中部地区战略性产业规划与东部地区有较高的相似性，而东部地区的产业基础、资金条件、技术水平、人才队伍等高级生产要素全面优于中部地区。相比较之下，如果选择相同的重点发展领域和相似的发展举措，中部地区战略性新兴产业就可能面临全面劣势，最多也只能跟在东部地区身后发展，难以形成自身的发展特色和竞争优势。

中部六省之间战略性新兴产业规划过于求全求大，产业选择面面俱到，发展方向重复率较高，发展内容同质化较严重，容易造成区域内部激烈的人才、技术、市场和资金争夺，在资源有限的条件下，可能抑制中部地区战略性新兴产业的快速发展壮大，停留在“小而全”，难以做大做强。

战略性新兴产业的发展能为产业调整和优化升级提供有力支撑，但是战略性新兴产业本身的发展也依赖于产业规划的科学引导和产业政策的大力扶持，并需要发达的高技术服务业提供配套支持。中部地区要加快发展知识密集型的新型服务业，如与客户互动配合的金融业、快捷便利的信息服务业、高端前沿的科技服务业、量身定制的商务服务业，等等。

六、中部地区自主创新能力劣势

在战略性新兴产业发展方面，谁掌握了技术创新的制高点，谁就掌握了竞争的主动权。中部地区经济发展的劣势，除了产业结构性矛盾大、品牌影响力小、绿色发展慢以外，自主创新能力弱、核心技术受制于人是突出问题。中部地区虽然有一定的科教实力，但是产学研结合不紧密，科技和经济“两张皮”的情况仍然严峻，科技成果本地转化率低，往往输出到东部地区才有较好的转化。在传统产业占绝对优势的情况下，加之风险投资、创业投资不发达，中部地区对新技术的吸纳能力低，技术吸纳往往局限于传统产业范围。中部地区在战略性新兴产业前沿成果和创新型龙头企业方面也存在明显的不足。

相对与东部地区来说，中部地区的市场竞争氛围不浓，市场活力不足。其主要原因是民营企业不够多、不够强，大型国有企业在多数产业领域占据主导地位。由于大型国有企业在体制、机制、规模、结构等方面的限制，对市场和技术的反应往往不如东部地区的创新型中小企业灵活，对自主创新的投入、对技术人才的激励也受到很多体制性制约。

中部地区战略性新兴产业的产业配套和产业链建设不如东部地区完善，作为能源和原材料基地，中部地区与西部地区产业结构有相似之处，往往由于资源优势，占据产业链的一个环节，局限于生产单一的粗加工产品，不追求精深加工、拓展产业链。因为精深加工、进一步拓展产业链，需要技术、资金、人才、设备的密集投入，并且有一定的风险。中部地区金融业欠发达，企业研发投入相对较少，在技术、资金方面存在劣势，因此拓展产业链的意愿往往并不强烈，产业难以发展壮大。

第三节　中部地区战略性新兴产业发展面临的重要挑战

中部地区战略性新兴产业的发展，虽然拥有诸多发展机遇，但是也面临制约发展的多种挑战。这些挑战，有的来自国际市场，有的来自国内其他地区，有的是因为体制机制障碍，有的是本地先天不足，甚至有的是观念和认识上的问题。

一、核心技术方面的挑战

战略性新兴产业以重大技术创新或关键技术突破为产业发展的基础，离开了技术创新，就不能称之为战略性新兴产业。所以对于培育和发展战略性新兴产业，最重要的要素是拥有一定的创新能力和掌握核心关键技术，其他要素都可以通过一定的途径去汇聚。相对于欧美发达国家来说，中国的战略性新兴产业发展面临的关键问题，就是很多核心技术掌握在外国人手中，而本土自主创新能力不强，无法掌握技术的主动权，技术上受制于人，产业发展就很难超越发达国家。例如，在新一代信息技术领域，虽然目前世界上运算最快的超级计算机诞生在中国，但是它的芯片并不是中国制造。有学者分析，中国的众多计算机都依靠国外的芯片和国外的系统软件，很容易受人控制。在高端装备制造领域，中国的飞机、舰船的一些关键部件必须依赖进口。以市场换技术的策略，在战略性新兴产业的发展初期是可行的，但是如果不能做到自己掌握核心技术和进一步自主创新，在今后的发展中几乎不可能占据新一轮竞争的优势地位。

中国各地创新能力发展不均衡。根据中国科技发展战略研究小组柳卸林、高太山主编的《中国区域创新能力报告 2014》，2014 年中国区域创新能力排名前七位的省份都在东部沿海地区，中部地区创新能力最强的安徽省也仅列全国区域创新能力第九位。区域创新能力的强弱与经济和科技的基础条件、教育发展水平、研发人员队伍数量和质量、企业主体地位的确立、创新创业环境的营造、体制机制的完善、研发经费的投入等相关，中部地区在以上方面并不占优势，如何提升创新能力，形势严峻。

实践已经证明，依靠资源消耗、要素堆积、低价销售的方式发展战略性新兴产业是不可持续的，在竞争中随时可能遭遇断崖式失败。中部地区的战略性新兴产业发展必须走技术创新之路，但是创新发展，不仅要面对东部地区的技术挑战，更面临发达国家的技术挑战，能否有能力走出国门、走向世界，决定着产业的发展潜力。中部地区必须集结有利于创新发展的一切资源，加大自主创新和引进、消化、吸收、再创新，提高企业自主创新的积极性，强化创新成果保护和创新激励措施，突破核心技术瓶颈，把握竞争主动权。

二、政产学研用结合方面的挑战

除重大技术突破以外，战略性新兴产业还以重大发展需求为基础和导向，即技术突破要符合发展的要求和市场的需求，也就是技术突破要有的放矢，有实际用途。中国的科技队伍很庞大，但是大而不强，专职研发人员（R&D 人员）总数达到 360 万人，规模世界第一，超过美国专职研发人员一倍，是日本、俄罗斯研发人员的 4 倍多。每年产生的专利、科研论文不少，评出的各级各类科技成果奖很多，但是很多科技成果与市场需求结合不紧密，科研项目完成后，所产出的科技成果就无人问津，束之高阁，没有形成生产力。

相对于全国和东部地区来说，科技资源和科技实力处于劣势地位的中部地区要想有效应对国际国内的挑战，必须在科技工作的质量和效率上想办法。加强产学研用合作是提高科技质量和效率的重要途径。例如，微软的操作系统广泛吸纳研发、销售等各方的意见，尤其是用户甚至黑客的意见和建议，迅速进行修补，不断改进，努力做到动态的无懈可击。多数国产的软件操作系统，不重视产学研用各个环节的协同，产品改进速度极慢，最终失去用户和市场。

但是中部地区在现代科技管理体制和激励机制还不够完善，科技和经济结合不紧密，科技人员从事科研时，往往只注重其学术价值，很少关注市场需求，追求科研立项和科研经费的数量，为了争取经费，甚至重复立项，不关心研究的质量和效益，立项单位也很少组织有效的验收，一般是走形式。这样可能导致真正有实用价值的研究成果不多，即使有一定价值，也由于制度缺失或产学研脱节而造成科技成果转化不畅。

中部地区企业在研发方面的投入相对较少，一方面是因为企业本身自主研发能力弱，又由于产学研结合度低，不能准确找到所需要依托的研发机构；另一方面是企业不愿意承担技术研发失败的风险，宁可把资金花在其他环节上。

教育与科技、产业的结合也不够紧密，对科技和产业的新发展、新变化不敏感，专业、课程、教学内容多年不变，培养的人才与现实需求脱节。

由于体制机制上的原因，中部地区用户（客户）参与研发的途径少，参与能力较弱，用户主要反馈途径是投诉，而不是参与产品的改进。北京、上海、广东等东部地区城市构建广泛包括主导企业、研发机构、上下游企业等在内的产业联盟，是一种产学研用紧密结合的模式。中部地区也在探索建立产业技术联盟等多种产学研用合作方式，但是对于还没有建立起完善的政产学研用紧密合作关系的中部地区战略性新兴产业来说，它们将会在市场竞争中遇到来自国外和东部地区产业的严峻挑战。

三、资金方面的挑战

战略性新兴产业是知识技术密集、物质资源消耗少的产业，这样的产业在其发展的萌芽期和成长期需要大量的资金扶持，尤其是研发阶段和产品不断改进直到成熟阶段，在没有良好市场回报的情况下，如果没有强有力的资金保障，往往会使技术和产品发展变慢，甚至出现研发中断、企业破产倒闭。在新产品的市场推广方面，也需要大量的投资进行必要的推广和补贴，因为新产品在被市场广泛接受前，生产成本可能比传统产品要高得多。例如，目前相同规格排量的新能源汽车比传统汽车的价格一般高出2~3倍，很难被客户接受，新能源汽车的应用，需要政府或企业花费巨额资金去推动。

中部地区金融业发展水平不高，金融创新能力不强，在战略性新兴产业发展方面面临资金方面的挑战。截至2014年年底，全国银行业金融机构的金融资产总额172.3万亿元，东部地区拥有超100万亿元，其中北京、广东、江苏、上海、浙江5省（市）的银行业资产均超过10万亿元，中部六省银行业资产之和只有26万亿元。同样截至2014年年底，东部地区金融机构本外币各项存款余款达65.4万亿元、贷款余额47.1万亿元，中部地区分别只有18.8万亿元、12.9万亿元。从社会融资规模（实体经济从金融体系获得的资金总额）来看，2014年全国社会融资增量为16.5万亿元，东部地区达7.9万亿元，占全国的50.4%，其中江苏、广东、北京的社会融资规模均超过1万亿元；中部地区社会融资规模只占全国17.8%，低于西部地区（24.7%）6.9个百分点，只有东部地区规模的约三分之一①。在政府财政收入和民间投资方面，中部地区与东部地区也具有很大差距。

在研发经费投入方面，中部地区战略性新兴产业，不仅要面对东部地区、西部地区的竞争，还将受到跨国公司的巨大挑战。据世

---

① 中国人民银行货币政策分析小组:《2014年中国区域金融运行报告主报告》,载中央政府门户网站,http://www.gov.cn/xinwen/2015-07/05/content_2890468.htm,2015年7月5日。

界顶尖咨询机构博斯公司（Booz & Co.）的统计结果，世界研发经费支出最高的前 10 名企业 2012 年研发经费的总和达 888 亿美元，丰田、诺华制药、罗氏医药、辉瑞制药、微软、三星电子、默克、英特尔、通用等公司的年度研发经费均超过 80 亿美元。因为中国市场潜力巨大、科技人力资源丰富、科研成本较低，为了更好地贴近中国市场，国际企业巨头纷纷在华建立研发机构，到 2014 年年底，世界 500 强企业中已经有超过 470 家在中国设立了研发中心。跨国公司在华研发中心的投入和规模正在逐年扩大，年度研发投资额超过 1000 亿美元。

四、人才方面的挑战

根据中国科协编制的《中国科技人力资源发展研究报告》披露的数据，中国 R&D 人员地区分布很不均衡，东部地区拥有全国 65%以上的 R&D 人员，中部地区仅拥有 15%左右。高学历的留学归国人员 80%以上选择留在东部沿海大城市就业或创业。来华的国（境）外专家绝大部分选择在东部地区工作，“十一五”期间，全国共引进国（境）外专家约 230 万人次，吸引外国专家来华的前 6 名省（市）分别是广东、上海、北京、江苏、辽宁、浙江，这 6 个省（市）引进的专家人次数约占全国的 70%。国家自 2008 年起开始实施海外高层次人才引进计划，即“千人计划”，目前已吸引世界各地高水平人才数千人，主要分布在东部地区的高校和企业。以 2015 年 4 月公布的第十一批“千人计划”创业人才名单为例，创业人才全国一共入选 64 人，其中东部地区 61 人，中部地区 2 人（湖北 1 人、安徽 1 人），西部地区 1 人，东北地区 0 人。[①] 中、西部地区在吸引高层次、高水平人才方面竞争力弱，与东部地区相比有明显差距。

更令人担忧的是，在现有人才分布状况下，中西部地区的高水

---

① 海外高层次人才引进专项办公室：《关于公布第十一批“千人计划”青年人才、创业人才入选资格的公告》，载千人计划网，http：//www.1000plan.org/qrjh/article/61669，2015 年 5 月 8 日。

平人才每年还以一定的数量向北京、上海、广州、深圳等发达城市流动。据智联招聘、《中国人才》、世界经理人网站联合开展的调研发现，中西部地区科技人才多数表示如果有机会愿意去东部中心城市工作，因为待遇好、科研平台高、教育和医疗条件较好等原因；而北京、上海等一线东部城市的专业人才和中高级管理人才则表现的安心本地工作，大多数表示不考虑到中西部地区工作。

中部地区还面临一个挑战是，跨国公司研发机构以优厚的薪水、优质的工作条件、国外进修机会等，吸引优秀科技人才，一方面造成中部地区现有人才流失，另一方面争夺海外留学回国人才资源。据商务部统计，跨国公司在中国大陆设立的研发机构已超过1200家，这些研发机构覆盖了电子信息及通信技术、高科技化学工业、生物医药、新材料、新能源、高端装备制造等大多数战略性新兴产业领域，他们利用中国本土科技人才的智力资源，大量获取科技成果，并有效转化为产业技术，加剧了国内企业与跨国公司的人才、技术、产品的差距。

五、产业同质化方面的挑战

国务院公布鼓励发展战略性新兴产业的文件后，全国各地掀起了培育和发展战略性新兴产业的热潮。各地的产业规划都制定得很全面，大多数省（区市）的产业规划包括了国家划定的7大战略性新兴产业领域。为了争取国家的资金投入、项目支持和政策优惠，有的地区把本地没有产业基础、技术支撑和资源条件优势的战略性新兴产业也列为重点发展方向，甚至只要能搭上战略性新兴产业的概念范围，就列入产业规划。

由于在战略性新兴产业发展规划上的同质化倾向，导致中部地区和东部、西部、东北地区的产业选择有较大重复性。对于中、西部地区来说，在技术、人才、资金、市场等各方面不占优势的情况下，选择与东部地区相同的战略性新兴产业细分领域，企业和产品将在市场上迎来东部地区的强力冲击，如果在资源、成本和技术方面也没有独特优势，将很难生存发展下去，更谈不上快速发展。

对于中部地区内部来说，在要素资源有限的情况下，在本区域内不同省份同时发展同类同质的战略性新兴产业，一方面会将有限的要素分散，另一方面会带来地区之间的恶性竞争和低水平重复，产业很难形成有特色、上水平、树优势的格局。

六、传统产业的挑战

战略性新兴产业一般都在发展幼稚期和成长期，相对比较弱小。传统产业经过数十年的发展，特别是一些规模较大的产业，已经成为地区经济的支柱产业，是地区财政和税收的主要来源。在对生产要素的竞争和优惠政策的争取中，战略性新兴产业将面临传统产业的有力挑战。这种现象在中西部地区会表现得更加明显。以山西为例，目前煤炭产业的产值、利税占山西全省的40%以上，是山西第一大产业，短期内没有新的产业能取代煤炭产业的地位。众所周知，传统煤炭产业是高污染、高能耗、高危险产业，但是在山西在要素资源配置时，如贷款、技术、土地、运输等资源分配方面，绝不会置煤炭产业不顾，反而会提供优质资源。这种现象在中部其他省份也存在，政府有时为了确保经济稳定增长，在资源配置时，更倾向于支持传统支柱产业，给予新兴产业的资源额度相对要少得多。

在市场方面，战略性新兴产业也需要面对传统产业的挑战。传统产品由于使用方便，符合被消费者使用习惯，或者价格低廉，消费者乐于接受。新兴产品虽然技术含量高，节能降耗能力强，但是由于价格高，或者操作复杂、配套设施不全，往往购买者寥寥。如太阳能发电屋顶，由于价格比较高，接入电网的审批手续麻烦，需要一定的技术配套，基本上没有居民购买。如东风日产公司生产的启辰晨风纯电动车，价格高达 28 万元以上，电池续航能力不到 200 公里，充电时间较长，使用不方便，目前多数消费者还是愿意购买低价方便的汽柴油车。

但是，传统产业和战略性新兴产业并不是对立的矛盾。面临资源环境的沉重压力和国家政策的严厉要求，传统企业也主动向战略性新兴产业靠拢，或利用先进技术改造工艺流程、生产环节，或开展多元经济，积极涉足战略性新兴产业。以武钢为例，在国际矿石成本高涨和国内钢铁价格持续走低、产能过剩的国内外“夹击”形势下，武钢的销售利润率连年走低，传统生产方式难以为继。武钢积极调整钢铁主业工艺和产品结构，淘汰关闭落后生产线，引进先进技术，向新材料产业进军，扩大冷轧硅钢产品系列，发展高性能结构钢，开发成套轿车用钢板技术，利用湖北的汽车产业优势，就地扩大产品市场；同时，利用主业优势，发展机电设备制造、环保与综合利用、煤化工与工业气体等非钢产业，形成了有一定竞争力的多元产业，公司利润稳步上升，迎来一个新的发展时期。

第七章　中部地区战略性新兴产业发展的对策

虽然在战略性新兴产业方面，东部地区占尽了发展先机，但是随着东部地区经济快速增长，在一些其他地区无法提供的要素，如土地、环境、生态、清洁水、空气等，由于大量消耗或高污染而出现严重短缺，资源环境承载能力不足问题凸显，对东部经济发展形成了新的阻碍。在国家实施促进中部崛起等重大发展战略的支持下，中部地区依靠较强的资源环境承载优势、人力资源充沛、工业基础较好、科教实力较强、区位优势明显等优势，积极承接东部地区产业转移，通过全面深化改革，促进自主创新能力、综合配套发展提升，产业发展环境进一步优化，产业服务功能进一步增强，在战略性新兴产业的发展方面将会有卓越的表现。

第一节　中部地区战略性新兴产业的遴选

一、战略性新兴产业遴选的原则

战略性新兴产业在国家或区域经济社会发展中占有重要地位，是对经济社会的全局和长远发展具有重大引领带动作用、能够有效促进产业结构优化的关键性产业，或是国民经济产业结构中不可或缺、有利于维护国家经济社会安全和增强国家核心竞争力的产业。战略性新兴产业必须具有掌握核心关键技术、市场需求潜力强、带动系数大、资源能耗低、综合效益好等重要特征。战略性新兴产业同时又是一个高投入、需要持续扶持的产业。由于目前绝大多数的战略性新兴产业处于起步期或成长期，产业发展的不确定性较大，因此，在制定战略性新兴产业发展规划时，必须对拟重点培育和发展的产业进行科学遴选。温家宝曾说过，科学选择战略性新兴产业非常关键，选择正确可能实现跨越式发展，选择错误就会失去发展机遇，陷入被动、落后的局面。

国发〔2010〕32号文件对战略性新兴产业的属性特征做出了重要界定，战略性新兴产业具有“两大基础、两大作用、四大特征”的重要属性：“两大基础”即以重大技术突破为基础、以重大发展需求为基础；“两大作用”即对经济社会全局有重大引领带动作用、对经济社会长远发展有重大引领带动作用；“四大特征”即知识技术密集、物质资源消耗少、成长潜力大、综合效益好。

根据战略性新兴产业的属性特征，选择培育发展重点产业时，本书提出要依据十条重要原则①，这十条原则可作为战略性新兴产业遴选的标准：

一是战略性原则。战略性新兴产业的选择要体现和贯彻一个国家或地区的发展战略，选择基础较好、创新能力强、市场发展前景大、对国民经济发展和产业结构升级能够起到引领带动作用的产业。

二是市场需求原则。战略性新兴产业要能代表今后一定时期的经济发展方向，且市场对该产业的现实需求和潜在需求正在日益扩大。

三是技术创新原则。要选择自主创新能力强，科技含量较高，且能创造较高的劳动生产率和较高的附加值的产业。

四是产业关联原则。战略性新兴产业除了自身要有较强的增长潜力外，还应具有较强的正外部性，较大的纵横向带动力和影响力，与上下游和相关产业的关联度较高。

五是规模经济原则。应选择规模经济效益好、成长潜力大、呈加速发展势态的战略性新兴产业，以期形成新的主导产业或者支柱

---

① 李健等：《湖北省战略性新兴产业发展战略研究》，武汉大学战略性新兴产业研究中心2012年版，第14~15页。

产业。

六是比较优势原则。在国际竞争或区域竞争中，该战略性新兴产业能发挥比较优势，扬长避短，确立竞争优势地位。

七是就业吸纳能力原则。要选择能够创造出大量新的就业岗位、有较强就业吸纳能力的新兴产业。

八是可持续发展原则。战略性新兴产业是面向未来竞争的战略产业，因此，注重长远发展和可持续发展是其选择的重要依据，任何短期行为和思想都不符合战略性新兴产业的选择原则。

九是结合产业实际与因地制宜原则。战略性新兴产业的选择要结合当地产业发展实际，突出地区或区域特色，要根据当地的经济、社会、科技、教育、政策、地缘、人才、资金等实际因素，选择合适的新兴产业。

十是生态环境承载原则。战略性新兴产业要以生态环境的承载能力为选择原则，要选择清洁高效的“零排放”技术或“循环经济”方式的资源节约型、环境友好型的产业，对超过环境承载能力、严重损害生态环境的新兴产业，即使经济效益较好，在选择时也必须一票否决。

二、适宜中部地区重点培育和发展的产业

在战略性新兴产业的选择方面，由于在资金、技术、人才、市场方面占有优势，东部地区经济强省对七大战略性新兴产业的细分行业采取了全覆盖的策略。中部地区在战略性新兴产业的选择上，受经济基础和要素条件的限制，应该采取重点突破、以点带面的发展策略，注重发挥自身优势，形成地区特色，而不是与东部地区在各个产业领域开展全面竞争。根据前六章的比较分析，本书对中部地区今后一个时期重点培育和发展的战略性新兴产业提出以下选择建议：

（一）节能环保产业

发展节能环保产业，是有效缓解中国经济社会发展中资源消耗“难以为继”和环境承载“难以为继”的重要手段，是加快经济发

展从高消耗、高污染的粗放式发展方式向绿色低碳、资源节约、环境友好型发展方式转变的重要途径，因此，国务院将节能环保产业放在所提出的七大战略性新兴产业的第一位。中部地区虽然资源环境的承载压力要明显小于东部地区，但是节能环保产业是世界经济社会发展的主流，是服务国家和地区经济长远发展的重要载体，同时也是中部地区传统产业向绿色转型和优化升级的重要依托。中部地区获国务院批准设立了武汉城市圈、长株潭城市群、山西全省共3个国家级资源节约型和环境友好型综合配套改革试验区，充分发挥国家政策指导优势，在节能环保产业领域，中部地区一定能争取到全国市场的一席之地，形成区域特色。

节能环保产业应该是中部地区选择的重点领域之一。在节能环保产业领域，中部地区应围绕“两型社会”建设，着力发展资源节约型、环境友好型、广泛适用的制造业和服务业，提升节能环保产业的核心竞争力。建议重点发展：（1）高效节能产业，注重发展高效节能通用及专用设备制造、高效节能电气机械器材和工业控制装置制造。（2）先进环保产业，注重环境保护专用设备制造、环境保护监测仪器及电子设备制造、环境污染处理药剂材料、环境评估与监测、环境保护及污染治理服务。（3）资源循环利用产业，注重矿产资源综合利用，尤其是煤炭和其他金属、非金属矿开采洗选先进技术；工业固体废物、废气、废液回收和资源化利用，城乡生活垃圾综合利用，农林废弃物资源化利用，水资源循环利用与节水技术。（4）节能环保综合管理服务，如节能环保科研，节能环保工程施工，技术推广服务等。

（二）新一代信息技术产业

信息技术是新一轮产业革命的主导力量。发展新一代信息技术是推进经济社会智能信息化、促进工业化与信息化深度融合、实现产业结构优化升级的迫切需要。信息技术产业是基础性、全局性的重要产业，是中部地区战略性新兴产业的重点选择之一。东北地区的工业基础较好，但是信息技术欠发达，信息产业相对滞后，对东北地区产业结构整体升级形成了不小的阻力。中部地区不会也不能放弃对新一代信息技术的培育发展。

在新一代信息技术产业领域，中部地区宜重点发展：（1）新一代信息网络产业中，着重发展新一代移动通信网络服务、新一代互联网服务、新一代广播电视传输服务。（2）电子核心基础产业，着重发展通信设备制造、广播电视设备及数字视听产品制造、高端电子装备和仪器制造、基础电子元器件及器材制造、电子元件及组件制造、集成电路制造与集成电路设计。（3）高端软件和新型信息技术服务，着重发展高端软件开发，积极培育信息服务新业态，如地球空间信息产业、非金融机构支付服务、电子商务网络及支付服务，等等。

（三）生物产业

21 世纪被称为生命科学与技术的世纪，也有人说生命科学是下一次产业革命的领军学科，无论怎样评判，最近数十年间生命科学和生物技术的快速发展，不断取得基础理论和重大技术的突破是有目共睹的事实，生命科学和生物技术造福人类乃至整个生物界是令人期待的发展方向。生命科学和生物技术也成为当今科学界竞争最为激烈的领域，出现了众多重要的研究机构，汇聚了大量高级人才，是欧美发达国家自然科学研究计划中投资最大的领域之一，亦是成果产出最丰富的领域之一。

中部地区有着良好适宜的自然地理环境，动植物资源丰富，农业和淡水渔业发达，是国家重要的粮食和水产供应基地，超级水稻技术领先全世界，还拥有全国最大的生物发酵企业、全国最大的中药产业基地等，具有一定的比较优势，因此中部地区要在生物产业领域，努力实现关键技术和重要产品研制的新突破，加快生物科技成果的产业化进程，全面提升生物产业的竞争力。

在生物产业领域，中部地区宜发挥自身的产业优势，重点发展以下产业方向：（1）生物制品制造产业，着重发展中药材种植与加工、中成药生产、化学药品原料药制造、生物药品制造、生物食品制造、生物农业用品制造、生物化工制品制造、生物化学农药及微生物农药制造等。（2）生物工程设备制造产业，着重发展卫生材料及医药用品制造、医疗设备制造、生物相关设备和仪器制造等。(3) 生物技术应用产业，着重发展生物育种、环境治理生物技术应用。(4) 着力发展生物科学与技术研究、生物技术推广服务、生物科技中介服务。

(四) 高端装备制造产业

高端装备制造业因其技术含量高、资本密集、附加值高、带动作用大等特点，是国家或地区的工业水平和实力的标志，是工业结构中的先进尖端部分。中部地区在高端装备制造业领域有一定特色和优势，其中，湖南省在工程机械制造方面已经进入国内前列，山西省在煤机装备成套设备、高速轮轨装备、纺织机械等方面具有比较优势，湖北在数控机床、海洋石油工程装备、船舶制造方面，江西在直升机、教练机等航空装备制造方面，安徽在工业车辆制造方面，河南在轨道交通装备方面，都有较好的工业基础和较强的发展实力。同时，中部地区还有钢铁、汽车、机械、有色金属、电子信息技术等配套产业的支持，科技实力较为雄厚，高端装备制造产业发展一定能取得显著成效。

在高端装备制造产业领域，适宜中部地区重点发展的产业有：工程机械装备、煤炭装备及其他矿山设备、轨道交通装备、高档数控装备及系统、激光加工设备、海洋工程装备、先进船舶制造、卫星应用等方向，着力提高装备制造业的设计、制造和集成能力，特别是应用信息技术、节能环保技术和新材料技术，提高产品档次和附加值。

(五) 新能源产业

能源是经济发展必须依赖的重要基础，是现代社会不可或缺的重要资源。发展新能源产业，是应对国际能源危机、优化能源消费结构、缓解资源环境压力的必由之路。新能源产业应包括三个重要方向，一是发展清洁能源，减少能源消费的污染物排放，包括核能、清洁煤技术、高效内燃机技术等；二是开发可再生能源，包括太阳能、生物质能、风电、水能、潮汐能、地热能等；三是节能技术，如智能电网等。

中部地区缺油少气，煤炭资源分布不均匀，煤炭主要集中在山西，其他省份较少。由于自然地理条件的原因，中部地区的太阳能、风能资源也属于全国资源的贫乏区。中部地区的新能源产业，要结合自身的资源条件，走特色发展之路。

在新能源产业方面，中部地区宜着重发展以下几个方面：(1) 重点发展清洁煤技术产业、现代煤化工业、煤层气产业。利用山西煤炭优势，加之安徽、湖南的煤矿资源，做大做强现代清洁煤及多元化产业。(2) 支持发展生物质能源装备与技术。中部地区的生物资源丰富的优势，利用油料经济作物、农业废弃物等做大生物质能源，政府要从整体经济效益评价，给予大力扶持和高额补贴。(3) 大力发展智能电网技术，利用华中电网资源和中部地区电力电气电子技术优势，做优智能电网产业。(4) 适度发展核能产业。由于核能的技术含量高，装备特殊性强，收益大与风险大并存，考虑到中部地区的生态环境承载能力是本地不多的重要优势，要切实维护，因此在核技术进一步成熟之前，只宜适度发展核能产业。(5) 积极推广太阳能、风能、地热能的应用，在城市人口集中区域和公共设施，如广场及公路照明、广告设施供电、大型室内制冷采暖等可以推广新能源应用；在农村地区，要积极探索分散式新型能源供应模式，发展小型实用的能源采集和转换设备。

(六) 新材料产业

高性能先进新材料的研发应用，本身就是一种重大技术突破，能够有效提升原材料或关键部件的性能，从而显著提升产品的质量或功能。所以新材料产业是其他战略性新兴产业发展的重要基础之一。中国材料工业多数处于低水平、低技术含量、粗放式经营的状态，由于上游材料质量达不到要求，往往成为制约高端工业领域发展的限制性条件。依赖进口材料来发展的高端制造业，就像架在水上的舟桥，由于没有桥墩的支撑，水势和水位决定桥的稳定性。

中部地区有着丰富的金属和非金属矿产资源，特别是有色金属、稀有金属和稀土资源丰富，陶瓷等非金属材料工业历史悠久，采矿冶金工业基础较雄厚。中国最早的近现代冶金工业就诞生在中部地区，在距今106年前清政府时期，中部地区就组建了跨省级行政区的中国最早的钢铁联合企业——由湖北汉阳铁厂、大冶铁矿和江西萍乡煤矿组成的汉冶萍公司，1910年该公司员工超过7000人，年产煤炭60万吨、铁矿石50万吨，年度钢产量近7万吨，钢产量占当年全国钢产量90%以上，是清政府极其倚重的重工业基地。中部地区在新材料产业领域大有可为，有良好基础，有望形成全国性的竞争优势。

在新材料产业领域，中部地区宜重点发展以下方向：（1）新型功能材料产业，主要包括新型功能涂层材料制造、特种玻璃制造、功能陶瓷制造、电子功能材料制造等。（2）先进结构材料产业，主要包括高纯金属材料冶炼制造、高品质金属材料加工制造、新型合金材料制造等。（3）高性能复合材料产业，包括高性能纤维复合材料制造等。（4）积极发展纳米材料制造、生物材料制造、智能材料制造、超导材料制造等前沿新材料产业。（5）新材料研究与技术服务。中部地区在新材料领域，要集中一定的科技、资金、人才、设备设施等资源，开展科技和产业联合攻关，着力提高新材料产业的自主创新能力和产业集聚度。

（七）新能源汽车

汽车是主要大宗消费商品之一，是经济社会现代化的重要标志之一，汽车工业的产业链长、产业拉动作用大、直接面向消费市场、与民生结合紧密、容易引起民众关注。汽车工业虽然是现代工业体系的重要组分，但并不是份额最大的产业，也不是不可或缺的产业，把新能源汽车列入战略性新兴产业，中国政府的主要目的也许并不在于要创造极大的产业增加值，而在于引导新型消费，即提倡和推广绿色、低碳、更加现代化的生活方式。改革开放以来，随着产业升级换代，中国消费者也不断进行消费升级，我们亲历了很多消费品的换代变化，如电视机、个人电脑、打印机等。由于国际油价和国内成品油价格持续在高位，燃油越来越失去经济性，同时汽车尾气对城市空气污染日益严重，新能源汽车取代传统燃油汽车是必然趋势，只是目前还不能准确预计何时实现全面取代。

中部地区在新能源汽车领域，应根据现有的产业和技术基础，重点发展混合动力汽车和纯电动汽车，努力突破和掌握电池、电机和电控等关键零部件核心技术，积极发展新能源汽车相关设施及服务产业，做好应用示范。要抢占未来汽车产业的制高点，有条件的汽车企业还要积极探索发展智能汽车、新材料汽车、先进多功能汽车等科技项目，提前进行技术和项目储备。

三、建议中部地区增列的战略性新兴产业

战略性新兴产业的具体范围并不是一成不变的，而是一个随着经济社会发展不断进化演变的概念，因为技术发展和市场需求本身就是一个不断发展的概念。国发〔2010〕32 号文件中明确提出，七大战略性新兴产业是现阶段国家重点培育和发展的领域。这说明，目前的七大战略性新兴产业是在一定发展阶段、根据国情实际来选定的产业，随着经济社会的发展和科学技术的进步，在不同阶段，重点培育和发展的战略性新兴产业范围是可能变化的，只要是符合战略性新兴产业属性特征的产业，都有可能进入重点培育和发展的名单。

国务院于 2010 年 10 月 10 日发布培育和发展战略性新兴产业的决定，至 2015 年，已过去近 5 年，在这 5 年中，国际国内政治经济格局发生了重大变化，国内经济社会发展也取得了长足的进步，即世情、国情以及科技、产业基础都发生了重要变化。在新时期，中部地区在发展战略性新兴产业方面，可以立足区情和产业、技术实际，适当增加一些新的产业领域，进行重点培育和发展。

（一）现代综合交通物流产业

综合交通物流产业是国民经济的重要组成部分，是融合航空业、轨道交通业、航运业、公路运输业、仓储业、货代业和信息业等在内的综合性复合型服务产业，涉及产业领域众多，吸纳就业能力强，促进生产和拉动内需作用大，是传统工、农、商贸业以及电子商务等新兴业态必须依赖的产业，在确保经济和社会稳定、促进

经济发展方式转变和提高国家综合竞争力等方面发挥重要作用，是符合重大发展需求特征的产业，是重要的战略性产业。从古代的人扛、马拉、帆船载，到如今的飞机、高铁、汽车、轮船运载，交通物流业每一次效率提升都是以技术突破为基础的。现代综合交通物流产业，不仅要依靠现代化的先进交通基础设施、设备和交通工具，还要依靠先进的信息技术如卫星导航、电子海图河图、交通管制信号系统、仓储物流电子系统等，以及现代交通物流管理理念、方法和技术。现代综合交通物流产业符合战略性新兴产业“两大基础、两大作用、四大特征”属性，应可列为战略性新兴产业的范围加以培育和发展。

早在2006年国家出台《促进中部地区崛起战略》时，就明确提出要把中部地区建设成全国综合交通运输枢纽，更好地发挥承东启西、连接南北、支撑全国发展大局的作用。2009年，国务院下发了《关于印发物流业调整和振兴规划的通知》（国发〔2009〕8号），制定了国家《物流业调整和振兴规划》。同年，国务院在《全国主体功能区规划》中明确提出，要构建“两横三纵”的战略格局，“两横”即以大陆桥通道、长江干道为两条横轴，“三纵”即以沿海、京哈京广、包昆通道为三条纵轴。两条横轴和“三纵”中最长的中轴交汇于中部地区。2013年，习近平主席在出访亚欧有关国家时提出的“一带一路”战略，得到了沿线国家的一致拥护，其中的汉新欧和郑新欧国际铁路建设，将给中部地区带来直连国际市场的重要通道。2014年9月，国务院出台《关于依托黄金水道推动长江经济带发展的指导意见》（国发〔2014〕39号），并制定发布了《长江经济带综合立体交通走廊规划（2014—2020年）》，提出要进一步依托长江黄金水道，加快长江经济带建设，为国家经济持续健康发展提供支撑。同年，国务院再次下发《关于印发物流业发展中长期规划（2014—2020年）的通知》（国发〔2014〕42号），国家发展和改革委员会发布了《促进物流业发展三年行动计划（2014—2016年）》和《关于加快实施现代物流重大工程的通知》（发改经贸〔2015〕1776号），加强重要物流基础设施建设，要求以先进技术为支撑，积极营造有利于现代物流业发展的政策环境，着力建立和完善现代物流服务体系，加快提升物流业发展水平。

中部地区在交通区位方面本身就具有得天独厚的优势，又兼得国家力推“一带一路战略”、“长江经济带建设”和“促进中部崛起战略”等重大机遇，应依托长江黄金水道、大陆桥通道、京广京九铁路大动脉、国内航空中心点等交通优势要素，进一步加强综合交通物流规划和相关技术研究，积极争取国家支持、吸引投资和自筹经费，加大基础设施和设备建设力度，用先进信息技术、高端装备技术、节能环保技术改造交通物流系统，实现低成本、高效率、多样化、专业化的交通物流服务，实现多种方式联运的无缝衔接，建立现代化客运中心、高科技仓储中心、国家级物流中心。

据国家发展和改革委员会、国家统计局、中国物流与采购联合会的统计，2014 年中国全社会物流总额达 213.5 万亿元，全国物流业总收入达 7.1 万亿元①。从 2005 年到 2014 年，9 年间中国全社会物流总额翻了两番，年均增长率超过 15%。现代综合交通物流产业市场有巨大的市场需求，发展强劲。中部地区应紧抓机遇，突破体制机制障碍，尤其是突破地方封锁、行业垄断对资源整合的障碍，鼓励将先进科技成果应用到交通物流产业，努力构建多种运载方式无缝衔接的交通运输网络、一体化运作综合交通物流服务体系。随着经济全球化的发展和中国融入世界经济的步伐不断加快，现代综合交通物流产业将会迎来更快更强的发展。

（二）绿色安全现代化农业

粮食安全是立国之本，农业无疑是战略性产业。粮食的安全性体现在三个方面，一是总量的安全，即在粮食供给总量上没有短缺；二是结构的安全，农林渔牧比较协调，主粮和副食的结构合

① 国家发展改革委:《2014 年全国物流情况通报》，载中华人民共和国国家发展和改革委员会网，http://www.ndrc.gov.cn/gzdt/201504/t20150416_688291.html，2015 年 4 月 16 日。

理，没有结构性短缺情况；三是质量的安全，产生的粮食产品和其他农产业符合绿色环保、食品安全的要求，无公害、少污染、少残留。据国家统计局公布的数据，2014 年中国粮食总产量 60709.9 万吨，实现连续 11 年增长，多项农产品产量已成为世界第一。但是在农产品产量提升的同时，我国农产品的生产成本也不断升高，并明显高于国际水平，据统计，平均每公顷农田施用化肥 400 多公斤，是世界平均水平的 4 倍，中国各项农产品的生产成本比美国高出 30%到 2 倍。更严重的是农业污染问题突出，由于大量使用化肥、农药等，化学需氧量和总氮、总磷排放量很大，使部分地区的土地面源污染、重金属污染情况严重。

农业现代化是中国共产党十八大报告提出的“新四化”主要内容之一，是应用先进科技手段、现代工业技术、现代经济管理方法对传统农业进行改造升级，使之成为具有高科技含量、高劳动生产率、高绿色安全标准的先进农业。美国是世界上最发达的工业国，目前也是世界最大的农业出口国，多种农产品的生产量和出口量居世界前列。美国非常重视农业的发展，把现代化先进农业列为未来竞争的重点领域加以扶持，通过农业法案，加大对农业的补贴，积极发展安全低毒的有机化肥和生物农药，着力打造安全先进的现代化农业。

中部地区是中国重要的粮食主产区，河南、湖北、湖南、江西、安徽均是产粮大省。中部地区农副产品丰富，肉、禽、蛋、淡水水产等产粮名列全国前茅。中部地区的地理水文、气候条件、生态环境均有利于农业发展。中部地区应该把绿色安全现代化农业列为战略性新兴产业的范畴，一方面通过生物技术、新能源技术、先进装备制造技术提高农业生产率和产品质量、降低生产成本和污染，另一方面通过现代生产经营管理知识和技能、信息技术等发展新型业态。其中，农产品精深加工产业和农业电子商务可作为重点方向。农产品精深加工可以有效延长农业产业链，可以以动植物、微生物等为生物转化器、生物反应器，变工业制造为生物工程制造，大幅度提高农业生产的附加值。农业电子商务，可以大幅度扩大农业的市场范围，在现代物流业的配合下，将优质特色农产品有效地流通到细分市场，送至有需要的消费者手中，而不至于经常出现新鲜农产品滞销浪费的情况。

（三）现代文化产业

文化产业是一种以人类精神财富和文明要素为主要内容进行加工、生产、流通的特殊经济形态，是一种极富创造性的生产。联合国教科文组织对文化产业的定义是“按照工业标准，生产、再生产、储存以及分配文化产品和服务的一系列活动”。由于科技发展和社会文明程度不断提高，世界各地各民族的联系越来越密切，一方面使世界各地的文化思想交流更频繁，另一方面文化以一种软实力的方式，在世界各国综合国力竞争中的作用更加明显，文化强国的加强文化产业发展和输出，以一种无形的方式，进行文化产业竞争和意识形态领域入侵。

中国政府已经充分认识到，增强国家文化软实力和加强中华文化国际影响力的紧迫性，2009 年 7 月国务院审议通过了首部文化产业专项规划——《文化产业振兴规划》，标志着文化产业上升为国家的战略性产业。2011 年 10 月召开的中国共产党第十七届六中全会，研究部署了深化文化体制改革、全面加强文化建设的各项举措，掀起了文化大发展大繁荣的高潮。《文化产业振兴规划》的出台和中国共产党第十七届六中全会的召开，对加快中国文化产业发展、有效应对国际金融危机、推动产业结构调整和经济发展方式转变具有非常重要的意义，意味着中国文化产业会进入一个高速增长周期。

《文化产业振兴规划》将国家将重点推进的文化产业划分为“文化创意、影视制作、出版发行、演艺娱乐、印刷复制、广告、文化会展、数字内容和动漫”等不同类别。笔者认为，文化产业还应包括工业设计与建筑设计、新闻传播、旅游、文化娱乐艺术品制造等产业。现代文化产业与传统文化产业的重要区别是，现代文化产业广泛应用高新技术，例如借助先进制造技术，极大地提高文化产品的生产率和质量、效用，并且显著地提高了文化产品传播、流通的广度和效率，例如借助互联网技术，可以使文化产品快速传播到世界各地。北京大学文化产业研究院在其发布的《中国文化产业年度发展报告（2014）》中测算，2013 年中国文化产业增加值超过 2 万亿元，占国民生产总值比重约为 3.8%。国务院总理李克强在第十二届全国人大第二次会议上所做的政府工作报告中披露，2013 年中国文化产业增加值增长 15%以上。现代文化产业的高技术属性、广泛的市场需求和重要战略地位，是符合战略性新兴产业特征的产业。

文化产业发展前景十分广阔，《文化产业振兴规划》和十七届六中全会给文化产业带来了难得的历史机遇，中部六省均是文化大省，中部地区是中国传统文化的主要传承地之一，着力发展壮大文化产业是中部地区的义务和责任，也是中部地区产业结构调整升级的重要契机。

中部地区在文化产业方面有一定的比较优势：中部地区拥有的中原文化、湖湘文化、江淮文化、晋文化、赣文化等源远流长，都有辉煌的历史和深远的影响；中部地区文化旅游资源丰富，如山西的文物古迹建筑数量居全国之首，河南和安徽的自然与文化遗产富集，湖南、湖北和江西的生态旅游资源丰富；中部地区的表演艺术全国闻名，如黄梅戏、花鼓戏、豫剧、湘剧、楚剧、晋剧、蒲剧、上党梆子等；中部地区的文学、影视、音乐、表演创作在全国也有重要影响；物产富足、气候宜人、生活富饶的中部地区文化市场比较发达，人们有重视文化生活的传统，在工作、学习之余，有文化消费的意愿。

近年来，先进通讯技术、网络技术、多媒体技术广泛应用到文化产业，微博、微信、微小说、微电影、电子游戏、平板电脑和手机 APP 应用等文化创意产业在全国、也在中部地区兴起。湖南省已经大胆地将文化创意产业列为战略性新兴产业范畴，着力壮大发展。建议中部地区六省，积极发展文化创意、现代传媒、工业和建筑设计、文艺影音创作、数字出版、表演艺术、消费电子产业、旅游和文化服务等产业，将以高新技术为手段、以先进传媒为载体的现代文化产业列为重点培育的战略性新兴产业。

(四) 高技术服务业

发展服务业是中国产业结构优化升级的战略重点。2013 年 5 月，国务院总理李克强在全球服务论坛北京峰会上的讲话中指出，服务业是经济社会可持续发展的新引擎。他认为，一方面高技术新兴服务业可以为发展增添动力，另一方面服务业可以吸纳大量的就业，因此服务业越来越成为各国发展的重点。中国的“新四化”：工业化、信息化、城镇化、农业现代化，将释放出巨量的劳动力，新增就业主要靠服务业来吸收。虽然在 2013 年，中国的第三产业（服务业）增加值首次超过第二产业（工业），但服务业仍有许多领域供不应求。

国家统计局在产业分类中把第三产业统称为服务业，意思是为第一产业和第二产业提供支撑和服务的产业之统称。高技术服务业是应用高新技术为经济社会发展提供支撑和服务的新兴服务业。为了促进服务业的发展，2007 年国务院专门下发了《关于加快发展服务业的若干意见》（国发〔2007〕7 号），2011 年国务院办公厅又进一步下发了《关于加快发展高技术服务业的指导意见》（国办发〔2011〕58 号）。在国办发〔2011〕58 号文件中，高技术服务业被定义为现代服务业的重要内容和高端环节，国家要求大力发展研发设计服务、知识产权服务、检验检测服务、科技成果转化服务、信息技术服务、数字内容服务、电子商务服务、生物技术服务等 8 个重要领域的高技术服务业。国家统计局根据国务院办公厅的指导意见，制定了《高技术产业（服务业）分类标准（2013）（试行）》（国统字〔2013〕33 号），将高技术服务业的对应的产业分为信息服务、电子商务服务、检验检测服务、专业技术服务业中的高技术服务、研发设计服务、科技成果转化服务、知识产权及相关法律服务、环境监测及治理服务和其他高技术服务等 9 大类。

战略性新兴产业的快速发展，离不开高技术服务业的配套支持和有力助推。高技术服务业就像工业催化剂，在技术、资金等要素具备的条件下，如果没有发达高技术服务业，战略性新兴产业往往会发展缓慢，不能做大做强，丧失发展机遇。中部地区三次产业中，服务业的比重一直低于全国平均水平，说明服务业的发展水平较落后，对新兴产业的支撑能力弱，对传统产业的改造带动不足，这是中部地区战略性新兴产业发展的一块“短板”。高技术服务业本身依赖先进技术基础，兼有重大需求前景，建议中部地区将高技术服务业直接列为战略性新兴产业加以培育和发展。如果将其他战略性新兴产业比作宇宙飞船，高技术服务业就是运载火箭，“星箭一体”才能将战略性新兴产业送进俯瞰世界各国的轨道。

第二节　中部地区战略性新兴产业的发展路径

战略性新兴产业是以重大技术突破为基础的新兴产业，通常处于产业幼稚期，产品和服务还没有完全成熟，技术上还有较大的不确定性，市场还没能完全接受和充分信任产品，产业成本高、利润率低，投资者和企业往往不愿涉足，市场资源配置作用失效。即使是在政府的强力推动下，依托一定的技术和人才，建立了新兴企业，也往往由于产业链的上下游缺失，而是战略性新兴产业发展举步维艰。在产业选择完成之后，如何确定产业发展的路径就成为突出问题。

一、中部地区战略性新兴产业的聚集发展

产业聚集是指相同或相近的产业在一定的区域内集中，且产业所需的配套产业、生产要素也在特定区域内或附近汇集的一种经济现象或经济措施。产业聚集有自发聚集和引导聚集两种。后者是一种主动行为，通过一定的政策制度、配套措施和优惠条件，吸引相同或相近企业聚集，产生连锁反应和放大效应，促进产业快速发展。产业聚集现象被学界广泛关注，英国经济学家阿尔弗雷德·马歇尔在 1890 年就提出了产业聚集、内部经济性、外部经济性等理论，并提出产业聚集发展的好处：一是产业聚集能促进专业化投资和相关服务业的发展；二是产业聚集能创造一个具有特定技能的专门化劳动力市场，有利于稳定劳动力资源；三是产业聚集能产生溢出效应。企业通过聚集，获得技术、信息等溢出收益，使聚集企业

的生产函数优于单个企业。阿尔弗雷德·韦伯、熊·彼特、E.M.胡佛、迈克尔·波特等不同学者分别从产业区位、技术创新与竞争优势、交易成本、报酬递增、竞争与合作等角度探讨了产业聚集的形成原因与发展机理。

处于幼稚期的战略性新兴产业缺乏对资源要素的吸引力，无法自动聚集和吸纳各类要素，没有自我发展、吐故纳新的能力，必须依靠政府的资源调控和政策鼓励。对于政府来说，着眼于全局的利益、长远的利益，培育和发展战略性新兴产业是赢得未来竞争战略需要，不能计较于一时一地和眼前利益，在市场资源配置功能局部失效的情况下，政府必须主动调配资源，给予新兴产业以大力扶持。

但是，政府的扶持不是无限的，它的正确角色是产业的服务者和监管者，资源的配置最终还必须由市场起决定性作用。因此，对于政府来说，最主要的任务是营造一个资源富集、配套完善、适合新兴产业发展的良好环境。同时，政府在扶持战略性新兴产业的过程中，应该做到“授人以鱼，不如授人以渔”，在必要的支持之后，要尽力促使企业自主到市场上去争取资源，从而学会生存发展之道，在竞争中成长。

对于战略性新兴产业，最好的发展路径是走聚集发展之路。对于中部地区战略性产业发展来说，选择产业聚集路径，是以下原因决定的：

一是自主创新的需要。集约创新是战略性新兴产业的重要特征，战略性新兴产业以重大技术突破为基础，在现今要实现重大技术突破，依靠一两个科技人员或一个小企业单枪匹马的努力是很难做到的，即使在某个领域某个环节实现了突破，要有效转化为生产力，还需要不断的后续创新，形成达到生产要求的完整体系。由于中部地区技术、人才、设施设备条件有限，对于中部地区战略性新兴产业发展来说，最有效的自主创新是集约创新。通过产业聚集，搭建公平研究平台，将人才、技术等相关创新要素汇集到特定区域，发挥群策群力的集群效应，探索不同技术的搭配组合，获取集约创新的溢出效应，产业的自主创新能力和创新效益将显著增强。

二是资本聚集的需要。高投入、高风险是战略性新兴产业的另一个重要特征。战略性新兴产业从研发到投产可能周期很长，且由于没有现成的生产设备，可能需要自主研制，生产工艺可能也需要不断试验和改进，这些都需要持续投入资金。产品出来后，一开始市场还不一定接纳，需要大量的资金去推广。由于投入大、成本高、初期效益差，战略性新兴产业往往不能吸引到大量投资，而缺乏资金的支持，自身“造血”功能又较差，产业就无法壮大。产业聚集发展，往往能够吸引投资者的注意，从而带来资金的汇集，投资者之间的相互影响将带来更多的资金。

三是人才聚集的需要。战略性新兴产业需要一支比较完整的创新研发队伍和专业化的劳动力资源。产业聚集能带来人力资源的聚集，正如阿尔弗雷德·马歇尔所指出的，有利于形成稳定的专业化的劳动力市场。同时，也有利于吸引高端人才的加盟。人才的汇聚往往能产生技术和信息的溢出效应，使产业整体受益。

四是产业配套的需要。配套产业的出现与主导产业的规模效益具有明显的相关性，战略性新兴产业的聚集能有效吸引配套产业的依附，催生相关服务业，促进产业链延伸。

五是要素成本降低的需要。战略性新兴产业的聚集能弥补单个企业规模小、产量低的不足，通过规模效应降低资源要素的供给成本，也有利于新技术、新知识的规模化应用，从而有效降低新产品的开发和生产成本。

中部地区应采用何种方式和方法来促进战略性新兴产业聚集发展，结合世界发达国家和国内东部沿海地区的经验，可以考虑以下几个方面的内容：

（一）在发展规划上，科学地进行产业分区发展

在制定产业发展规划时，结合不同地区的资源条件和产业基础，进行科学合理的布局，是战略性新兴产业聚集发展的顶层设计。

欧美发达国家在研制战略性新兴产业发展规划时，非常讲究对全国地理空间和功能的统一规划，注重因地制宜布局，一方面有利

于集中不同类别要素，鼓励不同类别的产业在各自合适的空间进行聚集发展；另一方面有效地防止各地盲目发展、重复建设。以英国为例，整个英伦三岛本土只有24万平方公里，但由于各个地区的自然、社会和经济条件的不同，英国在各地战略性新兴产业的布局方面各有侧重：在伦敦周边地区重点布局金融等现代服务业和生物技术产业；在英国中部和北部工业发达地区，结合北海石油产业和重化工业发展，主要布局节能环保低碳工业；在西南部靠近大西洋，主要考虑新能源产业，着重建设风力发电和海洋潮汐能产业。

江苏省的苏南地区、苏中地区、苏北地区经济社会发展水平有较大差异，资源和人才、技术分布非常不均衡，在战略性新兴产业方面规划方面，江苏注重对全省产业的合理分布，使苏南、苏中、苏北地区形成各自不同的产业聚焦点，使南京、苏州、无锡、扬州、徐州、连云港等城市各有侧重点，相互支撑发展，形成功能互补、资源适配的产业发展格局。

中部地区六省可以在省内和省际两个层面合理规划产业聚集区域。一方面，在省内各个地区进行产业规划和引导，鼓励不同城市重点发展某几项战略性新兴产业，或细分产业；另一方面，可以在省与省之间开展合作，发展互补性、互相支撑的新兴产业，通过共同构建交通、物流快速通道，打造一个开放共享的广域产业链，产业链的不同节点、重点产业合理分布在相关各省。

（二）积极发展战略性新兴产业园区，注重改造升级和发挥经济开发区、高新技术产业开发区等的作用，打造国家级战略性新兴产业基地

积极发展战略性新兴产业园区是汇集各类资源、促进产业聚集的重要手段。开发区是指地方政府为吸引外部要素资源、促进区域经济发展而专门划出的实施特别优惠政策和管理服务措施的特定区域。现有的各地各类开发区，主要包括经济技术开发区、高新技术产业开发区、保税区、工业区、国家旅游度假区等，这些开发区经中央政府或地方政府批准设立，已列入相应发展规划，实行特定优惠政策，并已聚集了相当的资源要素和一定数量的企业。从某种意

义上说，战略性新兴产业园区本身就是一种经济技术开发区。发展战略性新兴产业园区，可着重以现有各类开发区为载体，对这些开发区进行基础设施、现代服务业升级和配套产业改造，对进驻企业进行技术、环境、效益等方面的考核，实施能进能出、关停并转的淘汰制，鼓励战略性新兴企业、跨国公司高水平研发中心等进驻聚集。

在各级各类开发区中，目前发展最好、实力最强、最有代表性的是国家级经济技术开发区和国家级高新技术产业开发区。

国家级经济技术开发区是经过国务院批准设立的，参考经济特区的建设模式，提供特定的优惠政策和发展措施，在经济科技基础好的城市划出的特定区域。经济技术开发区以增加经济总量为目标，以优惠的财税土地政策吸引投资，多数依靠外商投资拉动，以知识、技术密集型制造业为主要产业，通常设在交通便利、产业条件较好的城区边缘。1984 年，国务院在沿海 14 个开放城市建立了第一批国家级经济技术开发区。随着改革开放的深化，经济技术开发区建设逐步向沿江、沿边和内陆省会城市、区域中心城市拓展。据《2014 中国开发区投资建设与转型升级研究报告》统计，到 2013 年年底，纳入统计的国家级经济技术开发区已达到 200 个，中部地区拥有 58 个，这些经济技术开发区都成为了所在地的经济增长核心区，其中天津经济技术开发区和苏州工业园区是综合经济指标最好的两个国家级经济技术开发区。

建设高新技术产业开发区，是国家高新技术产业化发展计划——“火炬计划”的重要组成部分，以国内智力密集、技术密集、开放条件好的大中城市为依托，引进吸收国际先进技术、人才和产业资源，以高新技术产业为主，以促进科研、教育、生产结合和加快科技成果转化为目的，通过提供优良的高技术服务和产业发展环境，实施税收、贷款、土地等特殊优惠政策，专门设立的促进高新技术产业发展的集中区域。高新技术产业开发区聚集了众多高科技的企业和科技研发人员，是科技创新和产业化发展重要基地，亦是一个地区科技和经济发达程度的代表。据科技部统计，截至 2014 年年底，全国已建立国家级高新技术产业开发区 115 个，集聚了全国一半以上高新技术企业，2014 年共实现总收入 23 万亿元。国家级经济技术开发区和国家级高新技术开发区经过从无到有、从小到大的艰苦创业，在集约用地、体制改革、对外开放、科技创新、产业集聚等方面积累了宝贵经验，已成为中国经济最有活力、最具潜力的经济增长区。战略性新兴产业要紧密依靠各类开发区，其中高新技术开发区与战略性新兴产业更是有亲密的“血缘”关系，大多数高新技术产业本身就在战略性新兴产业的范围内，形成产业和资源聚集地，打造国家级战略性新兴产业基地。中部地区尤其要学习借鉴北京中关村科技园区的发展模式，战略性新兴产业园区不必限定在一个地方，可以打破空间局限，组合全市、全省甚至全区域范围的若干合适区域，提供相同的优惠政策、鼓励措施和服务内容，使之最大限度地聚集相关企业，建设成为国家级产业园区或特色产业基地。国家鼓励发展战略性新兴产业以来，江苏省先后确定了 100 个省级特色产业基地，集聚了 2 万多家企业，聚集了省级以上研发机构近 900 个，形成了一个庞大的产业基地群，实现了战略性新兴产业的快速发展，2013 年这 100 个基地实现总产值 3.2 万亿元，产业集聚发展的良好态势，为江苏的战略性产业规模领先全国、多个产业居全国第一，打下了坚实基础。

（三）借鉴广东“专业镇”模式，打造中部地区战略性新兴产业“专业镇”

镇是基层政权中心、工商贸中心、城乡结合点，可被理解为最小单元的城市或城市的雏形，是农村城镇化的重点。中部地区城镇化的任务重，小城镇的发展有很大空间。20 世纪 90 年代以来，广东涌现出一批经济规模超过十亿、百亿元的小城镇，这些城镇的企业聚集度高、产业集中、产销一体、产业规模大，成为一种新的经济形态，被经济理论界称为专业镇经济。专业镇经济以产业高度聚集为特征，是一种“专业产品区”经济形态，有的镇（区）达到“一镇一业、一区一品”的高度集中性。专业镇经济总量已占广东省 GDP 的 50%以上，对市场和技术反应灵敏，已成为珠三角地区重要的经济支柱，是提高地区竞争力的重要依托。

专业镇经济与经济开发区都属于“簇群经济”或“集群经济”，但是两者有显著的不同之处：专业镇最显著的特征是以中小企业为主，通过大量小企业的聚集形成大产业，通过小产品的集约发展形成大市场；专业镇以民营企业、私营企业为主，国有企业很少；专业镇吸引的投资主要是民间投资，以创业型企业为主，具有良好的市场反应能力和激励机制；专业镇经济有显著的技术、人才溢出效应，企业间互通有无，关联紧密，既有竞争，又有合作，寡头垄断情况较少；专业镇获得国家政策支持的力度小，主要依靠自我创新、自我发展、优胜劣汰。

广东省注重培育和发展专业镇经济，积极创造有利条件为专业镇经济服务，针对专业镇中小企业缺乏技术力量、融资困难、市场信息不对称等困难，通过实施“专业镇技术创新试点工程”提供财税金融优惠政策和各类中介服务，鼓励集群内发展配套经济主体，如生产商、贸易商、供应商、服务商，协助建立内部纵向、横向联系和网络关系，等等，推动专业镇经济持续快速稳定发展。

中部地区在培育和发展战略性新兴产业过程中，要充分吸引民间投资的广泛参与和发挥中小企业的作用，中小企业最具有创新创业活力，对市场变化反应迅速，能有效补充大企业不愿涉足的市场空白区，但是他们抗风险能力弱，技术实力弱小，很难得到金融机构的重视，因此市场影响力小。如果能通过空间上的聚集、公共服务平台的搭建、配套措施的完善，汇集小企业成为大产业，把“小钢丝”集合成“大钢缆”，就能拉动战略性新兴产业这艘大船。

（四）打造高水平公共服务平台

世界著名的高科技新兴产业园区，如美国的硅谷、法国的安迪波利斯科技城、日本的筑波科技城、印度的班加罗尔软件园等，其成功因素除了充沛的科技资源、资金资源和优惠政策之外，最重要的是通过高水平、专业化的服务吸引企业进驻。硅谷聚集了近 2 万家高科技公司，吸引了全美 1/3 的风险投资，这与硅谷提供的优质知识产权服务、房地产服务、投融资咨询与服务、先进的基础设施等是分不开的。法国安迪波利斯科技城吸引大量的创新企业入驻，因为在科技城可以享受量身定制的公共研究、便捷的国际交通、良好的生活品质、先进的基础设施设备、完善的生活服务体系。

中部地区战略性新兴产业聚集区，要吸引国际国内优秀企业进驻、引进国际高水平人才和团队、吸引投资机构，要向世界著名的高技术产业园区看齐，在公共服务水平上下工夫，要做拥有优美洁净的自然生态环境、高品质的优质生活环境、高水平便捷的公共服务平台。对于中部地区来说，即使给出一定的优惠政策，但是如果所提供的产业园区环境有污染、工作效率低、服务不完善，将无法吸引和留住高端人才、优质企业，也不能给投资者信心，反而会造成土地和政策资源的浪费。

（五）积极推动产业技术创新联盟建设

创新是推动技术进步和产业升级的主要驱动力。在建立和完善创新体系过程中，要以强化企业主体地位为重点，建设以企业为主体、市场为导向、政府引导推动的创新体系。但是，在目前的经济社会发展水平下，虽然企业是自主创新的主体，但是由于绝大多数企业，甚至体量庞大的央企，因受自身技术、人才、资金、设施条件的限制，很难履行主体责任，必须借助外部资源，形成创新合力。产业技术创新联盟是由企业、中介组织、科研机构、高等院系等成员单位合作组建的优势互补、利益共享、风险共担的创新联合体。

产业技术创新联盟在欧美早已有相关经验。欧美发达国家在产业技术创新过程中，注重发挥中介组织和智力机构的重要作用，将相关企业和大学、专业研究机构、技术服务中心、信息情报中心、检测中心、咨询服务机构、行业协会等共同组成创新联盟机构，一般由当地政府中主管技术创新的部门、从事相关产业和技术创新研究的大学以及一些行业协会和企业共同出资承担运营经费，其工作范围包括技术研究、技术转移、技术推广、人员培训等方面。

近年来，国内的产业技术创新联盟发展迅速，其中北京中关村科技园区是最早诞生此类联盟并且发展最成熟的地区，在北京市和中关村管委会的大力支持下，产业技术创新联盟数量从最初的 2 个增长到76个（截至2012年），联盟成员单位数量从46家发展到5320家（截至2012年）。国家科技部于2012年对产业技术创新联盟进行首次评估，中关村有11个产业联盟被评为A类，占全国A类联盟总量的42%。这些联盟通过积极促进产学研用紧密合作、开展基础性和应用性研发、拓展产业链、制定产业技术标准、搭建公共服务平台、联合承接国家重大项目、集成产品和技术、提升整体效益等，已成为北京市推动创新发展倚重的力量。

中部地区产业技术创新联盟建设也在不断加快，但是多数联盟组织松散、合力不强、效率不高，个别联盟甚至没有实质性工作进展。产业技术创新联盟是一种促进创新要素聚集的发展方式，对于促进重大共性技术突破、形成技术和产业标准具有重要意义，中部地区要将产业技术创新联盟作为提高创新能力、加快科技和产业发展的重要途径，应进一步加强建设和支持：（1）将产业技术创新联盟建设列入战略性新兴产业发展工作范畴，加强政府的引导、管理和支持，提供运行经费、研究项目和政策优惠，适时开展效益评比；（2）以产业技术创新联盟为载体，优化联盟发展环境，通过政策制度创新，进一步推动产业集群创新发展；（3）发挥产业技术创新联盟的平台作用和专业性优势，促进金融机构与联盟平台对接，联合开展金融创新，开发符合企业需求的金融产品；（4）参照中关村的方式，创新管理服务模式，在众多联盟的基础上，组建产业技术创新联盟联席会（促进会），加强联盟之间的沟通交流，实现各联盟自我管理、自我发展。

二、中部地区战略性新兴产业发展的分工与合作

从全国经济区域格局来看，东部地区凭借鼓励率先发展的机遇，已经在各个领域形成了竞争优势，经济社会发展方面，多数省份都超过了中部地区每个省，如果中部省份单独与其他地区省份展开竞争，必定无法超越对手。西部地区占全国70%的国土和大量自然资源，其中四川、重庆、陕西、内蒙古等经济强省（区、市）和区域中心城市以西部地区广阔的国土空间、丰富的各类资源、潜力巨大的市场为依靠，形成了经济发展的相对优

势，其经济总量和发达程度甚至已经超越中部地区部分省份和部分中心城市。

中部地区各省经济社会发展相近、地理相邻、文化相承、资源互补等，具有合作共赢的良好基础。在培育和发展战略性新兴产业方面，中部地区要通过有效突破、加快发展，在发展方式转变过程中实现“弯道超车”，在各地区经济社会发展新一轮竞争中建立竞争优势。要全面实现中部崛起的战略目标，中部地区须在区域整体层面进行战略谋划，统筹资源要素分配，科学合理开展区域分工和合作，形成和壮大跨省产业链，打造国家新的经济增长极。据国家统计局发布的数据，2014 年中部地区国内生产总值已达 13.9 万亿元，经济总量上超过了长江三角洲、珠江三角洲。因此，以中部六省整体应对长江三角洲、珠江三角洲、环渤海经济区的竞争，也可以形成有力的竞争和势均力敌的抗衡。

区域分工和合作是地区之间经济联系的重要方式。加强区域分工和合作，有利于发挥各地的资源、要素、产业、技术、市场等方面的优势，进行特色发展；有利于提高资源利用率，推动专业化生产，促进技术创新，提高产品质量和管理水平；有利于提高各地的经济效益和区域经济发展的总体效益。亚当·斯密的绝对成本学说、大卫·李嘉图的比较成本学说、赫克歇尔的要素禀赋学说等都为区域分工和合作提供了理论基础。

中部六省既有区位交通便利、资源环境承载力强、自然资源丰富和气候条件适宜、人力资源充沛与科教事业发达、产业技术基础好、市场潜力大等共性优势，也有缺油少气且能源资源不均衡、金融水平低、城镇化欠发达、开放程度不高、自主创新能力不强、经济结构不合理等共性劣势。各省还有自己的独特优势和劣势，在自然条件、历史文化、产业结构、科教基础、人才队伍等方面情况互不相同，在战略性新兴产业培育和发展方面，也有明显差别。

从要素资源、产业基础、技术条件等的分布情况来看，中部六省各有所长，差别明显。例如，湖北省的优势条件主要在于科教优势、交通区位优势、工业基础好且比较全面。河南省的经济规模大、资源丰富且分布均衡、交通区位优势也比较明显。湖南省矿产资源丰富、与粤港联系紧密、在高端装备制造和文化创意等方面形成了特色产业。安徽省是紧邻长三角，成功承接长三角产业转移，其家电产量跃居全国第一；煤炭工业、金属冶炼、汽车工业等产业实力强；文化资源丰富，生态环境好。江西省的工业有鲜明特色，如陶瓷工业、有色冶金、航空制造等；矿产资源丰富，是国家有色金属、稀有金属、稀土矿产基地之一；生态较好，资源承载能力较强。山西省的矿藏资源丰富，尤其是煤、煤层气、铝土矿，储量巨大；煤炭产业是特色优势产业，煤化工、采掘业装备制造是具有较强竞争力的新兴产业。

根据中部六省在资源、技术、产业、市场等方面的不同特点，以及战略性新兴产业的优势领域分布情况，建议在中部地区适当进行合理的区域分工和合作，结合各省的资源禀赋和产业实际，充分发挥各省的优势特色，从而整体上提高中部地区战略性新兴产业的效益和竞争实力，具体见表 7-1。

表 7-1　**中部地区六省在战略性新兴产业领域的综合优势分析表**

战略性新兴产业		中部六省综合优势分析					
产业领域	产业二级类别	湖北	河南	湖南	安徽	江西	山西
节能环保	1. 高效节能产业	√	·	·	√	·	·
	2. 先进环保产业	√	·	·	√	·	·
	3. 资源循环利用产业	·	√	·	·	·	·
	4. 节能环保综合管理服务	·	·	·	·	·	·
新一代信息技术	1. 下一代信息网络产业	√	√	√	·	·	·
	2. 电子核心基础产业	√	√	√	√	·	
	3. 高端软件和新型信息技术服务	√	√	√	√	·	·

续表

战略性新兴产业		中部六省综合优势分析					
生物	1. 生物制品制造产业	√	√	√	√	√	·
	2. 生物工程设备制造产业	√	√	√	·	√	·
	3. 生物技术应用产业	√	√	√	√	√	√
	4. 生物研究与服务	√	√	√	·	·	·
高端装备制造	1. 航空装备产业	·	·	·		√	
	2. 卫星及应用产业	·	·	·			
	3. 轨道交通装备产业	√	√	√	√	√	√
	4. 海洋工程装备产业	√		√			
	5. 智能制造装备产业	√	·	√	·	·	·
新能源	1. 核电产业	·		·			
	2. 风能产业	·	·	·		·	·
	3. 太阳能产业	·	·	·	√	√	·
	4. 生物质能及其他新能源产业	√	√	·	·		·
	5. 智能电网产业	√	√	·			·
	6. 新能源产业工程及研究技术服务	·	·	·	·	·	·
新材料	1. 新型功能材料产业	√	·	√	√	√	·
	2. 先进结构材料产业	√	√	√	√	√	√
	3. 高性能复合材料产业	·	·	√	√	√	·
	4. 前沿新材料产业	·	·	√	·	·	
	5. 新材料研究与技术服务	√	·	√	√	·	·
新能源汽车	1. 新能源汽车整车制造	√	√	·	√	·	·
	2. 新能源汽车装置、配件制造	√	·	·	√	·	
	3. 新能源汽车相关设施及服务	·	·	·	·	·	·

说明：打“√”表示相应省在该产业具有比较优势；打“·”表示相应省在该产业有一定参与能力；空格表示相应省在该产业的参与能力很低，甚至可忽略。

(一) 坚持优势特色发展

中部地区加快发展战略性新兴产业，各省要坚持发展优势特色产业，比如河南的智能终端、生物医药，湖北的光电信息、数控装备、生物技术、新能源汽车，湖南的高端装备制造、文化创意，安徽的平板显示、信息家电、生物制造，江西的新材料、航空制造，山西的煤机装备、煤化工业，等等。各省要在资源配置上给予适当的倾斜，把优势特色产业做大做强，力争成为国内前茅。围绕优势特色产业，积极发展配套产业，形成以优势特色产业为主导，众多配套产业跟进的发展格局。在战略性新兴产业发展方面，各省可以采取“扶强不扶弱”的思路，对其他省明显占优、本省弱小且没有特色的同质产业，可以降低扶持力度，减少资源配置强度。

(二) 鼓励资源要素在区域内有效流动

在战略性新兴产业培育和发展方面，各省大胆改革体制机制的障碍因素，创新管理方式方法，在本省范围内较好地实现了资源要素流转，但是资源要素的跨省流动仍然不畅。主要是省内的人、财、物、技术资源在省政府的统筹下，比较方便协调，省际没有更高一级的协调机构，也不可能要国家部委来协调，因此急需制度创新。目前，中部六省联合举办的中部投资贸易博览会是一种较好的促进资源要素流动的方式，只是举办的频次较低，每年一次，且配套政策没有到位。建议中部六省之间协商签订更多鼓励人才、技术、资金、能源、原材料等优先流转的协议，尽量提供优惠便利条件，降低六省之间资源要素流动的成本，在某些认证、检测、税收、交易费用等方面形成统一标准，避免重复认证、重复检测、不同标准的收费等情况。

(三) 打造跨省的紧密联系的产业链

由于体制机制的原因，战略性新兴产业的产业规划、鼓励措施、优惠政策等往往局限于本省范围，相关产业链也往往局限于一省之内，一旦出了省界，就没有优惠政策，也没有紧密联系。这样往往出现原材料采购舍近求远、技术合作互相封闭、人才或资金更是不可共享等情况，造成要素成本增高，甚至恶性竞争。如，湖北买不到山西的煤，要去内蒙古、新疆采购；河南买不到江西的铜，要从国外进口，等等。若能突破体制机制障碍，根据战略性新兴产业需要，在中部地区打造紧密联系的跨省产业链，实行税费收入等利益共享机制，采取省际互惠措施，降低整个区域的生产流通成本，则会显著提高生产效率和效益，会促进战略性新兴产业以一种前所未有的速度加快发展。

（四）培育省际产业技术创新平台

中部地区战略性新兴产业发展最大的挑战，是来自国外和国内东部发达地区在核心技术、自主创新和产学研合作方面的挑战。跨国公司和东部地区龙头企业在研发能力、人才队伍、信息资源等方面占有显著优势，中部地区战略性新兴产业必须依靠集约创新、协调创新，才有可能实现技术上的超越。这种创新要发动全部创新要素的参与，甚至发动一线技术工人的微小技术改良。产业技术创新联盟无疑是集约创新、协同创新的良好平台。如果能通过制度创新，进一步推进政产学研用的互动和协同，大力培育和发展各种类型以企业为主体、产学研用相结合的省际战略性新兴产业技术创新联盟，将创新联盟建立在整个中部地区创新资源的基础上，创新要素汇聚能力会比一省范围大得多。同时，有效提高产业聚集度将使区域内的战略性新兴产业获得更大的技术推力、智慧推力，产业群的竞争力将得到显著提升。

第三节 中部地区战略性新兴产业发展政策建议

一、全力加大财税支持

战略性新兴产业是以重大技术突破为基础的新兴产业，研发成本占生产成本的比例要远高于传统产业，研发环节的复杂性、多学科和多种技术的综合性要超过传统产业甚远，且其研发往往带有重大技术突破性和产业共性，正是由于战略性新兴产业的复杂技术特性和研发成本高，使得投资者不敢轻易涉足，投资热度明显低于技术比较成熟、市场前景明确的成熟产业。此外，战略性新兴产业的产品或服务新颖，且可能由于生产成本高，或使用成本高，或操作方法复杂，或配套设施不全，或稳定性不佳，往往不被市场接纳，而经济效益不明确也容易阻碍投资进入。在市场对资源配置失效的情况下，政府政策作为重要的经济杠杆会发挥极其重要的作用。除了产业规划和产业许可制度之外，财税政策是最重要的经济杠杆。在资本、人才、技术、市场不占优的情况下，中部地区用好用足财税政策，是加快产业发展的重要措施。

给予财税支持，主要包括两个方面：一是加大财政支持力度。增加财政资金投入，扩大政府引导资金规模，加强政府采购新产品计划，加大新产品的消费补贴等。中部地区经济总量不大，地方财政收入明显少于东部沿海省份，能争取到的中央财政支持也低于北京、上海和西部地区省份，在财政支持方面的优势有限。二是完善税收激励政策。对战略性新兴产业的税收政策支持，最根本的原则就是“放水养鱼”和“让利于民”，尽可能地减轻战略性新兴产业的税负压力。中部地区可以在税收方面采取超越其他地区的激励举措，发挥综合配套改革试验区、自主创新示范区、内陆自贸区、经济开发区等政策优势，要站在企业主体角度，对研发阶段、人力资本、设备引进、融资成本、生产的不同阶段、销售推广环节、厂房设施建设等进行详尽了解，要不厌其烦地把税收优惠政策细分到研发、生产、销售的各个环节，能够减免的尽量减免，需要财政补贴的尽可能给予补贴，尽可能引导企业加大研发投入，并鼓励投资和人才进入战略性新兴产业。改革开放以来，深圳和广东的发展模式就是如今战略性新兴产业发展的借鉴之道，只有经过休渔季节，才能有更多的收获。

中部地区支持战略性新兴产业的财税政策，要有先行先试、放眼长远的气魄和胆量，因此在财税政策方面，有以下建议：（1）在进一步加大财政资金投入力度的同时，加强财政投入绩效考核，切实提高资金投入的效率；（2）大力推行研发费用税收抵免制度，可试行根据技术的产业共性和攻关难度，采取不同的抵税率，并在科技成果转让、科技中介服务等方面实行税费减免；（3）创新增值税低税率优惠政策，对高附加值的战略性新兴产业分阶段进行税率调整；（4）在关税方面对战略性新兴产业的给予支持，鼓励引进国外先进设备、技术，对研发环节进口的设备、配件，免征进口关税和增值税，并对成长期的战略性新兴产业实行出口全额退税政策；（5）在企业所得税、个人所得税方面，提供给战略性新兴企业和企业员工有吸引力的低税优惠；（6）在土地使用税、房产税、车船使用税、合同印花税、建设规费、物业费、各种管理费用等税费方面，分阶段给予减免。

二、大力创新金融服务

中部地区金融服务业相对欠发达，不仅明显落后于东部地区，而且多项指标落后于全国平均水平，甚至可以说中部地区是金融“洼地”。技术创新离不开高水平的金融服务和金融创新。缺乏资金支持，技术创新和成果转化往往就成为“纸上谈兵”，难以付诸实践，难以转化为现实生产力。中部地区在金融发展方面处于劣势的情况下，更应该加大金融创新的力度，通过营造宽松高效的投资环境、建立完善规范的制度保障体系、提供便捷周到的投融资服务来吸引资金流入中部地区，与战略性新兴产业互利互惠，形成技术创新与产业进步、金融壮大三者互相促进、联手发展的格局。

（一）以开放、优惠、服务为原则，吸引金融投资机构聚集

中部地区的金融机构偏少、金融资产总额偏低，尤其是竟然没有一家独立法人资格的外资银行落户中部地区，也没有一个基金公司把总部设在中部地区，在这种不利金融格局下，要发展中部地区的金融业，首先要“聚财”，即要以比全国其他地区更开放的姿态、更优惠的财税政策、更方便周到的服务，来吸引国际国内的金融机构、投资公司来中部地区发展。

国家实施促进中部崛起战略以来，中部地区经济的年均增长率

已成为全国各板块第一，这种高速增长必然引起金融投资机构的注意，但由于中部地区对外开放水平低，传统产业比重过大，经济下行压力大，大型企业对资金需求不旺等原因，一流投资机构和境外金融企业不愿意到中部地区发展。如果没有好的投资服务环境，吸引不了一流的金融投资机构。

因此，要改变中部地区金融管制过严、有效需求不足、投资回报率不高的形象，需要加强金融制度创新和金融服务创新，凡是能够给战略性新兴产业的各类优惠政策，也应该给服务新兴产业的金融业，要取消一批可以放宽的审批管制，以负面清单的形式营造宽松的投融资环境，提供便利注册、税收优惠、政策扶持、政府担保、优质项目等有利条件，广泛吸引国内外金融投资机构到中部地区设立分支机构和发展业务。

（二）加强服务和扶持，积极争取多层次资本市场直接融资

境内外多层次资本市场是资金的集散地，是有待积极争取的公共资源。除了境外的资本市场和国内主板市场以外，创业板市场、场外证券交易市场、债券市场都是战略性新兴产业重要的融资渠道。中部地区要积极为符合条件的大型新兴企业提供培训、重点推介和做好上市准备，争取尽量多的企业在主板市场上市交易；提供财政补贴和税收优惠，支持综合效益好、发展潜力大的中小企业在创业板上市融资；提供融资信息，降低融资门槛，拓宽服务范围，积极建设完善区域性的场外交易市场、券商柜台市场，使更多中小型企业能与融资市场直接对接。

中部地区要在多层次资本市场获得更多的融资，关键在于给企业提供优质的服务和实质性的帮助，这种服务和帮助并不是要政府去包办，而是依赖于现代服务业的发展，特别是高科技服务业的发展。

（三）鼓励和规范发展民间投融资，壮大各类创业投资和风险投资

美国硅谷的持续发展，除了该地区科技事业发达、自主创新能

力很强外，还得益于聚集于硅谷的一大批专家型私人投资者和专业投资机构，他们一般以 VC（风险投资）或 PE（私募股权投资）的方式出现。这些个人或机构投资者拥有大量的自有资金，对产业与技术前沿非常熟悉，对投资领域有独到的见解，善于发现能有效产业化的科技成果、能做成事业的创业团队和潜力巨大的高技术产业，尤其可贵的是，他们还积极指导帮助小微企业发展壮大，并主动帮助它们向更高层面的资本市场推介。

VC 和 PE 是推动技术创新和科技成果产业化最有效率的民间投资形式。北京、上海、深圳的 VC 和 PE 机构合计超过 11000 家，注册资金高达 2 万亿元。中部六省 VC 和 PE 机构合计不到 1000 家，注册资本不足 2000 亿元。鼓励民间投资机构发展，是国家信贷体系和资本市场的重要补充，经过改革开放 30 余年的发展，民间藏有巨大的资金，中部地区有一批民营企业进入全国 500 强，有一批名列福布斯中国富豪榜的富人，还有相当多持有重金的私人企业家。这些民间资金没有转化为投资，没有进入扩大再生产的领域，是一种社会财富的浪费。

中部地区如能进一步加强各类股权投资机构招商和指导工作，引进国内外优秀 VC 和 PE 机构向本地战略性新兴产业倾斜投资；提高财政投入效率，充分发挥政府创业投资基金（种子基金）的引导带动作用；提供配套保障和制度规范，鼓励本地企业和企业家从事 VC、PE、天使投资，促进民间投资广泛参与战略性新兴产业发展，将会有效拓宽融资渠道，有力提高科技成果产业化水平。

（四）整合金融资源，建立和发展全程式金融服务平台

产业聚集发展能产生内部经济性和外部经济性，金融资源也需要一个整合平台，在战略性新兴产业聚集区、经济开发区、工业园区，建立和发展全程式的金融服务平台，是北京、上海、深圳等地的成功经验。北京中关村科技园区一方面大量参与设立创业投资基金，另一方面积极与金融机构、投资机构、天使投资人等开展密切合作，通过整合各种金融资源，为处于起步期、成长期、成熟期等不同阶段的高科技新兴企业，提供完整的全程式金融服务。中关村

的做法，一方面激活了金融市场的活力，使中关村的金融信贷、创业投资发展得风生水起；另一方面给企业的创新发展提供了源源不断的动力，高技术企业群迅速壮大。上海搭建金融信息服务平台，在各产业园区组建融资服务中心，为园区内企业提供政策咨询、金融创新、中介服务等一站式服务。深圳成立科技金融联盟，包括企业、银行、VC 和 PE 机构、天使投资、担保机构、保险公司、中介组织等在内，将投融资转化为联盟内部的事务，提高了针对性和效率。

中部地区可以借鉴北京、上海、深圳的金融服务经验，鼓励地方政府或产业园区与金融投资机构开展深度合作，设立科技与金融专家库，提供产业技术评估咨询和金融信息服务，建立和发展全程式金融服务平台，在金融服务方面将战略性新兴企业“扶上马，还要送一程”。

（五）创新金融工具，完善金融担保体系，降低融资成本

一是通过财政专项引导资金给予企业适当的扶持；二是鼓励银行业金融机构积极开展科技金融服务产品创新，扩展信用形式和内容，创新多样化的金融产品，为战略性新兴产业融资提供便利条件，努力降低企业融资成本；三是积极推动产业园区、行业协会与金融机构合作，签订授信协议，对经过政府和产业园区等认证的、符合一定条件的新兴企业，提供无抵押贷款，由政府或产业园区提供风险担保和贷款补贴；四是政府既要推动完善企业征信平台建设，又要建立和发展公益性担保体系，还要积极推进商业性融资信用担保、互助型融资信用担保和政策性融资信用担保等多层次信用担保系统建设；五是鼓励担保机构为战略性新兴产业提供多种方式的创新服务，如知识产权质押、订单担保等无实物担保服务。

（六）完善场外交易机制，保障资本的合理合法流转

投资工作绝不是慈善事业，投资者以追求投资回报为目的，如果在一个地区或一个产业常常得不到合理合法的投资收益，投资者就不会再进入，资金链就可能断裂。对于中部地区来说，要积极加

强区域性多层次资本市场建设，进一步完善股权场外交易机制，保障股权场外交易的公平、公正和顺畅，使投资进入和退出比较便捷，让早期投资能通过新三板和区域性场外交易市场等多元化渠道实现退出，保障资本合理合法的增值和流转。

三、着力发挥央企、高校和科研队伍的作用

中央企业是国民经济的重要支柱，高等院校是高层次人才培育和科学研究的主要力量，国家级科研院所是国家科研体系的骨干队伍，这三支队伍分别代表了中国产业、教育和科技的最高水准，是国家队和主力军。战略性新兴产业的发展主要依靠创新驱动，实现创新驱动需要不断提升自主创新能力、强化协同创新体系建设，需要政府、产业、科技和教育的紧密合作。中部地区在产业基础、技术水平和人才资源都逊色于东部发达地区的情况下，要实现“弯道超车”，必须着眼于全国的产业、科技、教育资源，主动寻求与中央企业、高等院校、国家科研队伍的合作，充分发挥这三支队伍的支持，提升产学研合作水平，针对产业发展的实际和面临的重大问题，强化协同创新，提高自主创新能力，实现重大技术突破，从而建立有核心技术基础的竞争优势。

（一）做好与中央企业的合作

中央企业（简称央企）是指由中央政府监督管理的国有企业，与之相对应的国有企业，又称地方企业，是指由地方政府监督管理的国有企业。广义的央企包括国务院国资委管理的企业，银监会、保监会、证监会管理的金融保险证券企业，以及机场、铁路、港口、广播、电视、文化出版、烟草、水电、黄金等由其他中央部门管理的企业。央企是国民经济的重要支柱，据财政部企业司公布的国有企业财务决算情况，2014 年全国的央企数量达 5.2 万户，资产总额 53.7 万亿元，央企实现利润总额 17280.2 亿元，利润总额约是地方国企利润总额（7485.2 亿元）的 2.3 倍①。由于广义的

---

① 财政部资产管理司:《2014 年 1—12 月全国国有及国有控股企业经济运行情况》，载中华人民共和国财政部网，http://qys.mof.gov.cn/zhengwuxinxi/qiyeyunxingdongtai/201501/t20150121_1182847.html,2015 年 1 月 22 日。

央企包括很多独立法人的中小企业，数量众多，分布广泛，不便归类，一般所指的央企是狭义的概念，即特指国务院国资委监管的113家重要国有企业。根据2014年7月国务院国资委发布的《中央企业2013年度总体运行情况》显示，2013年这113家央企资产总额达到35万亿元，其中68家资产总额超千亿元；实现营业收入24.4万亿元，其中56家营业收入超千亿元；实现利润总额1.3万亿元，占全国所有国有企业利润的一半。

央企有雄厚的经济实力，能提供大量投资和辐射全国市场，并能从国家争取到重大项目和优惠政策，央企的重大投资建设项目落户与推进，对带动中部地区产业发展、促进就业、城镇化建设等都会产生积极深远的影响。以促进中部崛起战略、一带一路战略、长江经济带建设等重大契机和中部地区较强的资源环境承载能力等为依托，积极吸引央企到中部地区投资、建设重大产业项目、设立研发机构、合作发展新兴产业，是中部地区促进战略性新兴产业快速的重要途径。例如，新能源汽车产业主要依靠央企东风汽车公司来推动；发展光电子信息产业，央企武汉邮电科学研究院发挥了骨干作用。但是，中部地区不能局限于总部在本地的央企，要与全国的央企主动对接，要拿出合作诚意和实惠政策，要破除地方保护主义思想，敢于拿出本地市场吸引央企进入，要“借船出海”，与央企实现双赢。

（二）发挥好高等院校的作用

高等院校（简称高校）不仅是国家培育高级专门人才的主体，也是中国科技创新的重要力量。教育部科技发展中心主任李志民根据多年高校科技工作成绩统计和占全国的比重提出，高校科技工作已成为中国基础研究的主力军、应用研究的重要方面军、高新技术产业化的生力军，高校科技工作不仅在国家科技工作中占有重要地位，而且对中国科技事业和经济发展也做出了突出贡献。高校承担了一大批包括国家重大科技专项、“863”计划、“973”计划、科技支撑计划、协同创新中心等在内的国家重大科技计划项目，历年获国家自然科学奖、技术发明奖和科技进步奖三大奖的数量通常占全国获奖总数的60%以上。超过六成的“两院”院士、长江学者、“千人计划”人才、杰出青年基金获得者等高层次人才在高校工作。高校哲学社会科学专家队伍积极开展对政治、经济、社会等的全局性、战略性、前瞻性问题的深入研究，已成为了中央和地方政府的重要智囊。超过半数的国家重点实验室依托高校设立。

高等学校创新能力提升计划也称“2011 计划”，分为面向科学前沿、面向文化传承创新、面向行业产业和面向区域发展重大需求 4 种类型，是继“985 工程”、“211 工程”之后，国务院启动的新一项国家科教创新重大工程，目前国家已经批准 2 批 38 家，全部由高校牵头，联合科研院所、企业、地方政府、国际科技力量等，围绕经济、社会、科技、文化、教育等发展中的重大需求，通过协同创新，着重研究和解决国家急需的战略性问题、科学技术尖端领域的前瞻性问题以及涉及国计民生的重大公益性问题。38 家协同创新中心，除 7 家是文化传承类外，其余 31 家均涉及战略性新兴产业，其中涉及节能减排 1 家、信息技术 8 家、生物领域 6 家、高端装备制造 6 家、新能源 2 家、新材料 5 家、新能源汽车 3 家。

中部地区拥有的全国顶尖水平高校并不多，“985 工程”大学是中国最高水平研究型大学的代表，中部地区有 6 所，占全国的 15%；“2011 计划”牵头高校，中部地区有 7 所，占全国的 18%。中部地区发展战略性新兴产业必须借助高水平研究型大学的雄厚科研实力，同时积极支持区域高等教育事业发展，迅速培养一大批新兴产业亟须的高级专门人才和高水平劳动力。在本地高校资源有限的情况下，中部地区可以学习借鉴深圳市为发展高新技术产业而实施的创新举措——“虚拟大学园”经验：1999 年起，高等教育严重匮乏的深圳市为了引进智力资源，推动高新技术产业发展，通过提供土地、场馆、税收、专项经费等优惠措施，按照一园多校、市校共建的模式，建设创新型产学研结合示范基地——“虚拟大学园”，吸引了北京大学、清华大学、香港大学等 57 所国内外著名院校在深圳设立研究院、院士活动基地、博士后流动站、重点实验室等机构，形成了学士、硕士、博士完整的学历学位培养体系和为企业提供的订单式人才培养体系，十余年为深圳培养博士近 1600

人、硕士3.7万人、本科生4.3万人、订单培训5.7万人、博士后120多人，在深圳举办国际学术会议、专家讲座2000场，在深圳孵化科技企业近1000家。

目前，有一些世界著名高校主动在中国寻找合作伙伴，希望在中国开拓高等教育市场，如全美前10名、世界前50名的杜克大学与中国前10名的武汉大学合作在江苏昆山举办了“昆山杜克大学”，由江苏省和昆山市提供了大量的建设经费，杜克大学和武汉大学提供教育资源，该校的创办将显著提高昆山的高等教育水平。中部地区如果能学习借鉴深圳的成功经验，参照各类产业园区的优惠政策，选择环境优美、配套设施齐全、交通便利的区域，给国内外著名高校提供相应的高教园区，拿出比招商引资更大支持的力度去引进国内外一流智力资源，把中部地区打造成高端教育和先进科技的高地，将为战略性新兴产业的发展提供强大的“发动机”。

（三）用好国家级科研院所的智力资源

国家级科研院所是中国科学研究的骨干力量。中国科学院、中国工程院、中国社科院分别是中国科学研究、工程技术和哲学社会科学方面的最高学术机构，拥有一批高水平的科研院所、咨询机构，聚集了一大批中国最优秀的科学家和哲学社会学者。此外，还有中国农业科学院、中国林业科学研究院、中国医学科学院、中国环境科学研究院等一批专门性的国家级研究机构，承担着不同学科领域的重大基础与应用研究和高新技术产业开发研究的任务。

国家级科研院所广泛分布在全国各地，但主要集中在北京、上海、天津、广东、江苏等东部地区。中部地区的武汉、长沙、合肥，西部地区的成都、西安、兰州、重庆、昆明，东北地区的沈阳、大连、长春、哈尔滨也是区域中心。中国科学院104个直属研究机构中，北京拥有45个，上海有11个，中部六省一共只有15个，主要集中在武汉。根据国家科技部《中国科学技术发展报告》公布的数据，国家批准建设的国家实验室（筹）6个，中部地区有

2个；依托院校建设的国家重点实验室280个，依托企业建设的国家重点实验室99个，中部六省一共拥有32个；批准建设的国家工程技术研究中心294个，中部地区只拥有28个，国家重点实验室和国家工程技术研究中心占全国的比重均低于10%。从上述数据可以看出，中部地区拥有的国家级科研机构并不充裕，有的指标明显低于全国平均水平，除武汉、长沙、合肥的科研实力较强外，大多数中部城市拥有的国家级科研机构很少，严重缺乏科研力量的“国家队”，就像体育竞赛中缺少国家级高水平运动员一样，这将使中部城市在科技发展、项目争取和战略性新兴产业竞争中处于不利地位。

2014年8月，在北京召开的中共中央财经领导小组第七次会议，专题研究实施创新驱动发展战略的相关问题，要求按照遵循规律、强化激励、合理分工、分类改革的原则，深入推进科研院所改革。会后不久，中国科学院发布“率先行动计划暨全面深化改革纲要”，正式启动院所改革。中部地区要抓住国家科研院所改革这个契机，主动联系所需的科研院所，建立密切联系，发展本地科技和产业：第一要积极引才揽才，从改制院所中发现优秀人才并吸纳到本地；第二要利用改制契机，与相关重要科研院所建立合作关系，引进相关高水平科研院所来本地创业和成果转化；第三可委托高水平研究机构为本地战略性新兴产业研发服务，并带动本地科技发展；第四可在建设产业园区的公共研究平台时，更多地考虑面临改制的国家级科研院所，通过提供优惠政策，成建制地引进科研单位，或设立研发分支机构。

此外，设置在中部地区的直属中央管理的其他单位，如新闻媒体、部委派出机构、直属事业单位等，都是推动中部地区科学发展的重要力量，也是中部地区培育发展战略性新兴产业的重要依靠对象，进一步调动中央在地方单位的积极性，使之发挥更大的作用，是地方政府应予以重视的方面。例如，如何有效地通过中央级新闻媒体进一步加大对中部地区战略性新兴产业的宣传和推介，为中部地区发展战略性新兴产业营造更加良好的舆论环境、吸引更多的资源，是产业主管部门要考虑的一项重要工作。

四、奋力开展先行先试

国务院在全国批准设立了 12 个国家级综合配套改革试验区，中部地区拥有 3 个综合改革试验区，分别是武汉城市圈、长株潭城市群和山西省，其中山西省综合配套改革试验区是经国务院同意设立的第一个全省域、全方位、系统性的国家级综合配套改革试验区。截至 2015 年 7 月，国务院还在全国范围批准建设多个国家自主创新示范区或试验区，其中 3 个在中部地区，分别是武汉东湖高新区、长株潭自主创新示范区、合芜蚌自主创新综合试验区。

国家建设综合配套改革试验区的目的在于，通过深化改革、先行先试，优化资源配置，统筹城乡发展，加快科技进步和创新发展，加快产业结构调整升级，促进经济发展方式转变，建设资源节约型和环境友好型社会。国家自主创新示范区的定位是，引导和发挥创新资源集聚的作用，积极开展激励创新发展政策先行先试，建立灵活高效先进的管理体制和运行机制，成为创新驱动发展的引领区、科技体制改革的先行区、战略性新兴产业的聚集区、创新创业的示范区、推动资源节约型和环境友好型社会建设的典范。

可以说，国家赋予综合配套改革试验区、自主创新示范区等“特区”以改革创新、先行先试的权力，是中央政府对地方政府的一次重大授权，是在改革攻坚时期，选择部分基础条件较好的地区进行的重要试点。中央政府希望通过相关地区积极探索建立新制度、开创发展的新模式、取得改革的新突破，从而发挥引领作用，带动全国的改革发展走向深入，推进创新型国家建设，在新一轮国际竞争中确立发展优势。

中部地区要用好先行先试的政策，必须对先行先试政策有一个全面、准确的认识。

第一，先行先试既是一项重大改革授权，又要依据法规和政策制度办事，按客观规律办事，是在充分调查研究和基于实事求是的基础上，对不适应发展规律、经济规律、科学管理的环节进行改革和创新。

第二，先行先试是不断探索推进的过程，首先要敢闯敢干，但不能蛮干盲干；其次要容忍失误，但要及时纠偏；还要边学边干、巧干会干，认真借鉴国际国内先进经验。

第三，先行先试是一个系统工程，要从一个环节的创新，扩展到整个系统和配套措施的创新，从一个点的创新，发展到全面的创新，形成一整套行之有效、可以推广的政策体系和创新制度。

第四，先行先试体现的是一种思想解放、观念更新，倡导一种新的行政服务意识、创新意识和行为规范，因此要积极开展宣传教育，特别是对各级管理者进行培训，明确先行先试的宗旨要义，确保各级管理机构对新思路、新政策、新举措理解准确、执行到位，保证创新发展的正确方向。

第五，先行先试要找准突破口和切入点，要在借鉴国内外成功经验的基础上，分析瓶颈关键环节和所需配套环节，在破解发展难题上先行先试，取得实实在在的成效。

在中国经济发展过程中，政府的支持和服务至关重要。党的十八届三中全会进一步推进政府职能转变，对中国行政体制改革进行了全新部署，从源头上解决中国改革发展中的深层次问题，为中部地区先行先试、深化改革、创新发展提供了指南和依据。国务院下大力气推进行政审批制度改革，连续6批次取消和调整行政审批项目2497项，将一些不宜由政府管制的事项交还给市场、企业、社会自主管理。国务院有关部委和全国各地也相应开展了简政放权、减少行政审批事项的改革，提高政府工作效率，释放市场活力，激发创新热情。中部地区要利用国家促进中部崛起战略的重大历史机遇和综合改革配套试验区、自主创新示范区等有利条件，在先行先试中加大政府职能转变力度，推行正面清单、负面清单制度，实行结构化科学管理，加大制度创新和对外开放的力度，对符合国际惯例和通行规则、符合中国未来发展方向的制度设计先行先试，对全国具有重大示范带动作用的体制创新先行先试，构建科学发展的示范区、自主创新的领先区、新兴产业的聚集区、法治建设的模范区，最大限度地为战略性新兴产业提供发展便利。

五、倾力推进大众创业、万众创新发展

近年来，受国际金融危机和世界政治经济复杂形势的影响，各种困难和挑战相互叠加，全球经济复苏艰难曲折，中国经济下行压力有所加大。对于经济和社会建设问题，十八大以来，中国新一届中央领导集体下决心立足长远、标本兼治，确立“四个全面”重大战略（全面建成小康社会、全面深化改革、全面依法治国、全面从严治党），要从根本上转变经济发展方式，实现科学发展、可持续发展，从而实现中华民族的伟大复兴。这需要坚强的意志、伟大的气魄和高超的领导艺术。正如李克强总理在第十二届全国人民代表大会第三次会议上所作的政府工作报告中指出的，中央政府采取的方针是以改革创新来驱动经济社会发展，“向促改革要动力，向调结构要助力，向惠民生要潜力，既扩大市场需求，又增加有效供给，努力做到结构调优而不失速”①。所以，中央政府在宏观上和微观上同时进行了“两手抓”，一手抓宏观严密调控，“抓住发展中的突出矛盾和结构性问题，实行定向调控，激活力、补短板、强实体”，通过培育和发展战略性新兴产业、发展“互联网+”产业、改造升级传统产业、节能减排、化解过剩产能、淘汰落后产能，来调整经济结构、增强发展后劲。这种结构调整，有可能造成有效市场的损失，一方面是化解过剩产能、淘汰落后产能的过程中造成的产能损失和国际国内市场份额下降，另一方面是新兴产业处于起步阶段，在国际国内市场还没有全面有效地打开，这是一个“青黄不接”的时刻，而经济复苏必须依赖市场振兴，怎么办？

中央政府的另一手抓，就是简政放权、放水养鱼，大力推进大众创业、万众创新，促进和激励微观经济活跃。大众创业、万众创新，实际上是打一场应对国际金融危机、转变发展方式的“人民战争”，通过激发亿万群众智慧和创造力，培育经济基体，扩大就业创业，增加民众收入，拉动国内需求。2015 年 6 月，国务院颁

---

① 李克强：《政府工作报告——2015 年 3 月 5 日在第十二届全国人民代表大会第三次会议上》，载《人民日报》2015 年 3 月 17 日，第 1 版。

布《关于大力推进大众创业万众创新若干政策措施的意见》（国发〔2015〕32号），把推进大众创业、万众创新列为经济社会发展的动力之源和富民之道、公平之计、强国之策。

战略性新兴产业的发展壮大，尤其需要人民大众的认同、支持和积极参与。新兴的产品和服务，只有得到最终消费者的认可、接纳和好评，才能突破传统产品的市场壁垒，在市场立稳脚跟，并不断扩大市场份额。最终消费者的认同比例、接纳态度速度和评价的高低，对新兴产业的发展至关重要。例如，中国高速铁路的发展，虽然车票价格一度成为消费者关注的热点，但是广大民众、地方政府等对高速铁路事业非常认可和关注，对高速铁路经过本地区表示非常欢迎和支持，高速铁路已成为大众出行首选交通方式，高速铁路的上座率持续保持高位。多省市甚至出现了为了争取高速铁路经过本行政区和设立相关站点，自发组织“民众请愿团”。当然，高铁的规划选址设站有其自身的科学规律和国家的宏观布局，本书不评价这种民众请愿团的对错，但由此可以看出，这种民众积极参与和支持，给中国高铁发展壮大带来了极大的动力，正如李克强总理在2015年《政府工作报告》中披露的，中国高速铁路运营里程已超1.6万公里，占全世界的60%以上，领先世界其他地区，高速铁路装备制造业也已向世界各地市场进军。

中部地区培育和发展战略性新兴产业，要牢牢抓住中央政府大力推进大众创业、万众创新这个历史机遇期，通过深化体制机制改革，迅速消除不利于创业创新发展的各种制度和思想障碍，真正做到简政放权、放水养鱼，支持各类市场主体，不断开办新企业、开发新产品、开拓新市场，尤其是在以高校毕业生为代表的青年群体、以教育科技人员为代表的知识群体、以退役军人为代表的转型群体、以农民工为代表的潜力群体、以失业人员为主体的再就业群体、以境外高端人才为主体的领军群体中开展创业教育和扶持，培育创业浪潮，使中部地区成为新兴产业发展的“经济特区”。第一，通过推进大众创业、万众创新，有利于推动各类生产要素聚集到创业创业链、新兴产业链，特别是促进民间资金、技术创新、人力资源等要素向新兴产业聚集。第二，按照“物竞天择、适者生存”的规律，通过推进大众创业、万众创新，努力扩大新兴产业的种类、数量和范围，做大新兴产业基础，真正形成“小企业‘铺天盖地’、大企业‘顶天立地’的发展格局”，才能发现更多适应时代发展的新兴产业，从中成长出未来的支柱产业和企业巨头。第三，通过推进大众创业、万众创新，调动各类创业主体的积极性，给予大力支持，“扶上马，还送一程”，充分发掘潜在生产力，也有利于消化传统产业结构调整、过剩产能化解产生的富裕要素。第四，通过推进大众创业、万众创新，可比作“南泥湾精神”的现代版，树立创新创业理念，打破国际市场对中国的新壁垒，增加就业和民间收入，提振国内消费市场，为经济全面复苏打下坚实基础。

在推进大众创业、万众创新方面，中部地区各级政府最重要的是转变观念，从高高在上的“管你”，转变为实实在在的服务，毫无保留地落实中央政策，不嫉妒老百姓发财，不从中攫取利益，真正把创业者当成亲人，把促进创新创业作为职责所在，不遗余力地去支持推进。

六、合力拓展对外经济

中部地区不沿边、不沿海，在对外经济上处于地缘劣势，2014年中部六省的进出口额之和（约2500亿美元）还比不上东部地区广东（10767亿美元）、江苏（5638亿美元）、上海（4664亿美元）、北京（4157亿美元）、浙江（3552亿美元）、山东（2771亿美元）中的任何单独一个省（市）。在吸引外商投资方面，根据各省2014年国民经济和社会发展统计公报发布的数据，2014年全年，河南省实际利用外商直接投资134.6美元，安徽省123.4亿美元，湖南省102.7亿美元，江西省84.5亿美元，湖北省79.3亿美元，山西省29.5亿美元，中部六省合计全年实际利用外商直接投资554亿美元，可以看出中部六省在引进外资方面规模都不大，落后于东部沿海地区多数省（市）。这既是中部地区现有经济结构的短板，同时也给中部地区战略性新兴产业发展留下了极大的空间。

对外贸易是随着经济社会的发展和科学技术的进步而不断发展

的。在中国古代，交通和通信技术不发达，主要依靠人力畜力陆路交通和通信，所以大汉王朝竭力打通西域，建立古代丝绸之路，实现对西方世界的商贸沟通，河西走廊一度成为物质中转站和经贸中心。文艺复兴和工业革命之后，欧洲逐步在航海业、航空业、铁路运输业、电报电话电信业领先世界。其中，由于海洋比陆地少很多过境通关环节，可以更加便利地直达目的地，加之轮船运装载量大，运输成本低，综合运输效率高，因此沿海对外经济逐步兴盛，直到今天仍保持旺盛。随着信息社会的到来，互联网和通信技术的发展拉近了世界各地的距离，实际地理空间距离 10 公里与 1000 公里，而在网络上几乎没有差别，我们迎来了一个全新对外交流和贸易时代。例如，2014 年年底，阿里公布数据，全国已有 211 个淘宝村，这些村散布在全国各地，并不在口岸城市或者经济发达的大城市。这些村几乎家家开网店，户户是电商，或销售当地特产，或专业生产某种商品，有些产品远销国外，是不折不扣的电子商务基地。中部地区历史悠久、文化深厚、物产丰富、特色鲜明，在战略性新兴产业方面也形成了独有的特点和专业的产品，在吸引投资、承接产业方面比东部沿海地区更具容量和优势，应在“互联网+外贸”方面下大力气，鼓励政府部门和企事业单位，招揽专业人才，加强推动网站、媒体、各类宣传品的外文版建设，妥善利用中外媒体，开设官方微博、微信和进驻 Twitter、Facebook 等，及时更新信息，打造信息集散地，赢得世界的眼球。

习近平主席倡导的“一带一路”战略、国务院推出的长江经济带规划、中部崛起战略确定的“三基地一枢纽”目标，给中部地区拓宽对外经济提供了千载难逢的历史机遇，中部地区作为一个整体，通过相互合作，减少区域内部的壁垒，既可以通过欧亚大陆桥干线融入“丝绸之路经济带”，又可以通过长江经济大动脉远走“21 世纪海上丝绸之路”，“三基地一枢纽”建设更是建立全国物质和商品集散中心区域的重要契机。

要把上述机遇转变为实际生产力，需要有远见卓识的政府，需要各省通力合作，需要新时代的线上和线下的“张骞”，把中部地区介绍给世界各地，把世界各地的商人和商机带回中部地区。

参考文献

[1] 习近平:《关于〈中共中央关于全面深化改革若干重大问题的决定〉的说明》,载《求是》2013年第22期。

[2] 习近平:《抓住机遇立足优势积极作为系统谋划“十三五”经济社会发展》,载《党建》2015年第6期。

[3] 习近平:《迈向命运共同体开创亚洲新未来——在博鳌亚洲论坛2015年年会上的主旨演讲》,载《人民日报》2015年3月29日。

[4] 胡锦涛:《坚定不移沿着中国特色社会主义道路前进 为全面建成小康社会而奋斗——在中国共产党第十八次全国代表大会上的报告》,载《求是》2012年第22期。

[5] 李克强:《政府工作报告——2015年3月5日在第十二届全国人民代表大会第三次会议上》,载《人民日报》2015年3月17日。

[6] 国务院:《国务院关于印发“十二五”国家战略性新兴产业发展规划的通知》,载《中华人民共和国国务院公报》2012年第21期。

[7] 张秀生、曾国安:《社会主义经济理论》,武汉大学出版社2004年版。

[8] 马歇尔:《经济学原理》,商务印书馆1981年版。

[9] 李健:《战略性新兴产业的历史方位》,载《湖北日报》2012年8月15日。

[10] 万钢:《把握全球产业调整机遇培养和发展战略性新兴产业》,载《求是》2010年第1期。

[11] 国家发展改革委高新技术司：《战略性新兴产业：中国经济发展的新引擎》，载《中国经济导报》2011 年 7 月 28 日。

[12] 韩霞、朱克实：《我国战略性新兴产业发展的政策取向分析》，载《经济问题》2014 年第 3 期。

[13] 宋河发、万劲波、任保中：《我国战略性新兴产业内涵特征、产业选择与发展政策研究》，载《科技发展》2011 年第 1 期。

[14] 宋国民：《战略性新兴产业概念界定：一个文献综述》，载《中国科学管理研究》2014 年第 2 期。

[15] 林跃勤：《金砖国家新兴产业发展战略与管理比较》，载《产经评论》2012 年第 4 期。

[16] 李金华：《中国战略性新兴产业的若干思辨》，载《财经问题研究》2011 年第 5 期。

[17] 张晓强：《加快培育发展战略性新兴产业》，载《中国经贸导刊》2011 年第 13 期。

[18] 余江、陈凯华：《提升知识产权战略能力　推动战略性新兴产业发展》，载《科技促进发展》2011 年第 3 期。

[19] 李小建：《经济地理学》，高等教育出版社 2002 年版。

[20] 钱津：《论新型工业化中的主导产业》，载《求是学刊》2003 年第 4 期。

[21] 曾昭宁、魏珍：《日本、芬兰、美国发展战略性新兴产业的经验及启示》，载《商业时代》2011 年第 11 期。

[22] 殷林森：《上海科技园区高新技术产业布局实证调查研究》，载《科技进步与对策》2012 年第 17 期。

[23] 朱迎春：《政府在发展战略性新兴产业中的作用》，载《中国科技论坛》2011 年第 1 期。

[24] 陈柳钦：《加速发展战略性新兴产业》，载《高科技与产业化》2010 年第 12 期。

[25] 熊勇清、李世才：《战略性新兴产业与传统产业的良性互动发展——基于我国产业发展现状的分析与思考》，载《科技进步与对策》2011 年第 5 期。

[26] 仇保兴:《小企业集群研究》，复旦大学出版社 1999 年版。
[27] 王德禄:《国家高新区：战略性新兴产业的摇篮》，载《中国市场》2010 年第 20 期。
[28] 刘玉忠：《后危机时代中国战略性新兴产业发展战略的选择》，载《中国科技论坛》2011 年第 2 期。
[29] 冯长根:《选择培育战略性新兴产业的几点建议》，载《科技导报》2010 年第 9 期。
[30] 刘洪昌:《中国战略性新兴产业的选择原则及培育政策取向研究》，载《科学与科学技术管理》2011 年第 3 期。
[31] 李文增、王金杰、李拉、刘峰：《国内外发展战略性新兴产业的比较》，载《产权导刊》2011 年第 1 期。
[32] 欧阳峣、生延超:《战略性新兴产业研究述评》，载《湖南社会科学》2010 年第 5 期。
[33] 徐绪松:《复杂科学管理》，北京大学出版社 2006 年版。
[34] 吴传清、周勇：《培育和发展战略性新兴产业的路径和制度安排》，载《学习与辅导》2010 年第 7 期。
[35] 韩雪莲、谢理、赵文霞：《战略性新兴产业中的企业进入、时机与绩效——基于 180 家上市公司的实证分析》，载《财经问题研究》2011 年第 4 期。
[36] 简新华:《产业经济学》，武汉大学出版社 2001 年版。
[37] 贺正楚、张训、周霞虹：《战略性新兴产业的选择与评价及实证分析》，载《科学技术与科学技术管理》2010 年第 12 期。
[38] 胡莺、赵景兰：《应用因子分析法对战略性新兴产业的选择研究》，载《社会科学辑刊》2010 年第 6 期。
[39] 张良桥、贺正楚、吴艳：《基于灰色关联分析的战略性新兴产业评价——以生物制药为例》，载《经济数学》2010 年第 3 期。
[40] 金碚:《竞争力经济学》，广东经济出版社 2002 年版。
[41] 程新章、吴勇刚：《中国发展战略性新兴产业的政策选择——主流经济学和演化经济学的比较分析》，载《江苏社

会科学》2011 年第 1 期。
[42] 李三虎：《广州发展战略性新兴产业路线图研究》，载《城市观察》2011 年第 1 期。
[43] 国务院：《国务院关于加快培育和发展战略性新兴产业的决定》，载《中国科技产业》2010 年第 10 期。
[44] 中国新兴产业人才国际化发展战略研究课题组：《中国新兴产业人才国际化发展战略研究》，载《中国科技产业》2014 年第 7 期。
[45] 刘嘉宁：《战略性新兴产业评价指标体系构建的理论思考》，载《经济体制改革》2013 年第 1 期。
[46] 王溪：《美国等发达国家实施创新战略的启示》，载《中国科技产业》2011 年第 7 期。
[47] 赵刚：《欧盟大力推进低碳产业发展的做法与启示》，载《中国科技财富》2009 年第 21 期。
[48] 张玉臣、彭建平：《欧盟新能源产业政策的基本特征及启示》，载《科技进步与对策》2011 年第 12 期。
[49] 陈柳钦：《欧盟 2020 年能源新战略》，载《国际资料信息》2012 年第 4 期。
[50] 赵刚、程建润、林源园：《战略性新兴产业发展的战略问题》，载《科技创新与生产力》2010 年第 8 期。
[51] 王凤飞：《我国战略性新兴产业何以"过剩"》，载《经济研究参考》2013 年第 28 期。
[52] 李为民：《政府、市场与企业——学习〈中共中央关于全面深化改革若干重大问题的决定〉的体会与思考》，载《当代经济》2014 年第 1 期。
[53] 周叔莲、刘戒骄：《宏伟艰巨的任务：全面建成小康社会》，载《延安干部学院院报》2014 年第 2 期。
[54] 徐延利、王玲玲、刘丹：《中国发展低碳经济的对策和路径》，载《中国软科学》2010 年第 s2 期。
[55] 北京市人民政府：《关于印发北京市加快培育和发展战略性新兴产业实施意见的通知》，载《北京市人民政府公报》

2011 年第 18 期。
[56] 许春永、卜雨洲、李大鹏：《北京战略性新兴产业发展现状及趋势分析》，载《新材料产业》2012 年第 6 期。
[57] 黄畅莹：《科技管理视角下 LED 产业发展》，载《中外企业家》2013 年第 32 期。
[58] 中共湖北省委、湖北省人民政府：《中共湖北省委湖北省人民政府关于加快培育战略性新兴产业的若干意见》，载《湖北省人民政府公报》2010 年第 z2 期。
[59] 田耸屹：《后哥本哈根时代新能源汽车》，载《记者观察（下半月）》2010 年第 1 期。
[60] 白洁：《推进武汉建设国家创新中心的三大着力点》，载《学习月刊》2012 年第 21 期。
[61] 中共湖南省委、湖南省人民政府：《中共湖南省委湖南省人民政府关于加快培育发展战略性新兴产业的决定》，载《湖南日报》2010 年 9 月 1 日。
[62] 傅贻忙：《战略性新兴产业技术创新与产业成长的耦合协调机制研究》，载《科技经济市场》2012 年第 10 期。
[63] 蔡强、李景鲲：《吉林省战略性新兴产业发展问题研究》，载《东北亚研究》2012 年第 5 期。
[64] 杨光辉：《山西将重点发展九大战略性新兴产业》，载《工业经济和信息化》2012 年第 z1 期。
[65] 何宝庆：《江西战略性新兴产业发展新规划实施》，载《江西日报》2014 年 5 月 2 日。
[66] 李小鹏：《政府工作报告》，载《山西日报》2014 年 1 月 25 日。
[67] 焦秉智：《内蒙古自治区战略性新兴产业方兴未艾》，载《北方经济》2012 年第 15 期。
[68] 重庆市人民政府：《重庆市人民政府关于加快发展战略性新兴产业的意见》，载《重庆市人民政府公报》2011 年第 11 期。
[69] 张嫄：《东北三省培育发展节能环保产业的评价研究》，载

《建筑与文化》2013 年第 4 期。

[70] 姜达洋：《五问战略性新兴产业发展战略——从概念提出与思想来源说起》，载《产经研究》2012 年第 3 期。

[71] 熊勇清、郭兆：《战略性新兴产业培育和发展中的利益关系及协调机制》，载《求索》2012 年第 7 期。

[72] 梁敬华：《对转型时期开发区实现科学发展的几点思考》，载《品牌》2010 年第 z2 期。

[73] 王刚：《〈"十二五"国家战略性新兴产业发展规划〉解读》，载《物联网技术》2012 年第 6 期。

[74] 桂黄宝：《战略性新兴产业成长动力机制分析——以我国新能源汽车为例》，载《科学管理研究》2012 年第 3 期。

[75] 李克强：《把服务业打造成经济社会可持续发展的新引擎》，载《党史文苑（上半月）》2013 年第 6 期。

[76] Abramowitz M.. *Catching Up Forging Ahead and Falling Behind*. Journal of Economic History. Issue 46, 1986.

[77] Boubakri N., Cosset J. C., Gresham O.. *From State to Private Ownership: Issues from Strategic Industries*. Journal of Banking & Finance, Vol. 33 Issue 2, 2009.

[78] Garcia-Salazar J. A., Skaggs R. K., Crawford T. L.. *Analysis of Strategic Industry Planning and Organizational Opportunities for Mexican Cantaloupe Producers*. Hortscience, Vol. 46 Issue 3, 2011.

[79] Pearson M. M. *The Business of Governing Business in China-Institutions and Norms of the Emerging Regulatory State*. World Politics, Vol. 57 Issue 2, 2005.

[80] Berry O., Grayeff Y.. *Emerging Markets Israel's Technology Industry as an Economic Growth Engine*. Communications of the ACM, Vol. 52 Issue 12, 2009.

[81] Copani G., Tosatti L. M., Marvulli S., et al.. *New Financial Approaches for the Economic Sustainability in Manufacturing Industry*. Advances in Life Cycle Engineering for Sustainable Manufacturing Businesses, 2007.

[82] Oliveira M. , Maia P. . *The Industrial Risk Management in Power Generation in a Liberalized Market Context*. Safety and Reliability for Managing Risk, Issue 1-3, 2006.

[83] Schienstock G. , Tulkki P. . *The Fourth Pillar? An Assessment of the Situation of the Finnish Biotechnology*. Small Business Economics, Vol. 17 Issue1-2, 2001.

[84] Serbanescu C. . *Agricultural Finance and Institutional Reforms in Romania*. Agricultural Finance and Credit Infrastru-cture in Transition Economies, 1999.

[85] Corbett J. , Jenkinson T. . *How is Investment Financed? A Study of Germany, Japan, The United Kingdom and The United States*. Manche-ster School of Economic and Social Studies, Issue 65s, 1997.

[86] Nishihara M. , Shibata T. . *Interactions between Preemptive Competition and a Financing Constraint*. Journal of Economics & Management Strategy, Vol. 19 Issue 4, 2010.

[87] Colombo M. G. , Grilli L. . *Funding Gaps? Access to Bank Loans by High-tech Start-ups*. Small Business Economics, Vol. 29 Issue 1, 2007.

[88] Chen Y. C. , *Thurmaier K. . Advancing E-government: Financing Challenges and Opportunities*. Public Administration Review, Vol. 68 Issue 3, 2008.

[89] Westkamper E. , Von der Osten-Sacken D. . *Product Life Cycle Costing Applied to Manufacturing Systems*. CIRP Annals Manufacturing Technology, Vol. 47 Issue 1, 1998.

[90] Porter M. E. . *Competitive Strategy: Techniques for Analyzing Industries and Competitors*. Free Press, New York, 1980.

[91] Edwin Mansfield. *The Economics of Technological Change*. New York, W. W. Norton and Company, 1976.

[92] Porter M. E. . *Competitive Advantage of Nations*. Free Press, New York, 1990.

[93] Arrow Kenneth J.. *The Economic Implications of Learning by Doing*. The Review of Economic Studies, Vol. 29 Issue 3, 1962.

[94] Lucas R.. *Why Doesn't Capital Flow from Rich to Poor Countries*? America Economic Review, Vol. 80 Issue 2, 1988.

[95] Hodgson G.. *Economics and Evolution: Bringing Life Back to Economics*. Cambridge Polity Press, 1993.

[96] OECD. *Reviews of innovation policy: China*. OECD Publishing, 2008.

[97] Jeffrey L. Funk. *The Origins of New Industry: The Case of the Mobile Internet*. Management of Engineering and Technology, 2003.

[98] Richard R. Nelson. *Bringing Institutions into Evolutionary Growth Theory*. Journal of Evolutionary Economics, Vol. 12 Issue 1-2, 2008.

[99] Metcalfe J. S.. *Knowledge of Growth and the Growth of Knowledge*. Journal of Evolutionary Economics, Vol. 12 Issue 1-2, 2002.

[100] Baomol W. J.. *The Transactions Demand for Cash: an Inventory Theoretic Approach*. Quarterly Journal of Economies, Vol. 66 Issue, 1952.

[101] Nelson E. M.. *Regression-based Methodology for Solvency*. Surveillance in the Property-Liability Insurance Industry, Issue 9, 1996.

[102] Browne S.. *Optimal Investment Policies for a Firm with a Random Risk Process*. Exponential Utility and Minimizing the Probability of Ruin, Issue 4, 1995.

[103] Rostow W. W.. *The Stages of Economic Growth: A Noncommunist Manifesto*. Cambridge University Press, 1959.

[104] A. O. Hirschman. *The Strategy of Economic Development*. New Haven, Yale University Press, 1958.

[105] Calvin Taylor. *Beyond Advocacy: Developing an Evidence Base for Regional Creative Industry Strategies*. Cultural Trends, Issue 16, 2006.

后记

本书撰写成功首先要感谢导师张秀生教授多年的悉心教导和鼓励鞭策，他为本书的研究方向确定、研究内容取舍和研究方法提供了大量指导、倾注了大量心血，张秀生教授严谨治学的精神、宽厚待人的态度、对学生的关爱扶持，令我终身受益。

还要特别感谢李健教授把我领入战略性新兴产业研究领域。李健教授作为中国知名的高科技产业专家和科技政策管理专家为战略性新兴产业的发展壮大做出了重要贡献，对工业经济、新兴产业、产学研合作等领域进行了大量理论创新，在李健教授身边工作，受他的言传身教，使我对战略性新兴产业的研究产生了浓厚兴趣。还要衷心感谢马费成教授、胡志强教授、曾国安教授、王冰教授、李光教授、李燕萍教授对本书的指导和帮助。

最后，感谢父母的教诲和家人的支持，尤其要深深感谢我的岳父母和妻子，是他们的辛劳为我的工作、学习生活和研究提供了良好的后勤条件，因此每次研究和撰文到深夜，我都不觉疲惫。

谨以此书敬献给最仁慈无私的母亲。